LE SIXIÈME CONTINENT GÉOPOLITIQUE DES OCÉANS

PIERRE PAPON

LE SIXIÈME CONTINENT
GÉOPOLITIQUE DES OCÉANS

EDITIONS ODILE JACOB

15, RUE SOUFFLOT, 75005 PARIS
ISBN 2-7381-0377-4

INTRODUCTION

L'exploration et l'exploitation de l'océan font partie des grandes aventures humaines. Depuis l'Antiquité, de nombreuses nations ont voulu découvrir de nouvelles voies maritimes et s'assurer la maîtrise des mers pour protéger leur commerce et prolonger sur les océans leur puissance politique. Les entreprises phéniciennes en Méditerranée dans l'Antiquité, les grandes découvertes maritimes à partir du XIVe siècle, les premières campagnes océanographiques au XIXe siècle, l'exploitation du pétrole *off-shore* après la Seconde Guerre mondiale, sont quelques-unes des étapes importantes de la conquête des océans.

Partout présente ou proche, la mer a façonné la personnalité de l'Europe dont l'histoire s'est déroulée sur trois façades maritimes : la Méditerranée, l'Atlantique, la mer du Nord et la Baltique. C'est la maîtrise de la navigation de haute mer qui a permis aux nations européennes, à partir du XVIe siècle, de dominer le monde. C'est elle qui leur a permis de fonder des empires coloniaux en Amérique, en Afrique et en Asie. C'est aussi la capacité du Japon à se doter d'une flotte militaire puissante, au début de l'ère Meiji, qui lui a permis d'arrêter l'expansion européenne en Asie avec, notamment, la défaite navale qu'elle infligea en 1905 à la Russie. Aujourd'hui, c'est aussi sur les mers que les nations asiatiques concurrencent la puissance économique des pays occidentaux avec leurs flottes de commerce et leurs chantiers navals.

La France a été l'un des grands acteurs de cette politique européenne de maîtrise des océans, avec ses explorateurs, sa marine et son empire colonial. Elle demeure une puissance maritime, puisqu'elle possède la troisième zone économique exclusive mondiale et qu'elle est dotée d'une force de dissuasion nucléaire océanique. Cependant, les Français, citoyens d'une vieille nation de tradition terrienne, ont-ils conscience des enjeux de la maîtrise des océans ? Rien n'est moins sûr, à une époque où l'horizon de la politique maritime s'obscurcit : crise grave de la pêche, érosion lente des positions de la France et de l'Europe dans la construction navale et le transport maritime (la flotte de commerce française est reléguée au vingt-cinquième rang mondial), crise des ports français dont le trafic total atteint tout juste celui de Rotterdam, pollutions chroniques et accidentelles de nos côtes. Ces difficultés occultent les enjeux très importants pour nous d'une politique de la mer.

Ces enjeux sont multiples. Ils sont d'abord stratégiques au sens large du terme : l'océan offre aux sous-marins une force de dissuasion nucléaire des zones d'opération qui les mettent à l'abri de toute atteinte, le pétrole *off-shore* est un atout pour l'indépendance énergétique, une flotte de commerce assure le transport de marchandises mais aussi de troupes et de matériels de guerre en temps de crise, comme l'a montré la guerre du Golfe. Il faut savoir que les trois quarts du commerce de l'Europe avec le reste du monde empruntent la voie maritime. Les enjeux de la mer sont également économiques et sociaux : la pêche et l'aquaculture, la construction navale et le transport maritime, les activités portuaires ainsi que le tourisme font vivre les populations du littoral où se sont développées de grandes agglomérations urbaines. La protection de l'environnement littoral et l'aménagement des côtes commencent à être sérieusement pris en compte.

Enfin, la science et la technologie sont au cœur de toute politique maritime. L'océanographie nous a ouvert un monde nouveau depuis un siècle : celui des grands fonds et des formes de vie qui s'y épanouissent. Elle a fait progresser la connaissance des courants marins qui véhiculent matière et chaleur et influencent le climat de la planète. La technologie, quant à elle, a permis de mettre au point des moyens nouveaux pour explorer et exploiter les fonds marins : systèmes acoustiques à la base des sonars, robots sous-marins, etc. La science et la technologie, en ouvrant de nouvelles perspectives, renouvellent notre vision de l'océan.

Ce livre a pour objet la politique de la mer, au sens le plus large du terme ; il veut en montrer toutes les implications pour un pays comme la France, mais aussi pour l'Europe. Nous en expliciterons dans une première partie les enjeux avec leurs multiples facettes : géostratégiques, scientifiques et techniques, économiques et sociales. Il faut se rappeler que la mer fait partie de l'héritage historique de la France et de l'Europe. Ainsi, nous montrerons, dans la deuxième partie, qu'une politique maritime devrait être, pour la France, le moyen d'inscrire son action dans une tradition historique et, pour l'Europe, une voie pour affirmer son identité.

Il est clair que le caractère national d'une politique de la mer trouve très vite ses limites, car les enjeux océaniques sont d'une ampleur et d'une complexité qu'aucune frontière ne saurait à l'avenir borner. L'européanisation progressive des activités maritimes, dans le domaine de la pêche par exemple, la nécessité de protéger l'environnement marin, l'entrée en vigueur, en 1994, de la convention de l'ONU sur le droit de la mer, sont des tendances lourdes qui illustrent ce constat. De plus, la montée en puissance des pays du Pacifique, dont le développement repose très largement sur des échanges commerciaux par voie de mer, ne fait qu'accentuer le caractère maritime de l'économie mondiale. C'est dire toute l'importance de l'enjeu maritime pour l'Europe si elle veut peser sur les affaires du monde. La dernière partie de ce livre est ainsi prospective. Nous y préciserons les voies et les moyens d'une politique maritime qui a nécessairement, aujourd'hui, une dimension européenne dans pratiquement tous les domaines : la défense, le transport maritime et les ports, la pêche, la recherche et la technologie, la maîtrise de l'environnement.

Il est nécessaire de faire appel à notre mémoire collective, mais aussi à l'imagination, pour nous assurer la maîtrise de l'océan.

PREMIÈRE PARTIE

Les enjeux

CHAPITRE PREMIER

Géopolitique maritime : des enjeux planétaires

Lorsqu'en mars 1995 un destroyer canadien arraisonna un chalutier espagnol dans les eaux internationales, à 260 milles * des côtes de Terre-Neuve, pour lui interdire de pêcher le turbot, cet incident naval provoqua une vive tension entre le Canada et l'Union européenne. Le commissaire européen chargé de la pêche n'hésita d'ailleurs pas à qualifier l'action des Canadiens d'« acte de piraterie organisée ». Le Canada entendait manifester ainsi son intention de réglementer la pêche dans une zone sous juridiction internationale, alléguant que les captures effectuées par les pêcheurs espagnols mettaient en péril la reconstitution du stock de turbots (en fait de flétans noirs). Cette « guerre du turbot » rappelait des incidents beaucoup plus sérieux qui avaient opposé, pour des motifs semblables, l'Islande et le Royaume-Uni vingt ans auparavant. C'était alors la pêche à la morue, au large des côtes d'Islande, qui était l'objet du litige entre pêcheurs islandais et britanniques. Ces incidents, de plus en plus fréquents, traduisent l'importance de la compétition pour l'accès aux ressources marines, longtemps considérées comme inépuisables mais aujourd'hui surexploitées. L'accès aux ressources marines est devenu une affaire d'État.

---

* Le mille marin vaut 1 852 mètres.

Le conflit entre l'Irak et l'Iran, de 1980 à 1988, puis la guerre du Golfe déclenchée par l'invasion du Koweït par l'Irak, en 1990, avaient démontré de façon autrement plus grave l'importance qu'attachent les États à leur accès à la mer. En effet, l'un des objectifs que s'était fixé Saddam Hussein en attaquant l'Iran, en 1980, était de lui reprendre la rive gauche du Chatt el'Arab (cédée à l'Iran en 1975 par les accords d'Alger) et d'élargir ainsi la façade maritime de l'Irak réduite à une très étroite bande côtière. La délimitation de ses frontières en 1920, sous l'influence britannique, l'avait en effet privé d'un accès facile à la mer ; le Koweït, doté d'un littoral avec le seul port en eau profonde de la région, fut érigé en État indépendant, en 1961, après avoir été protectorat britannique.

Un des motifs de l'invasion du Koweït était donc aussi maritime. L'Irak, en effet, avait entrepris de creuser un grand canal dans le Chatt al-Bahrah (un ancien bras fluvial à l'ouest du Chatt el'Arab devenu inutilisable faute de dragage) qui devait déboucher en mer, au voisinage des deux îles marécageuses de Warbah et Bubiyan que les Britanniques avaient annexées au Koweït en 1914 et qui refusait de les lui louer. On sait quelle fut l'issue de ce conflit, d'où l'enjeu pétrolier n'était certes pas absent, mais dont la composante maritime fut, à l'origine, essentielle : un État n'a pas hésité à déclencher une guerre pour rompre son enclavement, une coalition internationale s'est opposée à lui en mobilisant des troupes et du matériel avec une force navale qui a joué un rôle crucial dans son succès.

L'attitude du Canada à l'égard de la pêche dans les eaux internationales (au-delà de 200 milles marins), le litige qui l'a longtemps opposé à la France à propos de la délimitation de la zone maritime autour de Saint-Pierre-et-Miquelon, la guerre du Golfe sont révélateurs de certains des enjeux que représente l'océan : la capacité d'accéder à des ressources, celles de la pêche mais aussi le pétrole *off-shore*, la possibilité de commercer par voie maritime et d'intervenir militairement dans une crise politique lointaine. Ces événements mettent aussi en évidence l'évolution relativement récente du statut international de la mer. Longtemps considérée comme un espace ouvert à tous sans restriction, en particulier pour la navigation, elle est aujourd'hui à la fois nationalisée par les États riverains auxquels la convention des Nations unies sur le droit de la mer, entrée en vigueur en novembre 1994, attribue des zones économiques exclusives (ZEE) pour l'exploitation des ressources, et internationalisée car elle est un patrimoine commun de l'humanité qu'il faut protéger.

En quelques décennies, depuis les années cinquante, la croissance considérable du commerce mondial par la voie maritime, le progrès technique permettant d'exploiter les ressources de l'océan et de développer les télécommunications sous-marines, ainsi que l'entrée en scène de la dissuasion nucléaire, ont radicalement modifié notre perception de la place de l'océan dans la géographie mondiale. Aujourd'hui, il est, par excellence, le champ où les nations jouent à un Monopoly planétaire dont les enjeux sont politiques et militaires, économiques, scientifiques et technologiques. C'est ce jeu des intérêts, des ambitions et des conflits, sur et sous les océans, qui leur donne une importance géopolitique et qui constitue en quelque sorte le ressort d'une politique maritime qu'il nous faut mettre au jour.

Géographie maritime

L'examen d'une carte du monde révèle au premier coup d'œil l'importance géographique des espaces océaniques : ceux-ci recouvrent 71 % de la surface de la planète. Sur un planisphère (voir carte 1), l'immensité de l'océan Pacifique apparaît immédiatement, à lui tout seul

Carte 1 : L'océan mondial. Les océans recouvrent 71 % de la surface de la planète

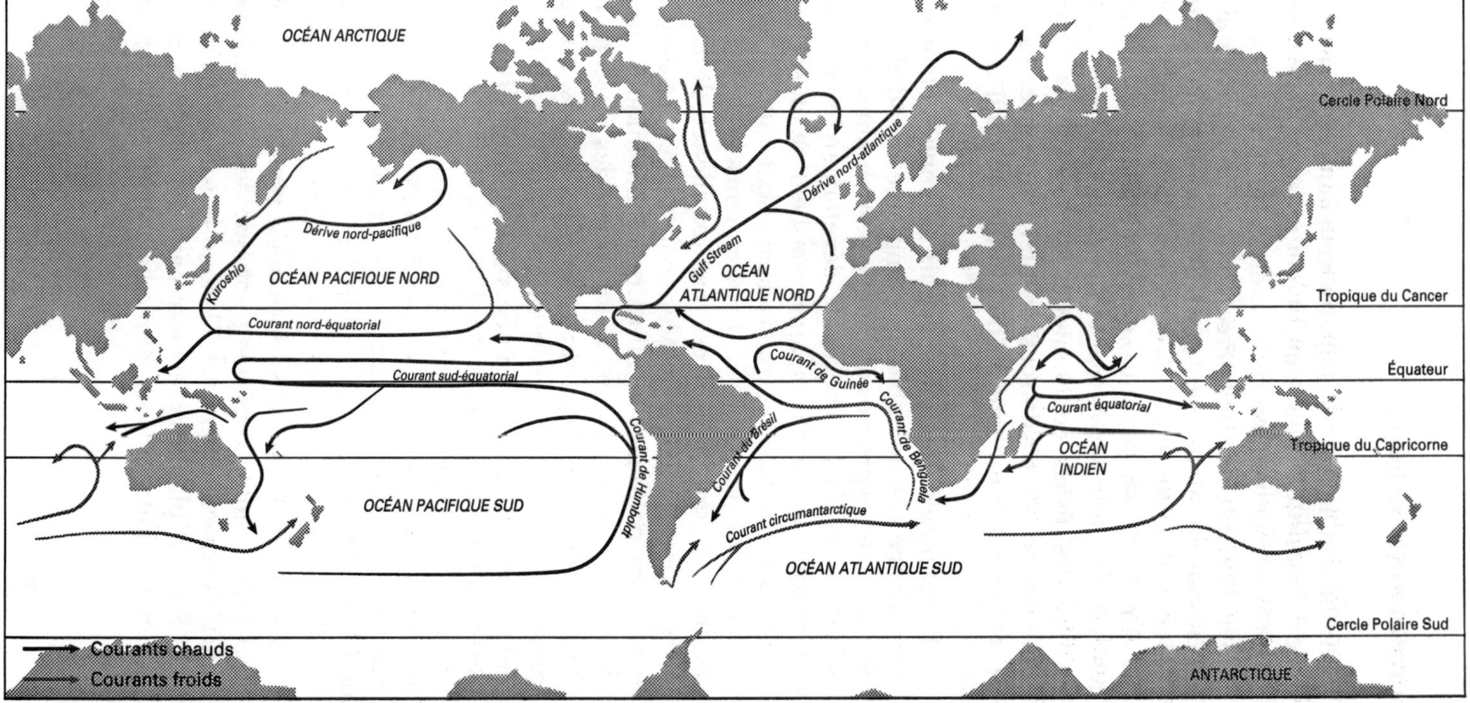

il représente 50 % de la superficie océanique mondiale, l'océan Atlantique et l'océan Indien en occupant respectivement 23 % et 20 %.

Sur un plan strictement géographique, on peut affirmer que c'est d'abord son rapport avec la terre qui caractérise le milieu marin. L'homme n'habite pas sur l'océan et il n'y vit pas de façon permanente, la mer délimite la frontière des continents et, comme le notait Hegel, pour de nombreux peuples elle « n'est que la fin de la terre ». D'un point de vue négatif ou pessimiste, les océans peuvent être considérés comme des obstacles qui séparent les continents et les peuples et s'opposent à leur communication. Cette tendance à l'isolement se manifeste en particulier dans les îles que la mer sépare des continents et conforte dans leurs particularismes. Mais on peut dire aussi que l'insularité constitue un moyen de défense contre les invasions ; les Îles britanniques ont su en tirer avantage tout au long de leur histoire. Taïwan et le Japon ont su tirer le même parti de leur position géographique.

D'un autre point de vue, beaucoup plus positif celui-là, on peut considérer que la mer a été au cours de l'histoire un espace de communication entre les hommes et les civilisations. C'est par mer que se sont effectués les échanges entre les peuples de la Méditerranée depuis l'Antiquité, et que se sont développés les trafics commerciaux entre l'Europe et l'Asie à partir de la Renaissance. Les voies maritimes sont aujourd'hui les chenaux les plus empruntés par le commerce mondial. Elles peuvent donc être considérées comme des médiateurs du rapprochement et des échanges entre les hommes. Mais ce sont aussi les théâtres de conflits militaires entre puissances : lieux d'affrontement lors de combats navals entre escadres de pays en guerre, enjeux de rivalités comme on l'a vu avec les événements récents du golfe Persique, espaces libres pour « projeter » des forces à distance et intervenir dans un conflit à l'autre extrémité de la planète.

Toujours dans une approche géographique, la France

Carte 2 : L'Europe et les mers

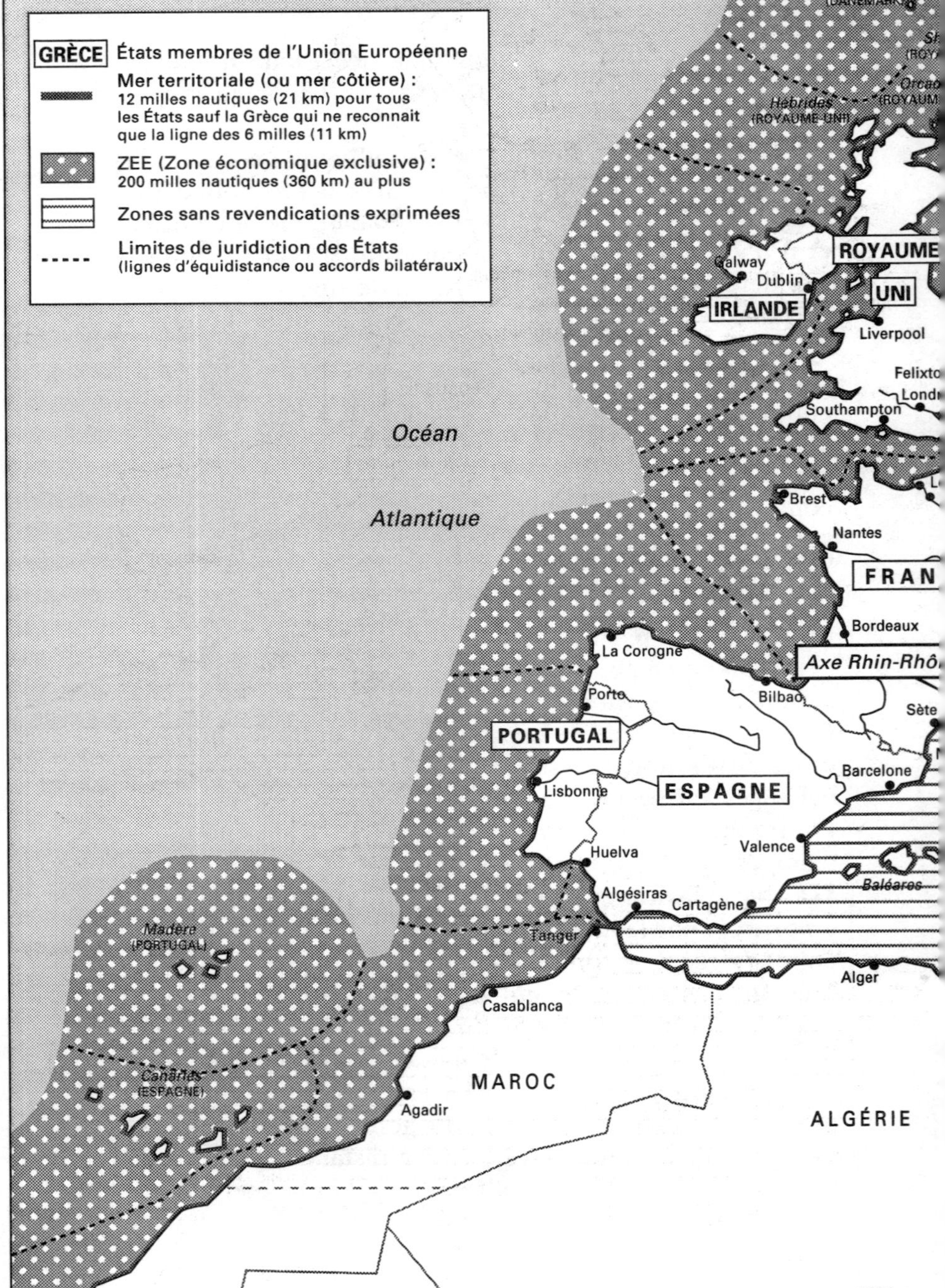

Arkhangelsk
FINLANDE
Trondheim
NORVÈGE
Oslo
SUÈDE
Helsinki
St-Pétersbourg
Tallin
ESTONIE
RUSSIE
Mer
Göteborg
Malmö
Riga
LETTONIE
DANEMARK
Copenhague
Baltique
Kaliningrad
LITUANIE
Kiel
Hambourg
Gdansk
Brême
Canal de Kiel
BIÉLORUSSIE
ALLEMAGNE
POLOGNE
Axe Rhin-Danube
QUE
MBOURG
RÉPUBLIQUE TCHÈQUE
UKRAINE
RÉP. SLOVAQUE
Marioupol
LIECHTENSTEIN
ISSE
AUTRICHE
HONGRIE
MOLDAVIE
Odessa
Trieste
SLOVÉNIE
Venise
CROATIE
ROUMANIE
Novorossiisk
Sebastopol
Livourne
Constantza
BOSNIE-HERZÉGOVINE
Mer Noire
SERBIE
ITALIE
BULGARIE
Trébizonde
MONTÉNÉGRO
Naples
MACÉDOINE
Istanbul
Brindisi
Thessalonique
Sardaigne
Tarente
ALBANIE
TURQUIE
GRÈCE
Athènes
Mersin
Iskenderun
Antalya
Sicile
Augusta
Lattaquié
MALTE
CHYPRE
Beyrouth
Crète
Mer Méditerranée
Canal de Suez
Haïfa
Tripoli
Alexandrie
Gaza
LIBYE
ÉGYPTE

apparaît comme un pays à la fois maritime et continental (voir carte 2). En effet, l'espace français a trois frontières terrestres et trois maritimes : les façades de la Méditerranée, de l'océan Atlantique et de la Manche-mer du Nord délimitent les trois frontières maritimes de notre pays, avec un linéaire de côtes de 5 500 km.

Bien plus que l'Espagne, la France est le cap avancé de l'Europe, son finistère. Elle est sur les grandes routes maritimes qui mènent à l'Europe du Nord par la Manche et la Méditerranée. Sur terre, de grands axes fluviaux polarisent l'espace vers les littoraux : vallée de la Seine et son complexe portuaire à double détente de Rouen et du Havre, vallée de la Loire et ses ramifications de Nantes-Saint-Nazaire, axe rhodanien et son débouché sur Marseille-Fos. La France est également présente dans tous les océans du monde avec ses départements et territoires d'outre-mer : les Antilles, la Guyane et Saint-Pierre-et-Miquelon dans l'Atlantique occidental, la Polynésie française et la Nouvelle-Calédonie dans le Pacifique, la Réunion, Mayotte, et les terres antarctiques et australes françaises dans l'océan Indien. Les océans sont pour elle des voies de communication pour ainsi dire internes. Cette présence dans tous les espaces océaniques est évidemment une charge, puisque ces liaisons permanentes avec des territoires éloignés ont un coût, mais c'est aussi un atout, car elle peut participer au contrôle des routes maritimes et elle dispose ainsi, grâce à eux, de la troisième zone économique exclusive du monde.

Un certain nombre de pays sont au contraire des exclus de la mer : sur les cent quatre-vingt-cinq États membres de l'ONU, une trentaine n'ont pas de façade maritime et donc d'accès direct à la mer. L'enclavement au sein d'un continent est un handicap très sérieux et nombre d'entre eux se sont efforcés d'obtenir des moyens de communication vers la mer. C'est encore aujourd'hui une revendication de la Bolivie qui, en perdant le port d'Antofagasta en 1883 à l'issue de la guerre du Pacifique, a été coupée de l'océan ; l'accès au golfe Persique est l'un des objectifs stratégiques de l'Irak de Saddam Hussein. Et, toujours dans le golfe Persique, l'ouverture, en 1995, d'une ligne ferroviaire conduisant du port iranien de Bandar Abbas vers l'Azerbaïdjan et le Turkménistan désenclave ces deux anciennes républiques soviétiques. Quant à la Suisse, elle s'est dotée d'une flotte marchande pour assurer par voie maritime, et sous son pavillon, une partie de son commerce extérieur.

La géographie a l'avantage de bien délimiter les territoires et les espaces de la planète et de mettre en évidence les voies de communication ainsi que les obstacles aux échanges. Elle a, en revanche, l'inconvénient de donner une description statique des faits. On constate, en effet, à partir des statistiques du commerce international que l'économie mondiale dépend aujourd'hui fortement des océans au point que l'on en vient à parler de sa « maritimisation » ou de « marinisation » *. Ces termes traduisent deux phénomènes intervenus depuis la Seconde Guerre mondiale. Le premier est une expansion considérable du commerce mondial par voie maritime : il a été multiplié par un facteur sept entre 1945 et le début des années quatre-vingt-dix. Il est clair que la nécessité d'assurer le transport par mer des biens d'équipement et de consommation ainsi que des matières premières et du pétrole, à laquelle se trouvent confrontés les pays industrialisés tout comme les pays en développement, a rendu leurs économies de plus en plus dépendantes de l'océan. La « marinisation » des économies est dans une large mesure la conséquence de leur mondialisation. Au plan géographique, cette dépendance a conféré un véritable rôle stratégique à certaines routes maritimes comme les canaux de Suez et de Panama, la route du Cap et les détroits de l'Indonésie.

Le second phénomène est celui de l'exploitation

---

* André Vigarié, *Géostratégie des océans*, Caen, Paradigme, 1990.

croissante des ressources de la mer. La pêche est depuis très longtemps une activité économique très importante dans pratiquement toutes les régions du monde et, pour beaucoup d'hommes, elle représente l'essentiel de l'apport en protéines. Elle fut ainsi une source de richesses pour les villes de la Hanse qui avaient constitué une véritable économie du hareng. La pêche a connu un développement tout à fait extraordinaire au XXe siècle du fait du progrès technique : engins de pêche plus perfectionnés, sonars pour détecter les bancs de poissons, techniques du froid pour la conservation, etc.

Les ressources de pêche étaient très largement considérées comme inépuisables jusqu'à ce que, à la fin des années quatre-vingt, se manifestent les premiers signes de leur surexploitation. Les statistiques de la FAO permettent de suivre la progression mondiale des captures : elles sont passées de vingt millions de tonnes en 1950 à environ quatre-vingts millions de tonnes au début des années quatre-vingt-dix ; depuis, elles ont tendance à plafonner, voire à régresser légèrement. La FAO estimait, en 1992, qu'il y avait environ douze millions et demi de pêcheurs dans le monde qui, associés avec des techniciens, des artisans et des commerçants de la filière pêche, représentent environ quarante millions de personnes qui vivent directement de l'économie du poisson.

La répartition géographique de cette activité n'est évidemment pas homogène. On trouve des pêcheries très riches dans les zones proches des continents, où des remontées d'eau froide du fond des océans apportent des nutriments favorables au développement du plancton (phénomène appelé *upwelling*) et donc du poisson : c'est le cas des côtes de l'Afrique de l'Ouest, de Namibie et de l'Angola, du Mozambique, du Pérou et du Chili. Les eaux de la mer du Nord et de l'Atlantique Nord, de l'Indonésie et du Pacifique Nord sont également très poissonneuses.

Si le poisson et le sel ont été pendant longtemps les seules ressources que l'on retirait de la mer, ce n'est plus le cas aujourd'hui ; l'exploitation de gisements de pétrole et de gaz en mer donne, en effet, une nouvelle dimension maritime aux économies. Les premiers forages *off-shore* ont été exploités quelques années avant la Seconde Guerre mondiale dans le lac Maracaïbo au Venezuela, puis cette technique s'est considérablement développée après la guerre dans le golfe du Mexique et dans le golfe Persique, et surtout en mer du Nord. Aujourd'hui, c'est près de 30 % de la production mondiale de pétrole qui provient de gisements *off-shore* ; sa part dans l'économie mondiale du pétrole est donc tout à fait importante. On peut dire que l'exploitation du pétrole *off-shore* joue un rôle stratégique dans le contexte géopolitique actuel, car elle s'effectue dans des zones politiquement plus stables que les sables du Moyen-Orient ou les steppes de la Russie.

Terminons cette géographie maritime mondiale par son volet humain. Il suffit de citer un seul chiffre : la moitié de la population mondiale vit sur une mince bande de 50 km le long des côtes. Ce chiffre montre bien l'attirance des zones maritimes où l'on trouve d'ailleurs de très grandes métropoles dont l'activité économique est intense, car elles bénéficient d'un accès immédiat ou proche de la mer qui leur permet d'être intégrées aux grands courants d'échanges mondiaux. La France, là encore, constitue une particularité géographique et historique : sa capitale, Paris, est relativement éloignée de la mer (ce n'est pas le cas de Londres), elle est pourvue de ports sur toutes ses façades maritimes mais un seul, Marseille, est une véritable métropole.

Même si l'espace océanique confère son unité à la géographie maritime, on doit bien convenir que celle-ci a de nombreuses facettes qui traduisent la diversité de la situation des territoires et donc des États dans leur relation avec le monde de la mer. Ainsi, certains cumulent les avantages d'une situation géographique leur permettant d'être sur le trajet de routes maritimes, d'être dotés de littoraux pourvus de ports en eau profonde et faciles à protéger, d'accéder à des ressources (pêche et pétrole *off-shore*, par exemple), etc. D'autres, en revanche, sont nettement défavorisés par la géographie et totalement dépourvus de ressources marines. Autrement dit, la géographie n'est pas neutre, elle conditionne la participation des États aux échanges maritimes mondiaux et leur permet d'intégrer le monde marin dans ses composantes humaines, économiques, militaires, scientifiques et technologiques à leur stratégie qui, pour les plus grands, est planétaire. On retrouve là une des définitions de la géopolitique *.

Les autoroutes océaniques

Le développement considérable du commerce mondial, après 1945, s'est accompagné d'une dépendance croissante des économies à l'égard du transport maritime qui demeure la voie de passage obligée pour le commerce des machines et des pondéreux comme les matières premières et le pétrole : c'est l'un des aspects de la « marinisation » des économies. Plusieurs indicateurs permettent de mettre en évidence ce phénomène.

Le plus caractéristique est sans aucun doute la proportion du trafic commercial empruntant la voie maritime : aujourd'hui les trois quarts du commerce mondial en poids et environ les deux tiers en valeur recourent au transport maritime, ce qui représente 4,5 milliards de tonnes en 1994. S'agissant de l'Europe, la part du tonnage maritime dans les échanges commerciaux extracommunautaires de l'Union européenne représentait, en 1994, les trois quarts des importations et plus des deux tiers des exportations ; le commerce maritime de l'Europe avec

* Selon le *Robert* (1965), la « géopolitique est l'étude des rapports entre les données naturelles de la géographie et la politique des États ».

les pays tiers portait sur 1,3 milliard de tonnes en 1992.

La France, quant à elle, réalise 55 % de son commerce extérieur global en tonnage par voie maritime (30 % en valeur), mais comme la majeure partie du commerce intra-européen emprunte la voie terrestre, c'est en fait aussi près des trois quarts de son commerce avec les pays extérieurs à l'Europe qui sont assurés par des navires *. Un autre indicateur brut de l'importance de la voie maritime pour l'économie est celui du tonnage transporté par mer pour chaque pays rapporté au nombre d'habitants. En 1990, cet indicateur s'élevait à 5 tonnes par habitant pour la France, alors que la moyenne mondiale était de 1,6 tonne par habitant.

Si l'on va au-delà de ces constats globaux, on s'aperçoit que les évolutions du trafic et du PIB mondial sont fortement corrélées. Ainsi, sur la période 1983-1993, le trafic maritime exprimé en tonnes-milles a augmenté 1,44 fois plus vite que le PIB mondial. Deux phénomènes expliquent cette évolution : d'abord la progression des tonnages transportés est plus rapide que celle du PIB mondial ; ensuite, les distances moyennes de transport des marchandises s'accroissent régulièrement. Le trafic maritime mondial, exprimé en tonnes, a progressé 1,15 fois plus vite que le PIB mondial sur la même période. Les statistiques du commerce mondial montrent que les décennies précédentes ont connu un rythme de progression tout à fait semblable (le taux décennal était de 100 %, puis de 130 % pour la progression du trafic de 1953 à 1973).

Cette croissance des échanges maritimes s'est accompagnée d'évolutions techniques très importantes, rendues nécessaires par la diversification des marchandises qu'il fallait transporter et par l'objectif de limiter autant que possible les déplacements unitaires. Ainsi, en 1939, le tonnage du plus grand pétrolier du monde, *l'Émile Miguet*,

* 81 % des importations extracommunautaires de la France empruntent la voie maritime et 65 % des exportations.

qui était français, se montait à quarante mille tonnes *. C'est en 1958 que fut construit le premier pétrolier de cent mille tonnes et aujourd'hui les pétroliers les plus gros dépassent cinq cent mille tonnes. La croissance des besoins en énergie a été pour beaucoup dans celle du trafic maritime et, en 1993, plus de 50 % des marchandises transportées dans le monde sont des produits énergétiques (pétrole brut, gaz naturel, charbon). Outre des pétroliers géants, il a fallu mettre au point et construire des navires spécialisés pour le transport des gaz naturels liquéfiés, les méthaniers. Le transport des biens d'équipement et de consommation a conduit à une utilisation systématique et rationalisée des conteneurs et à la construction de navires porte-conteneurs capables de transporter aujourd'hui jusqu'à six mille conteneurs. La flotte mondiale représentait, en 1994, sept cents millions de tonnes ; la flotte pétrolière y contribuait pour plus du tiers (38 %).

La supériorité du transport maritime se révèle donc manifeste et c'est un fait qui est très probablement durable, la concurrence du transport aérien n'étant réelle que pour les marchandises peu encombrantes et à forte valeur ajoutée. La voie maritime reste de loin le mode de transport le moins coûteux : sur les liaisons intercontinentales, la partie maritime ne représente que de 15 à 25 % du coût total d'un transport.

L'économie mondiale n'est passée que progressivement à la phase actuelle de « marinisation » avancée que traduit sa relation de dépendance vis-à-vis des échanges commerciaux par voie océanique ; celle-ci est aussi le reflet de la mondialisation de l'économie. Jusqu'à la Première Guerre mondiale, en effet, l'industrialisation du monde s'est réalisée sur la base d'exportations massives de produits industrialisés par les pays européens qui possédaient sur leur territoire des matières premières comme

* Le tonnage de port en lourd d'un navire exprimé en tonnes est la masse totale maximale de chargement et des soutes.

le fer et la houille. C'est l'Angleterre victorienne qui a servi de modèle, en quelque sorte, à ce type d'industrialisation suivie ensuite par l'Allemagne et la France. Une grande partie du tonnage transporté en mer était donc constituée de produits élaborés et de machines exportées hors d'Europe. Les flottes de cargos classiques suffisaient à assurer ces échanges.

La Seconde Guerre mondiale marque une transition vers des économies consommatrices de pétrole, lequel est à la fois une ressource énergétique et une matière première pour l'industrie chimique. Par ailleurs, les flux de matières premières, comme les métaux non ferreux et les produits synthétiques, s'accroissent. Les flottes se diversifient en même temps que les flux de marchandises transportées.

Qui plus est, le développement des pays du Sud-Est asiatique, disposant d'une main-d'œuvre bon marché et de plus en plus qualifiée, conduit les pays industrialisés de l'Europe, de l'Amérique du Nord, mais aussi le Japon, à délocaliser une part croissante de leur production industrielle : des industries lourdes et de biens d'équipement s'installent dans ces pays qui exportent par voie maritime leur production. Ils se dotent souvent, d'ailleurs, à l'exemple de Taïwan avec *Evergreen* et de la Chine avec *Cosco,* de sociétés d'armement maritime puissantes et compétitives. Des ports comme Singapour, Hong Kong, Pusan et Shanghai sont devenus de grands centres industriels.

Il vaut d'être noté que les chantiers navals asiatiques ont construit, en 1993, près des trois quarts des navires livrés dans le monde et que les pays d'Asie contrôlent 30 % de la flotte mondiale. Ce modèle, que l'on qualifie souvent de « nippo-asiatique », a amplifié le mouvement d'expansion d'une économie fondée sur les échanges maritimes. Il représente probablement une mutation durable avec les perspectives de développement de la Chine, du Viêt-nam, de la Malaisie, de la Thaïlande et de l'Indonésie. Cette mutation confortera sans doute également le rôle prépondérant de la région Pacifique dans le développement économique mondial.

Les lignes de transport maritime ne sont pas les seules autoroutes océaniques ; depuis plus d'un siècle déjà, en effet, des câbles de télécommunications ont été immergés dans les océans pour assurer des liaisons téléphoniques intercontinentales. Le premier câble sous-marin fut posé entre Calais et Douvres en 1850 et il transmettait des signaux télégraphiques entre la France et l'Angleterre la pose, réalisée par des profondeurs inférieures à cent mètres, ne constituait pas un réel problème. L'établissement de la première liaison transatlantique fut autrement plus difficile. Il fallut, au préalable, procéder à une reconnaissance des fonds sous-marins dans l'Atlantique Nord par des campagnes systématiques de sondage qui mirent en évidence l'existence d'un plateau entre l'Irlande et Terre-Neuve, dont la profondeur variait entre 3 000 et 4 000 m, et que l'on a baptisé d'ailleurs « plateau télégraphique ». Un premier câble de 4 000 km de long, posé en 1858, fut victime de nombreux problèmes techniques. Le *Great Eastern*, qui servit de modèle à la *Ville flottante* de Jules Verne, dut en poser un second en 1866.

La pose des câbles sous-marins fut une véritable aventure scientifique et technologique, et les campagnes de sondage des fonds qu'elle nécessita furent de remarquables stimulants pour la recherche océanographique ; elles apportèrent, en effet, des données précieuses sur la vie marine dans les grandes profondeurs.

En 1905, quelque 350 000 km de câbles télégraphiques avaient déjà été posés. Ce ne fut qu'après la Seconde Guerre mondiale que la téléphonie sous-marine à grande distance put se développer, grâce au progrès technologique que représenta la mise au point de répéteurs que l'on pouvait immerger par grande profondeur. Il fallait, en effet, pallier l'inconvénient que représente l'atténuation dans le câble du signal radioélectrique à haute fréquence utilisé en radiophonie. C'est la fonction des répéteurs placés de proche en proche sur le câble. Le premier câble téléphonique profond doté de répéteurs fut posé, en 1950, entre Key West à l'extrémité de la Floride et La Havane. Le premier câble coaxial transatlantique, *TAT 1*, fut posé en 1956 par ATT et les télécommunications britanniques et, depuis, l'expansion de la téléphonie par câbles sous-marins est considérable. Une flotte de navires câbliers a été construite par les sociétés de télécommunications, publiques ou privées, comme France Télécom. Néanmoins, les satellites de télécommunications apparus au cours des années soixante constituent une concurrence très sérieuse pour les câbles sous-marins.

Une nouvelle révolution technologique, celle des fibres optiques, modifia complètement la donne. En effet, la mise au point de verres à faible atténuation optique permet d'envoyer un faisceau lumineux dans une fibre, en général à une longueur d'onde située dans le proche infrarouge, sans que le signal soit amorti trop rapidement. En utilisant des diodes lasers comme répéteurs, on peut amplifier le signal lumineux et établir ainsi une communication à longue distance.

Le premier câble à fibre optique, *TAT 8*, fut posé dans l'Atlantique en 1988 et, de 1985 à 1992, 265 000 km de câbles à fibre optique furent posés et commandés. D'une longueur totale de 18 700 km, le nouveau câble Marseille-Singapour, inauguré en 1994, *Sea Me We2*, a une capacité de 560 Mbits/s par paire de câbles et il permet d'établir seize mille circuits téléphoniques. Les nouvelles liaisons transatlantiques, *TAT 12* et *TAT 13*, auront une capacité de 5 Gbits/s par paire de fibres, soit l'équivalent de deux cent mille circuits téléphoniques pour l'ensemble de la liaison !

L'investissement que représente un câble sous-marin est considérable (plusieurs milliards de francs) et il doit pouvoir fonctionner dans un environnement hostile (pressions élevées, relief sous-marin accidenté, risque d'accrochage par des chaluts près des côtes) avec des répéteurs tous les 180 km. Il faut donc préparer sa pose avec soin et parfois le protéger en l'enfouissant dans les sédiments marins. Alors que pour préparer la pose du premier câble télégraphique dans l'Atlantique Nord au XIXe siècle, on s'était contenté d'effectuer trente-quatre sondages au-delà de 1 000 m de profondeur, aujourd'hui le tracé de la route du câble doit être repéré avec précision, il faut en effectuer un relevé tout du long avant la pose.

Le plus souvent, cette tâche est confiée à des navires océanographiques équipés de sondeurs acoustiques multifaisceaux capables de dresser une carte des fonds sous-marins et de leur relief. Pour leur positionnement, les navires utilisent les satellites du réseau américain GPS (Global Positioning System) qui permet de déterminer la position du navire à dix mètres près au voisinage des côtes. Des sociétés ont été créées pour réaliser ce travail de détermination du tracé des routes de câbles, comme la société ISM (International Subsea Mapping) fondée par l'Institut français de recherche pour l'exploitation de la mer (IFREMER), l'armateur Louis Dreyfus et une filiale de l'Institut français du pétrole.

Les câbles de télécommunications sous-marins sont de véritables autoroutes océaniques de l'information qui véhiculent des communications téléphoniques et des données ; ils constituent en quelque sorte un système nerveux qui encercle la planète. À une époque où les technologies de l'information connaissent un développement considérable, pour répondre aux besoins croissants d'une société où les services sont en forte expansion, il est très probable que de nombreux réseaux de câbles à fibre optique vont être posés. Les entreprises spécialisées prévoyaient ainsi que 560 000 km de câbles seraient commandés entre 1992 et 1999 pour un chiffre d'affaires cumulé de vingt-six milliards de dollars. L'Orient devrait représenter 50 % de ce marché mondial, ce qui traduit, une fois de plus, son importance croissante dans l'économie mondiale.

La nouvelle phase de développement de l'économie mondiale qu'on nous annonce, avec l'avènement des technologies de l'information et de leur support que sont les autoroutes de l'information, impliquera, elle aussi, le recours croissant des relations intercontinentales à la voie maritime, par le biais des réseaux de câbles de télécommunications sous-marins dont la technologie n'a pas encore dit son dernier mot. Ceux-ci permettront notamment d'accéder à des bases de données, de transférer des fichiers informatiques d'un site à l'autre, de travailler à grande distance, etc.

Ce mode de transport de l'information peut conduire à une délocalisation de certaines activités de service vers les pays asiatiques pourvus d'une main-d'œuvre qualifiée et meilleur marché que celle des pays du Nord. Toutes proportions gardées, le phénomène pourrait être analogue à celui qu'ont connu, à partir des années soixante-dix, certaines activités industrielles qui ont été déplacées vers des pays à main-d'œuvre bon marché et dont la production est transportée par mer vers l'Europe et l'Amérique du Nord.

L'or noir et l'eau salée : une alliance stratégique

Lorsqu'en 1973 les pays producteurs de pétrole appartenant à l'OPEP se mirent d'accord pour augmenter brutalement le cours du brut en le multipliant par quatre, les économies des pays développés furent prises au dépourvu et prirent de plein fouet ce premier choc pétrolier. Celui-ci survint après deux décennies de croissance effrénée de la consommation mondiale du pétrole, passée de 500 millions de tonnes en 1950 à 2,8 milliards en 1973.

Le rapport du Club de Rome, *Halte à la croissance*, publié en 1972, un an avant le premier choc pétrolier, avait semé le trouble dans les esprits en mettant en doute la possibilité de poursuivre une croissance économique fondée, en grande partie, sur l'exploitation de ressources non renouvelables. Les pays industrialisés prirent alors conscience que le pétrole était pour eux un facteur d'indépendance économique et même d'indépendance tout court. Les États-Unis lancèrent le programme *Independence* pour parer à la menace qui pèse sur leur indépendance énergétique, et la France son programme électronucléaire sur une grande échelle.

La diversification énergétique fut une réponse à ce premier choc pétrolier ainsi que l'appel systématique aux économies d'énergie dans certains pays. Ainsi, en 1993, vingt ans après, si le PIB des pays de la zone OCDE s'est accru de 60 %, la demande pétrolière a décru, elle, de 8 % mais le pétrole couvre néanmoins 40 % des besoins énergétiques mondiaux.

Une autre facette de la riposte fut le développement du pétrole *off-shore*. La production marine du pétrole est passée de 16 % de la production mondiale en 1973 à 28 % en 1993, représentant environ neuf cents millions de tonnes. L'exploitation de gisements de gaz naturel sous-marin est aussi une opportunité qui a été saisie par les compagnies pétrolières. Le gaz *off-shore* contribue ainsi à 19 % de la production mondiale en 1993 et sa part croît régulièrement depuis le début des années quatre-vingt.

La technologie a joué, là aussi, un rôle majeur. L'activité pétrolière *off-shore* avait débuté, en effet, par faible profondeur au Venezuela avant la Seconde Guerre mondiale, mais ce sont incontestablement les découvertes réalisées en mer du Nord qui ont stimulé son développement : l'exploitation des hydrocarbures (pétrole et gaz) y représentait quatre millions de tonnes équivalent pétrole (MTEP) en 1973 et 282 MTEP en 1992.

Le pétrole extrait de la mer est souvent considéré comme un « pétrole difficile » : il nécessite la mise au point de nouvelles techniques de forage, de plates-formes semi-submersibles, de techniques de plongée, d'automatismes.

Le coût d'extraction du pétrole de la mer du Nord a cependant considérablement baissé. Selon la compagnie norvégienne Statoil, le coût moyen d'un forage *off-shore* aurait baissé de 70 % entre 1988 et 1994.

Aujourd'hui, les pétroliers s'attaquent à l'extraction de pétrole par grande profondeur, c'est-à-dire à des gisements à plus de 500 m de profondeur (on sait forer par plus de 2 000 m d'eau). Le record a été atteint, en 1994, avec la mise en exploitation d'un gisement par 1 027 m de fond au large du Brésil. Des projets d'exploitation du pétrole profond existent en mer du Nord, au large de la Norvège et au large de la côte ouest-africaine : ils représentent encore souvent un véritable défi technologique. Celui-ci ne peut être relevé que par de grandes sociétés pétrolières ou des consortiums, capables de mobiliser des moyens techniques et financiers importants, ainsi que par des entreprises qui savent mettre au point des techniques de production par grands fonds (automatismes, flexibles pour évacuer le pétrole, etc.).

Les hydrocarbures ne peuvent être considérés comme véritablement stratégiques que si leur utilisation est économiquement vitale. On peut penser que c'est bien le cas, car il est clair qu'on n'a pas encore trouvé de substitut à l'usage massif des hydrocarbures dans les secteurs de l'énergie et des transports et que l'utilisation de dérivés du pétrole est essentielle pour l'industrie chimique. En effet, le charbon, ressource très abondante, est extrêmement polluant et le recours massif au nucléaire rencontre encore beaucoup d'obstacles.

Qui plus est, si la croissance économique s'est trouvée fortement ralentie dans les pays développés du Nord et si la demande pétrolière a baissé depuis 1973 dans les pays de l'OCDE, nombre de scénarios économiques prévoient une forte industrialisation de certaines parties du monde sous-développé au cours des deux prochaines décennies, en particulier de pays asiatiques comme la Chine. Cette industrialisation, qui s'accompagnera sans doute d'un développement des transports individuels, provoquera une croissance des besoins énergétiques mondiaux. La réponse à ces besoins n'est pas unique. Cependant, en dépit des pressions des défenseurs de l'environnement pour limiter les conséquences climatiques de la consommation de combustibles fossiles qui tend à accroître l'effet de serre, une progression de la demande en hydrocarbures est inéluctable.

L'exploitation des ressources s'accroîtra mais il en résultera aussi une augmentation des cours qui améliorera la rentabilité des gisements de pétrole profond. L'exploitation de ces gisements peut devenir une proposition raisonnable eu égard à l'autre composante de la stratégie pétrolière, la composante géopolitique. Les pays consommateurs ont, en effet, intérêt d'une part à diversifier l'origine géographique de leurs approvisionnements et d'autre part à se mettre à l'abri d'éventuelles difficultés inhérentes à l'instabilité politique des zones d'exploration et d'exploitation. Si, entre 1973 et 1993, les soixante milliards de tonnes de pétrole consommés dans le monde ont été produits pour 60 % environ par des pays n'appartenant pas à l'OPEP (les pays de la mer du Nord, les États-Unis et l'ex-URSS notamment) et pour moins de 30 % au Moyen-Orient, il n'en demeure pas moins que c'est cette zone géographique qui détient les deux tiers des réserves pétrolières mondiales connues.

Or l'instabilité politique de cette région est évidemment préoccupante pour les pays industrialisés, de même que celle de certains pays africains producteurs comme l'Algérie, l'Angola et le Nigeria, sans oublier les difficultés que connaît l'exploitation du pétrole en Russie à cause, notamment, de la vétusté des installations. L'or noir risque encore d'être considéré à l'avenir comme un enjeu géostratégique, et l'exploitation du pétrole *off-shore*, dans des zones géographiques où les risques politiques sont relativement faibles, constitue un excellent atout pour les économies des pays développés qui veulent conserver une relative indépendance énergétique. Cet atout renforce encore la dimension maritime de l'économie mondiale et sa dépendance à l'égard de certaines zones géographiques.

Les hydrocarbures ne sont pas la seule ressource que l'on extrait du sol ou du sous-sol marin. Au pétrole, il faut en effet ajouter quelques matières minérales comme l'étain (50 % de la production totale est assurée en *off-shore*), le magnésium et le thorium. Au début des années soixante-dix, des scénarios optimistes envisageaient l'extraction de certains métaux comme le manganèse, le cobalt et le nickel de gisements de nodules polymétalliques qui tapissent de grandes étendues de fonds océaniques, notamment dans le Pacifique. On estimait alors que les réserves de cobalt et de nickel, localisées au fond des océans, étaient dix fois plus importantes que celles des gisements continentaux. Ces métaux étaient, par ailleurs, considérés comme « stratégiques », à l'époque, car des pays dits « sensibles » assuraient une part notable de leur production. En fait, ce caractère stratégique a largement perdu de sa pertinence et, de plus, les difficultés inhérentes à l'exploitation minière *off-shore* compromettent pour l'instant sa rentabilité économique. Le territoire de l'économie minière n'est donc pas encore, ni de près ni de loin, océanique.

Une nationalisation des océans ?

Si l'exploitation du pétrole *off-shore* présente l'avantage d'être à l'abri des perturbations politiques qui peuvent toucher des installations pétrolières terrestres dans des pays à risques, comme ce fut le cas pendant le conflit entre l'Irak et l'Iran et la guerre du Golfe, puis au Nigeria, elle n'en bénéficie pas pour autant d'un statut d'extraterritorialité. En effet, si pendant longtemps la mer n'a appartenu à personne, ce n'est plus totalement le cas aujourd'hui : le nouveau droit de la mer consacre un droit d'appropriation économique par les États d'une fraction significative des espaces océaniques mondiaux.

Le statut politique et juridique de la mer a été pendant longtemps l'objet de controverses en Occident, entre les tenants du *Mare clausum*, comme le Portugais Freitas et ceux du *Mare liberum*, comme le Hollandais Grotius au XVIIe siècle. À l'époque, et pour longtemps, ce furent les conceptions des partisans de la liberté des mers qui l'emportèrent : la souveraineté des États s'arrêtait à trois milles marins, c'est-à-dire approximativement à bout de portée de canon ; au-delà, la haute mer restait libre. L'Angleterre a fait de la liberté de circulation en haute mer l'axe de sa politique, luttant contre toutes les puissances, ou les coalitions, qui risquaient de compromettre son accès à toutes les mers du monde, ce qui est le fondement d'une politique maritime, pour une grande puissance tout au moins. Aucune convention internationale n'a consacré avant longtemps ce statut juridique du milieu marin, si ce n'est des traités régissant le passage à travers des détroits, comme le traité de Lausanne en 1923 et la convention de Montreux en 1936 concernant le trafic dans les détroits du Bosphore et des Dardanelles. Le droit de la mer a traduit pendant très longtemps une vision classique des océans : il s'intéressait exclusivement à la circulation maritime indispensable aux activités des flottes de commerce et de pêche ainsi qu'aux marines de guerre.

Cette vision ne résista pas au constat que si les ressources de pêche étaient importantes, elles n'étaient néanmoins pas inépuisables, et surtout à la découverte que les fonds océaniques recélaient des gisements potentiellement importants de pétrole et de minerais. Le droit de la mer devait donc prendre en compte, progressivement, la question de la propriété des ressources marines, et quitta, en quelque sorte, la surface des océans pour s'intéresser à leur contenu et à leurs fonds.

Ce furent paradoxalement les États-Unis, qui avaient

longtemps milité, eux aussi, pour la libre circulation en haute mer (les atteintes portées par l'Allemagne à cette libre circulation furent l'un des motifs de leur entrée en guerre en 1917), qui ébranlèrent complètement le système juridique, à vrai dire très lâche, en proclamant, en septembre 1945, leur souveraineté sur les richesses de leur plateau continental. Invoquant la présence de gisements pétrolifères dans le prolongement sous-marin de la masse continentale (le plateau continental), le président Truman déclara que « conscient qu'il importe de conserver et d'utiliser avec prudence ces ressources naturelles, le gouvernement des États-Unis considère les ressources du sous-sol du lit de la mer du plateau continental recouvert par la haute mer, mais contigu à la côte des États-Unis, comme appartenant aux États-Unis et soumis à sa juridiction et à son contrôle * ».

Cette revendication fut contagieuse et, en 1952, le Chili, l'Équateur et le Pérou, dans la « déclaration de Santiago », revendiquèrent juridiction et souveraineté exclusives sur une zone maritime s'étendant jusqu'à deux cents milles de leur côte afin de préserver leurs ressources de pêche.

Les Nations unies furent amenées à se saisir du problème et, après une première série de conventions adoptées à Genève en 1958 par quatre-vingt-six États, plusieurs conférences de l'ONU sur le droit de la mer parvinrent, après de longues discussions, à élaborer un compromis, la Convention des Nations unies sur le droit de la mer, qui fut signée solennellement en décembre 1982 par cent dix-sept États souverains à Montego Bay à la Jamaïque.

Cette convention très importante est désormais appliquée depuis novembre 1994 à la suite de sa ratification par soixante États. C'est un texte fort complexe car, comme l'indique le préambule, il considère « que les problèmes

---

* Cité par Pierre Michel Eisemann, *La Convention des Nations unies sur le droit de la mer*, Paris, La Documentation française, 1983.

des espaces marins sont étroitement liés entre eux et doivent être envisagés dans leur ensemble ». Ce texte fait sienne la tendance maximaliste au sein des États maritimes, car il entérine une « nationalisation » partielle mais large de l'espace maritime mondial.

En effet, les États se voient reconnaître, d'une part la souveraineté sur la mer territoriale dont la largeur est de douze milles, et d'autre part une zone économique exclusive (ZEE) qui s'étend jusqu'à deux cents milles de leurs côtes. Il est également prévu que la limite extérieure du plateau continental pourrait s'étendre au-delà des deux cents milles. Les États doivent permettre un « passage inoffensif » des navires étrangers dans leur mer territoriale, y compris les navires militaires. Dans sa ZEE, l'État côtier a des droits souverains pour explorer et exploiter toutes les ressources, mais les États étrangers ont la liberté d'y poser des câbles de télécommunication et des pipelines. Si des droits particuliers sont consentis aux États archipélagiques qui pourront enclore leur espace, la convention reconnaît, en revanche, la liberté de passage dans les détroits internationaux et les espaces marins des archipels. La convention maintient la liberté de la haute mer, mais celle-ci ne concerne que la surface, les fonds marins étant traités de façon spécifique. Le régime des fonds marins, qui ne sont pas inclus dans les ZEE, a été l'objet d'intenses discussions qui ont bloqué l'élaboration de la Convention de l'ONU puis, après 1982, sa ratification, en particulier par des puissances maritimes importantes comme les États-Unis.

Les découvertes océanographiques laissaient entrevoir, il y a vingt ans, la possibilité d'une exploitation à très grande échelle des ressources minérales que l'on trouve dans les grands fonds marins, en particulier dans certaines zones du Pacifique et de l'océan Indien. Les nodules polymétalliques, des agglomérats irréguliers de quelques centimètres de diamètre, composés d'oxydes de manganèse et de fer avec une certaine concentration en cobalt, en nickel et en cuivre, sont l'une des formes de minerais que l'on trouve au fond des océans dont la récupération semblait techniquement et économiquement possible.

Les pays du tiers-monde, craignant de ne pas disposer de la technologie pour exploiter ces ressources minérales, ont fait pression pour que les fonds marins soient proclamés « patrimoine commun » de l'humanité et pour que la gestion de leurs ressources soit confiée à une Autorité internationale. La convention sur le droit de la mer a pris en compte cette revendication, en instaurant un régime minier particulier qui limite sérieusement une approche classique en termes d'économie de marché : une Autorité internationale des fonds marins est instituée, avec la mission d'attribuer les permis miniers pour l'exploitation d'une zone sous-marine en dehors des ZEE, ainsi qu'une « entreprise » qui est son bras séculier chargé d'organiser l'exploration et l'exploitation des fonds océaniques dans les zones internationales.

Les dispositions de la Convention des Nations unies sur le droit de la mer régissant les fonds marins sont originales, mais leur caractère généreux et idéaliste n'est pas très réaliste. Les dispositions initiales prévoyaient, en effet, des charges financières importantes pour les États titulaires d'un permis minier (sous la forme d'une redevance annuelle), ce qui était le cas de la France dès 1988, bien avant même qu'ils n'aient commencé l'exploitation dans leur zone. Ces droits devaient alimenter le budget de la future Autorité et lui permettre, en particulier, d'exploiter pour son propre compte des zones minières. Une ultime négociation, conduite sous l'égide du secrétaire général des Nations unies, à l'instigation des États-Unis, devait aboutir, en 1994, à un accord levant les dispositions financières irréalistes de la Convention portant sur la gestion des fonds marins et qui la rendaient peu applicable. Elle ouvrait ainsi la voie à la ratification par la plupart des pays industrialisés dont la France. La

Convention prévoit enfin la création d'un tribunal international du droit de la mer, sur le modèle de la Cour internationale de justice, dont le siège sera à Hambourg.

La Convention pour le droit de la mer est un monument juridique important et original qui modifie le statut politique des espaces maritimes. C'est tout particulièrement la clause créant les ZEE qui a les conséquences les plus importantes. En effet, un cercle d'un rayon de deux cents milles autour d'une île au milieu d'un océan permet d'augmenter considérablement la superficie de la ZEE de l'État qui y exerce sa souveraineté. La France s'est trouvée ainsi dotée d'une ZEE de onze millions de kilomètres carrés, la troisième du monde, grâce à l'importance de ses DOM-TOM, mais aussi parce qu'elle exerce sa souveraineté sur des îlots inhabités comme l'atoll de Clipperton au large du Mexique dans le Pacifique, les îles Éparses à l'ouest de Madagascar et au nord de la Réunion, ainsi que les îles Kerguelen, Crozet et Amsterdam dans l'océan Indien. Des îlots inhabités sont ainsi l'enjeu de querelles territoriales, surtout si la ZEE qu'elles permettent de délimiter est soupçonnée receler des gisements de pétrole, comme les îles Spratleys et Paracels que revendiquent la Chine et le Viêt-nam notamment, dans les mers de Chine du Sud.

La délimitation des ZEE n'a donc pas été exempte de conflits ; dans certaines régions comme la Méditerranée occidentale, les États ont eu la sagesse de geler leurs revendications respectives. En revanche, en Méditerranée orientale, la situation dans la mer Égée est pour l'instant inextricable car elle est l'enjeu d'un conflit entre la Grèce et la Turquie dans un espace insulaire à la souveraineté partagée. Globalement, c'est environ 25 % de la surface des océans et de leurs fonds qui a été ainsi « nationalisée * ».

---

* Dans la mer Caspienne, où les ressources pétrolières sont très importantes, la Russie cherche à s'entendre avec l'Iran, l'Azerbaïdjan, le Kazakhstan et le Turkménistan sur leur exploitation. La Caspienne

La convention sur le droit de la mer est loin de régler tous les problèmes et son application est parfois source de conflits lorsqu'il s'agit en particulier de délimiter l'extension des ZEE. Concernant la pêche, des réglementations spécifiques doivent être appliquées pour les stocks de poissons « chevauchant », c'est-à-dire qui migrent entre les zones économiques et entre celles-ci et la haute mer. De même, la liberté de la haute mer est-elle limitée par l'obligation faite aux États de coopérer à la conservation et à la gestion des ressources biologiques et de respecter les intérêts des États côtiers. C'est en particulier l'argument qui fut utilisé par le Canada, en 1995, pour intervenir *manu militari* en dehors de sa ZEE et interdire la pêche au turbot par des chalutiers espagnols, action qui fut l'objet d'un conflit avec l'Union européenne. Celle-ci, en effet, est chargée de la politique des pêches dans les ZEE des pays communautaires (à l'exception de la Méditerranée) et des relations avec les pays tiers pour ce qui concerne tous les problèmes de la pêche.

Sous l'égide de l'ONU, un accord sur la gestion des « stocks chevauchants » de poissons dont les bancs évoluent à la limite des deux cents milles est intervenu en août 1995. Ces stocks (essentiellement la morue, le flétan noir, les thons et les espadons) pourront être contrôlés par des commissions régionales comprenant des représentants des États côtiers et des États pêcheurs. Un État côtier pourra arraisonner des navires fraudeurs. Cette Convention internationale établira donc, en principe, un régime de liberté surveillée pour la pêche en haute mer.

On doit constater aussi, fort paradoxalement, qu'alors que la recherche scientifique avait contribué par ses découvertes à rendre obsolète la vision classique que l'on avait des océans, celle-ci se voit soumise à des conditions

---

est la plus grande mer fermée du monde (430 000 km²) et les traités de 1921 et de 1940 qui la partageaient entre l'URSS et l'Iran sont aujourd'hui caducs.

très contraignantes par la Convention des Nations unies sur le droit de la mer. En effet, les États côtiers, dans l'exercice de leur souveraineté, ont le droit exclusif de réglementer, d'autoriser et d'entreprendre des recherches marines dans leur mer territoriale.

La recherche scientifique est également réglementée par les États côtiers dans leur ZEE. Ils peuvent refuser leur consentement à l'exécution d'un projet de recherche par un autre État. Celui-ci est donc soumis à une autorisation préalable qui, dans la pratique, est d'ailleurs le plus souvent accordée. La recherche océanographique reste totalement libre en haute mer, mais elle est ailleurs en liberté surveillée.

Les enjeux de la puissance maritime : de la dissuasion à la gestion des crises

La géopolitique intègre, par définition, les données géographiques dans une politique à l'échelle d'une région ou de la planète. Il existe donc une géopolitique marine qui a pour base les espaces maritimes et, pour reprendre le titre de l'ouvrage d'André Vigarié, une *géostratégie des océans* qui tient compte du phénomène de « marinisation » croissante des économies et des relations internationales. Cependant, cette géostratégie océanique n'est pas un élément totalement nouveau de la politique mondiale, dans la mesure où elle fut, très souvent, l'expression de la volonté clairement affirmée d'une nation d'exercer une influence politique par sa puissance maritime, fondée à la fois sur sa marine commerciale et sur sa flotte de guerre.

Ce fut l'attitude constante de l'Angleterre, celle de Venise pendant plusieurs siècles en Méditerranée. La Hollande a tenté de mener cette politique pendant quelques décennies au XVIIe siècle et la France, plus épisodiquement, au cours de son histoire depuis Richelieu et Colbert. Très schématiquement, on peut affirmer que c'est la capacité d'une nation à exercer une maîtrise des communications maritimes en les assurant par ses propres navires, ou en les contrôlant par ses moyens militaires et en particulier par ses forces navales, qui lui donne un statut de puissance maritime.

Ce statut, l'Angleterre a été capable de l'acquérir dès le XVIIe siècle et de le conserver jusqu'à notre époque. Les faits ont précédé en quelque sorte la théorie de la géopolitique marine ; c'est d'ailleurs l'exemple anglais qui a permis de modéliser la puissance maritime *(Sea Power)*, c'est-à-dire le phénomène que constitue l'existence dans les relations internationales de puissances capables d'avoir une politique maritime. Il vaut d'être noté que la mer et sa maîtrise militaire sont complètement absentes de la pensée du célèbre théoricien militaire Clausewitz et notamment de son ouvrage *De la guerre* publié en 1845. Elle est d'ailleurs aussi souvent absente des manuels scolaires et des ouvrages universitaires français classiques traitant des problèmes de relations internationales.

L'ouvrage qui a fait date dans la réflexion sur la politique de la mer est celui publié en 1890 par l'amiral américain A. T. Mahan, *The Influence of Sea Power upon History*. C'est à la fois un livre de politique internationale et un traité de stratégie militaire qui, s'appuyant sur l'exemple britannique, montre que la puissance maritime, au cours de l'histoire, est un phénomène complexe fondé sur l'existence d'une marine commerciale, de colonies pour commercer, sur le maintien de bases militaires et d'une flotte de guerre prête à intervenir dans toutes les régions. Mahan écrivait d'ailleurs, dans un article de la *National Review*, en 1902 : « On peut démontrer, en conséquence, que comme le commerce est l'intérêt croissant et prédominant du monde d'aujourd'hui, alors, par suite de cette expansion, le commerce outre-mer, les acquisitions politiques outre-mer et les routes commerciales sont maintenant les objectifs permanents de la politique extérieure des nations... » Pour Mahan, la puisssance maritime est l'expression d'un déterminisme géographique, démographique et économique ainsi que d'une volonté politique.

Les raisons qu'il donne à l'appui de sa thèse ne sont pas toujours convaincantes. Ainsi majore-t-il, sans doute, le poids du facteur géographique : l'Angleterre et la Hollande auraient été favorisées par leur position géographique en bordure de routes maritimes fréquentées, mais on peut penser que la France n'avait pas de handicap considérable à cet égard. De même, si l'existence d'une population de gens de mer est un élément favorable à l'établissement d'une puissance maritime, on a pu constater, au cours de l'histoire, que presque toutes les flottes ont eu beaucoup de difficultés à recruter des marins.

Quoi qu'il en soit, ce livre aux analyses souvent visionnaires a eu une influence considérable à son époque. Celles-ci se retrouvèrent chez le géographe allemand F. Ratzel, l'un des fondateurs de la géopolitique. Dans un livre publié en 1900, *La Mer comme source de la grandeur des peuples*, il affirmait qu'un pays ne pouvait être une grande puissance que s'il était une puissance maritime et continentale. On a dit que le livre de Mahan avait inspiré l'empereur Guillaume II et l'amiral Tirpitz en les incitant à construire une puissante marine de guerre pour s'opposer à la suprématie navale britannique.

Il aurait également incité le Japon à se doter d'une force navale (qui écrasa la flotte russe à Tsushima en 1905), et surtout les États-Unis, à devenir une puissance maritime lorsqu'ils commencèrent à regarder vers le grand large : Mahan aurait ainsi influencé Theodore et Franklin Roosevelt. De fait, ce sont les États-Unis qui ont pris le relais de la Grande-Bretagne au XXe siècle en devenant, après 1945, la première puissance maritime du monde, ce qu'ils sont toujours. Les conceptions de l'amiral Mahan inspirèrent en France l'amiral Castex qui fut l'un de nos grands théoriciens de la stratégie après la Première Guerre mondiale.

L'exercice de la puissance maritime, ou du *Sea Power,* à la fin du XXe siècle, a conservé un certain nombre de traits caractéristiques, mais il connaît aussi des différences tout à fait notables par rapport à la fin de la Seconde Guerre mondiale. En effet, les grands pays maritimes ont tenu à conserver la capacité d'intervention de leurs flottes de guerre dans la plupart des océans du globe, pour protéger leurs lignes de communication maritime, ou celles de leurs alliés et pour intervenir, si nécessaire, dans une crise. On peut dire qu'aujourd'hui, seuls les États-Unis sont capables de cet exercice solitaire du pouvoir maritime avec leur marine militaire qui est la première du monde (3,7 millions de tonnes en 1993) et peut déployer des moyens très importants dans tous les océans et lieux stratégiques de la planète. Ils sont ainsi fortement présents en Méditerranée depuis 1945, avec leur 6e flotte.

L'URSS s'est essayée, sous l'impulsion de l'amiral Gortchtkov, à imiter la puissance navale américaine, et la flotte soviétique a connu une expansion considérable jusqu'à la fin des années quatre-vingt. C'est probablement la crise des missiles de Cuba en 1962, où le blocus naval américain a mis en échec l'URSS, qui la décida à s'engager dans cette montée en puissance de sa marine de guerre. Cet effort est aujourd'hui arrêté, même si la flotte russe reste la deuxième du monde (3,18 millions de tonnes) et continue à s'équiper non sans difficulté. Le Royaume-Uni et la France, avec des flottes respectivement de 526 000 tonnes et de 323 000 tonnes, ne peuvent pas prétendre assurer une présence navale avec des moyens significatifs dans toutes les parties du monde.

La grande force de l'US Navy réside dans sa capacité à mobiliser rapidement aux quatre points cardinaux une panoplie de moyens importants, grâce notamment à ses treize porte-avions (dont sept à propulsion nucléaire) qui lui permettent de déployer une force aéronavale et jouer le rôle de gendarme du monde. La Russie souffre à ce point de vue d'un handicap, car elle a tardé à s'équiper en porte-avions (elle n'en possède qu'un aujourd'hui).

La France, quant à elle, est parvenue à maintenir en activité deux porte-avions le *Foch* et le *Clemenceau*, dont le relais sera pris par des navires à propulsion nucléaire comme le *Charles de Gaulle* en cours de construction. Le Royaume-Uni, lui, n'a maintenu en service que des porte-aéronefs (pour hélicoptères ou avions à décollage court et vertical). La guerre du Golfe, en 1990, et la guerre des Malouines qui l'a opposé à l'Argentine en 1982 ont montré l'importance des forces navales et aéronavales dans des conflits régionaux. L'intervention de la Royal Navy a joué un rôle décisif dans la reconquête de ces îles par les Britanniques elle a d'ailleurs subi des pertes relativement importantes (cinq navires coulés sur trente-quatre engagés), mais on peut dire que c'est elle qui a emporté la décision.

Les marines de guerre ont toujours adopté les innovations techniques avec plus ou moins de rapidité. De ce point de vue, l'apparition du nucléaire et des missiles a opéré une césure radicale dans la situation des puissances maritimes au tournant des années cinquante et soixante.

La métamorphose est double. D'une part, l'utilisation de la propulsion nucléaire par des navires comme les porte-avions et les sous-marins accroît fortement leur autonomie. Ils peuvent rester en mer ou immergés pendant une très longue période sans être ravitaillés. D'autre part, le mariage du missile et du nucléaire, pour armer un sous-marin, rend crédible une menace d'intervention quasiment imprévisible. Ce bâtiment peut en effet rester caché en profondeur, sans être détecté, et intervenir loin de sa base avec des missiles à longue portée (11 000 km pour les missiles Trident II des sous-marins américains et britanniques, et 6 000 km pour les nouveaux missiles M 45 qui armeront les sous-marins français).

C'est ce mariage technologique qui rend possible la dissuasion nucléaire : les forces océaniques donnent la possibilité d'une « seconde frappe » contre un adversaire qui aurait déclenché le feu nucléaire contre votre territoire, la capacité de rispote des sous-marins nucléaires restant, par hypothèse, intacte.

L'intervention du nucléaire a provoqué une césure entre puissances navales dans l'exercice de la puissance maritime dans la mesure où seuls cinq États sont dotés aujourd'hui d'une force navale équipée à la fois de bâtiments à propulsion nucléaire et de missiles stratégiques à têtes nucléaires : les États-Unis, la Russie, le Royaume-Uni, la France et la Chine. Ces forces nucléaires constituent le fer de lance de la dissuasion nucléaire océanique, mais elles sont aussi une composante importante des flottes d'intervention qui comprennent en effet des sous-marins nucléaires d'attaque dans ces cinq pays, plus des porte-avions à propulsion nucléaire dans l'US-Navy.

Les grandes marines se sont en effet équipées à la fois avec des Sous-marins nucléaires lanceurs d'engins (SNLE), l'arme de dissuasion par excellence, et de Sous-marins nucléaires d'attaque (SNA), dont la mission est de rechercher et de détruire les SNLE et d'identifier puis attaquer les forces adverses en mer. Les SNA sont en général très rapides (les sous-marins de la classe *Los Angeles* de l'US Navy peuvent atteindre quarante nœuds en plongée) et ils sont équipés de missiles et de torpilles autoguidées. Ils ont montré leur efficacité dans la guerre des Malouines, au cours de laquelle l'un des SNA britanniques a torpillé le croiseur argentin, *General Belgrano,* sans être repéré, ce qui a paralysé la flotte argentine.

La stratégie navale de l'ex-URSS a d'ailleurs reposé, en grande partie, sur la constitution d'une flotte puissante de sous-marins d'attaque pour protéger ses navires et rechercher les SNLE de l'US Navy. La marine russe possède encore aujourd'hui une supériorité numérique en sous-marins puisqu'elle avait un effectif de deux cent trente-deux sous-marins (dont cent SNA) en 1993, contre un peu plus d'une centaine pour l'US Navy.

La France, comme les autres puissances maritimes, s'est dotée d'une force de dissuasion nucléaire dont l'élément naval est la Force océanique stratégique (FOST), qui s'est constituée progressivement à partir des années soixante à l'initiative du général de Gaulle. La FOST, basée à Brest, comprend aujourd'hui cinq sous-marins nucléaires lanceurs d'engins, chacun d'eux équipé de seize missiles mer-sol à têtes nucléaires. Le missile français le plus récent, le M 45, qui sera mis en service en 1996, est doté de six charges nucléaires de cent cinquante kilotonnes et il a une portée de six mille kilomètres. La Marine française (cent quinze bâtiments au total) est aussi équipée de six sous-marins nucléaires d'attaque.

La question que l'on doit se poser pour l'avenir est celle de l'orientation de la stratégie navale des grandes puissances dans un environnement international profondément modifié par la chute du mur de Berlin, en 1989, et l'effondrement du bloc soviétique qui s'en est suivi. La crise du Golfe de 1990-1991, dont il subsiste encore des séquelles, est-elle ainsi le prototype des crises du futur ? C'est possible, mais quoi qu'il en soit, il est clair que le nouveau contexte stratégique modifie certainement l'importance relative des différentes composantes de la dissuasion nucléaire (navale, aérienne, terrestre avec les missiles sol-sol), et celle de la dissuasion elle-même.

En effet, la dissuasion nucléaire fonctionne bien quand elle est dirigée contre un adversaire potentiel bien identifié, autrement dit quand la menace est claire. Ce fut le cas pendant la guerre froide, où les forces de dissuasion occidentales étaient dirigées vers l'URSS. Depuis le début des années quatre-vingt-dix, la situation internationale a changé et « la Russie est aujourd'hui un facteur d'incertitudes et de risques, non une menace * ». Si la dissuasion nucléaire est encore considérée comme nécessaire pour parer à toute éventualité, le rôle de cette dissuasion se trouve fortement atténué dans un contexte où la menace est moins absolue.

Les accords de désarmement conclus par les deux Grands, en particulier les accords START, vont d'ailleurs réduire très notablement le nombre de missiles stratégiques (à longue portée). Les États-Unis et la Russie pourront tout de même conserver en 2003 un « matelas » confortable de trois mille cinq cents têtes nucléaires pour les États-Unis et trois mille pour la Russie. Ces accords ne touchent d'ailleurs que très marginalement les SNLE : 50 % des ogives nucléaires américaines seront navales et 58 % des ogives russes. Les forces océaniques resteront donc le pilier de la dissuasion nucléaire. C'est le point de vue qui est d'ailleurs adopté en France dans le *Livre blanc sur la Défense* ainsi que dans la loi de programmation militaire 1995-2000 votée par le Parlement en 1994, quoique la réaffirmation de cette doctrine est loin d'y être très claire.

Les états-majors militaires aiment bien se trouver face à une menace et à des adversaires bien identifiés. La situation actuelle les place donc dans une portion inconfortable, même si, dans un contexte stratégique sans adversaire désigné, une dissuasion qui doit rester présente et peu visible confère un avantage certain aux forces stratégiques sous-marines. À l'avenir, les risques non formellement identifiés sont de deux types : il s'agit d'une part de la menace d'une prolifération des armes nucléaires, et d'autre part de l'éventualité du déclenchement de crises régionales, dont la guerre du Golfe a peut-être été un prototype. La prolifération aurait un incontestable effet déstabilisant, mais elle concerne peu l'élément maritime.

---

* *Livre blanc sur la Défense*, Paris, La Documentation française, 1994.

En revanche, il apparaît nécessaire aux états-majors de tenir compte dans les stratégies navales de la gestion des crises.

Dans cette perspective, les États-Unis, puissance maritime par excellence, ont procédé à un *aggiornamento* assez profond de leur doctrine militaire, qu'ils ont explicitée dans un document, publié en 1992, *From the sea*. Ils partent du constat, somme toute assez banal, que les crises potentielles auraient lieu préférentiellement sur terre et qu'il serait nécessaire de pouvoir intervenir à partir de la mer pour les gérer et les traiter.

L'exercice du pouvoir maritime n'a plus tout à fait les mêmes orientations que durant la guerre froide : il ne s'agit plus tellement de contenir un puissance maritime adverse, l'URSS en l'occurrence, mais d'intervenir militairement dans des contrées lointaines en « projetant » ses forces, pour utiliser le jargon militaire américain. Les États-Unis n'en abandonnent pas pour autant le principe de leur suprématie maritime, même s'ils envisagent de réduire les effectifs de l'US Navy. L'utilisation de bases à l'étranger comme points d'appui de leur flotte demeure aussi nécessaire. De même le rôle des porte-avions reste essentiel comme celui des sous-marins nucléaires d'attaque pour contrôler les flottes adverses. La nécessité d'intervenir, éventuellement en débarquant des forces, met en évidence l'importance du contrôle des eaux côtières dans lesquelles il faudra sans doute opérer.

La guerre du Golfe, mais sans doute encore plus la guerre des Malouines ont montré l'importance de moyens auxiliaires civils pour transporter du matériel et des troupes là où se déroulent les crises. Les marines de guerre n'ont, en effet, que des moyens limités pour effectuer des opérations de transport massives et elles sont obligées de recourir à des navires marchands. Ainsi, la Royal Navy, pour reconquérir les Malouines occupées par les Argentins, a-t-elle été conduite à réquisitionner et à transformer une cinquantaine de navires civils. Par exemple un paquebot, le *Canberra,* fut équipé de plates-formes pour hélicoptères. Pendant la guerre du Golfe, la France, pour lancer l'opération *Daguet,* a eu un certain mal à rassembler les trente-six navires marchands nécessaires au transport de matériels et de troupes en Arabie Saoudite, et les États-Unis, pour leur part, ont été obligés d'affréter cent soixante navires marchands sous pavillon étranger.

La modification des enjeux politiques conduit donc inéluctablement à accroître la coopération entre marine militaire et marine marchande pour mobiliser, en cas de crise, une force d'appoint composée de cargos rouliers, de navires porte-conteneurs et de transbordeurs à passagers Ro-Ro *(Rollon-Rolloff).* Encore faut-il pouvoir le faire ! Cela suppose, en effet, qu'un État, la France ou les États-Unis par exemple, ait le contrôle direct ou indirect de navires marchands qu'il puisse affréter et éventuellement refaire passer sous son pavillon si nécessaire. Les pouvoirs publics ont prévu en France le recours à l'affrètement par contrat avec des armateurs, dans le cadre d'une loi de 1969 relative aux transports maritimes d'intérêt national. Celle-ci a été invoquée pendant la crise du Golfe pour affréter les navires civils indispensables à l'opération *Daguet.*

Enfin, le dernier enseignement de la guerre du Golfe est l'importance décisive prise par l'utilisation des satellites pour l'observation d'un théâtre d'opération et pour les communications. Cela s'applique aux forces navales tout comme aux forces terrestres. Un réseau de satellites permet en effet de surveiller un littoral ou des mouvements de navires, en particulier si ces satellites sont équipés d'un radar à ouverture synthétique qui permet une observation par tous les temps. Les systèmes GPS (*Global Positioning System*) dont sont dotés les navires permettent aussi leur positionnement avec une grande précision. Le satellite sera de plus en plus un élément clé des stratégies navales pour la gestion des crises. La technologie contribue ainsi, une fois de plus, à leur évolution.

Le contexte dans lequel évoluent les puissances maritimes a changé à de multiples reprises au cours de l'histoire. Les données politiques, économiques et technologiques ont fait des États-Unis, dans la seconde moitié du XXe siècle, la première puissance maritime du monde. Aujourd'hui, alors que la menace soviétique n'existe plus, si les États-Unis affirment leur volonté de pouvoir intervenir dans des crises régionales, dont les effets pourraient être déstabilisants, et de jouer ainsi le rôle de gendarmes du monde, ils ne peuvent néanmoins pas agir seuls dans tous les azimuts. La guerre du Golfe a montré, toutefois, qu'ils avaient la capacité de réunir autour d'eux coalition dissuasive capable de mettre sur pied une force d'intervention.

Des crises comme celles du Golfe et de Yougoslavie posent en fait un problème de fond : l'Europe est-elle capable de jouer un rôle propre, dans un contexte géopolitique où il est indispensable de disposer de forces navales considérables alliant moyens civils et militaires ? C'est une question à laquelle il nous faudra répondre.

Les lieux de la géostratégie

La marinisation des économies s'inscrit sur une carte du globe sous forme de routes océaniques qu'empruntent les flottes marchandes du monde entier et qui assurent les trois quarts du trafic commercial mondial. Toutes les routes océaniques ont leur importance, mais certaines d'entre elles peuvent être considérées comme plus sensibles que d'autres, car elles assurent le transit de matières premières ou de produits énergétiques (le pétrole principalement) qui jouent un rôle essentiel dans l'approvisionnement de certains pays industrialisés ou en voie de développement. Le Japon dépend ainsi totalement de la voie maritime pour son ravitaillement en hydrocarbures et en minerais et la dépendance énergétique des États-Unis, si elle n'est pas aussi marquée, reste profonde puisque la moitié du pétrole qui y est consommé est importé.

Les grandes diagonales transatlantiques et transpacifiques ne posent pas de problème politique majeur dans la mesure où ce sont des routes de haute mer. Il n'en va pas de même des routes interocéaniques qui passent par des détroits ou les canaux de Suez et de Panama. Ainsi, toutes les routes qui joignent le golfe Persique au Japon, à l'Europe ou aux États-Unis, transitent par le détroit d'Ormuz qui voit passer le cinquième des approvisionnements pétroliers du monde. Il n'est pas étonnant que ce détroit, entre l'Iran et le sultanat d'Oman, soit intensément surveillé.

Ces routes rejoignent le Japon, soit par le détroit de Malacca entre la Malaisie et Sumatra, soit par le détroit de Lambok entre Bali et l'île de Lambok, et l'Europe par Suez ou Le Cap. Les routes du Cap, de Suez (qu'emprunte la moitié du pétrole importé par l'Europe) et de Panama, fort fréquentées, ont également un caractère stratégique. Quant aux détroits de la Turquie, ils verront certainement s'accroître leur rôle stratégique, car ils sont empruntés par les navires qui exportent le pétrole extrait des États asiatiques issus de l'ex-URSS. En vingt ans, la part prise par les approvisionnements en pétrole provenant de la mer du Nord n'a pas diminué le rôle des grandes voies maritimes stratégiques.

Quant au trafic qui remonte ou repart d'Europe, il transite soit par Gibraltar soit par le Pas-de-Calais, voies bien contrôlées. Les détroits indonésiens, ceux d'Ormuz, de Bab el-Mandeb à l'entrée de la mer Rouge, Le Cap, Suez et Panama sont donc des points névralgiques de la circulation océanique mondiale. Il n'est pas indifférent de noter d'ailleurs qu'une zone comme celle des détroits indonésiens dont la stabilité est loin d'être garantie, connaît depuis quelques années un regain important de la piraterie.

La géostratégie va sans doute privilégier, pour les années à venir, la gestion des crises. Les spécialistes de géopolitique et les stratèges se sont bien évidemment exercés à imaginer des scénarios de crises du futur. Ces scénarios reposent sur plusieurs hypothèses d'évolution du monde après la disparition de la bipolarité USA-URSS. Ainsi, Alexandre Adler privilégie trois hypothèses : un monde où les États-Unis regrouperaient autour d'eux les principales puissances pour organiser une « gendarmerie mondiale » chargée d'éviter ou de régler les crises ; une bipolarité reformée avec un « cartel » associant la Russie, la Chine et certains États islamiques face aux États-Unis ; un monde vraiment multipolaire dans lequel l'Europe serait l'un des pôles *.

Ces scénarios posent encore la question du rôle de l'Europe. Quel que soit le scénario que l'on retienne, il apparaît que les États-Unis, la puissance maritime dominante, ne peuvent se désintéresser de la Méditerranée, même si ce n'est plus un lieu de confrontation avec Moscou, de l'océan Indien qui contrôle l'accès à la zone sensible du golfe Persique, et bien sûr du Pacifique où ils ont des intérêts économiques croissants. Ce sont trois zones prioritaires pour l'exercice du pouvoir maritime dont l'une, la Méditerranée, est très largement européenne.

L'émergence de puissances régionales, dotées de flottes de sous-marins classiques bien armés, pourrait d'ailleurs contrarier la stratégie navale des grandes puissances dans certaines zones, en particulier dans un contexte de crise, et perturber sérieusement l'exercice du pouvoir maritime.

Il faudrait prendre garde d'exclure de ces spéculations prospectives le rôle que ne manqueront pas de jouer à l'avenir le Japon (aujourd'hui cinquième puissance navale),

---

* Alexandre Adler, dans *Marine et gestion des crises*, numéro spécial du *Bulletin d'études de la Marine*, n° 2, octobre 1994, p. 8-12.

la Chine, l'Indonésie, voire la Malaisie et le Viêt-nam. La montée en puissance des pays asiatiques sur le pourtour du Pacifique est une donnée importante sur laquelle nous serons amenés à revenir. Il s'agit d'un théâtre d'affrontement possible des ambitions maritimes, comme celles qu'affiche la Chine dans la « Méditerranée asiatique » (la mer de Chine du Sud) et qui pourraient être à l'origine de futures crises régionales.

CHAPITRE DEUXIÈME

Science et technologie marines : mémoires du passé – voies de l'avenir

L'utilisation systématique par l'Allemagne de sous-marins contre le trafic maritime des Alliés, pendant la Première Guerre mondiale, posa un problème redoutable à ceux-ci. Les travaux entrepris par le physicien Paul Langevin dans son laboratoire de l'École de physique et chimie à Paris offrirent une parade : la détection acoustique des sous-marins à l'aide de sonars. On trouverait bien d'autres exemples de la contribution des sciences et des techniques à l'activité maritime. Ainsi, on peut rappeler que c'est grâce à la mise au point des chronomètres de précision que la navigation est devenue, au XVIIIe siècle, une « science exacte », pour ainsi dire, et que, ces toutes dernières années, ce sont les progrès des sondeurs acoustiques qui ont permis de développer une cartographie très précise des fonds marins indispensable pour la pose des nouveaux câbles de télécommunications à fibres optiques.

Toute politique, qui est en général un ensemble composite d'enjeux de nature et de portée très diverses, doit mobiliser des moyens humains, financiers et technologiques suffisants, pour atteindre ses objectifs. Or, les connaissances scientifiques et technologiques élargissent l'horizon et, comme le montrent les exemples précédents, elles permettent de concevoir et de mettre au point de nouveaux moyens d'action : elles apportent à une politique ambitieuse une dimension prospective tout en lui ouvrant de nouveaux champs d'action. La politique de la mer n'y échappe pas.

Il ne reste certes plus aujourd'hui de terres inconnues à conquérir, mais l'exploration de l'océan demeure inachevée. Elle pose, en effet, des questions scientifiques qui apparaissent tout à fait fondamentales et auxquelles il revient à l'océanographie, avec la géologie, la physique, la chimie et la biologie, d'apporter les réponse pertinentes. De même, l'exploitation des ressources marines, qu'elles soient renouvelables comme les poissons ou non renouvelables comme le pétrole *off-shore*, fait-elle appel à des techniques de pointe telles que le traitement des signaux acoustiques ou la robotique. Les problèmes scientifiques et technologiques que pose l'océan ont donc changé de dimension et de nature ; celui-ci est devenu en quelque sorte un vaste laboratoire de recherche à l'échelle de la planète et un champ d'application des techniques nouvelles. Nous allons nous attacher à délimiter les grands enjeux des travaux de ce laboratoire ainsi que les perspectives ouvertes par les techniques du futur.

Les fonds océaniques : la Terre en création

Les échelles temporelles et spatiales qui caractérisent les phénomènes océaniques diffèrent par leurs ordres de grandeur. Les évolutions de l'environnement côtier et celles des fonds océaniques au plus profond de l'Atlantique et du Pacifique, nous donnent les deux extrémités de ces échelles. Il est facile d'en juger : le trait de côte peut être sensiblement modifié sur quelques kilomètres par ensablement ou par érosion en une dizaine d'années, tandis que des proliférations algales chroniques peuvent se reproduire ou disparaître d'une année à l'autre ; la croûte océanique, qui est littéralement fabriquée tout le long des dorsales médio-océaniques (des zones fracturées sur les grands fonds) ceinturant la planète et qui, chacune, s'étendent sur plusieurs milliers de kilomètres, se déplacent à une vitesse de un à vingt centimètres par an !

Intéressons-nous donc d'abord à ces phénomènes géologiques à grande échelle dont les grands fonds océaniques sont le siège et qui président à la formation de la croûte océanique. Nous en préciserons ainsi l'intérêt et la portée.

En trois décennies, à partir des années soixante, les géophysiciens ont complètement révolutionné les sciences de la terre avec le nouveau paradigme de la tectonique des plaques. Ce sont deux géophysiciens de l'université de Cambridge, Fred Vine et Drummond Matthews, qui ont franchi la première étape en donnant une forme concrète à la théorie dite de la dérive des continents proposée par Alfred Wegener, en 1912, et qui n'avait jamais été complètement acceptée. Des travaux convergents, appuyés sur des mesures magnétiques, ont permis de formuler sur des bases solides le scénario suivant de fabrication de la surface de la planète.

L'enveloppe externe de la Terre est composée de grandes plaques rigides, dites lithosphériques (douze principales au total), formant d'une part la croûte océanique et d'autre part la croûte continentale et flottant sur la couche chaude et plastique du manteau terrestre. La croûte océanique se forme de façon continue le long des dorsales océaniques (voir carte 3). Ce sont elles qui jouent le rôle majeur dans ce processus de création. Appelées encore « rides », ce sont des zones de fracture qui forment une véritable chaîne de reliefs allongée, culminant entre 2 000 m et 3 000 m sous la surface de l'eau. Elles constituent une immense cicatrice de 75 000 km sur le fond des océans.

Les matériaux en fusion du manteau terrestre remontent à la surface le long des dorsales, se solidifient et forment la croûte océanique dont l'épaisseur moyenne est de six kilomètres. De part et d'autre d'une dorsale, un nouveau plancher océanique est ainsi formé et de façon

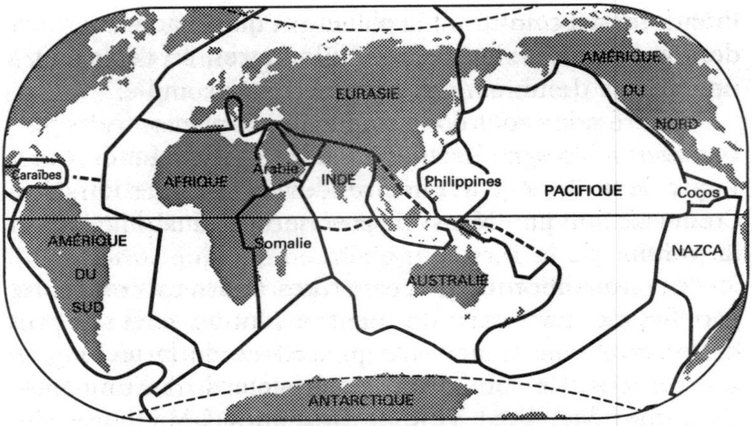

Carte 3 : Les grandes plaques lithosphériques du globe et leurs limites. Certaines de ces limites sont encore incertaines.

symétrique. Il se déplace en repoussant les fonds plus anciens et en écartant les plaques les unes des autres. Ces dorsales sont le siège d'une forte séismicité. Elles peuvent aussi être jalonnées d'îles volcaniques, telles que l'Islande et les Açores dans l'océan Atlantique. Ce processus global, dénommé « accrétion », est bien accepté aujourd'hui par les scientifiques.

Des campagnes océanographiques franco-américaines, comme le projet *Famous* qui s'est déroulé dans les années soixante-dix, sur la ride médio-atlantique avec les sous-marins *Alvin* et *Cyana,* les travaux de l'équipe du géophysicien français Xavier Le Pichon ainsi que des campagnes de forage océanique *, ont contribué à établir la théorie de la tectonique des plaques. Il est important de relever que cette théorie n'est pas seulement un modèle qualitatif. En effet, elle est aussi la première à donner une explication quantitative du comportement de la couche externe de notre planète. Par ailleurs, comme toute bonne

* Notamment celles du programme international « *Ocean Drilling Programme* ».

théorie, elle a une certaine valeur prédictive : elle permet de « prévoir » la localisation de certains phénomènes comme les tremblements de terre, par exemple.

En effet, la croûte océanique, nouvellement créée par accrétion, s'éloigne de la dorsale à une vitesse qui peut varier de un à vingt centimètres par an selon les dorsales. Cette création continue ne provoque pas d'augmentation de volume de la Terre qui obéit, en quelque sorte, à une loi de conservation. Ce processus de création est compensé, en effet, par un retour de matière vers les couches profondes du manteau terrestre qui s'effectue tout le long de la ligne de rencontre, ou de convergence de deux plaques. Ainsi, à la frontière entre deux plaques, la plaque océanique plonge vers le manteau terrestre où elle disparaît : c'est le phénomène de « subduction ». Cette plongée d'une plaque océanique peut s'accompagner de la formation d'une fosse très profonde (la fosse des Mariannes dans le Pacifique atteint 11 000 m) mais aussi d'une séismicité et d'un volcanisme importants lorsqu'elle se produit sous un arc insulaire comme au Japon et aux Antilles.

Tout se passe comme si la plaque océanique se déplaçait tel un immense escalier mécanique, apparaissant, puis disparaissant, aux deux extrémités d'un bâtiment, en émergeant des profondeurs pour y disparaître à nouveau. Les géologues estiment ainsi que 3 km^2 de croûte océanique sont formés chaque année à partir des dorsales, ce qui renouvelle les fonds océaniques tous les cent millions d'années. Les océans sont donc relativement jeunes si on les compare aux croûtes continentales dont l'âge moyen est de l'ordre de deux milliards d'années. Cette vitesse de formation du plancher océanique, et donc son âge moyen, est déterminée par des mesures de paléomagnétisme. En effet, le champ magnétique terrestre changeant périodiquement d'orientation, il est possible, en datant l'âge magnétique d'échantillons de lave prélevés dans les fonds marins, d'en déduire la vitesse de formation de la croûte océanique. Celle-ci est donc aussi une mémoire du passé.

Les rides océaniques allaient réserver d'autres surprises aux géologues. Ceux-ci découvrirent, en effet, à l'occasion de plongées sous-marines à la fin des années soixante-dix, que ces rides étaient actives. Elles sont le siège d'une activité volcanique et surtout, de place en place, des sources d'eau chaude s'y trouvent localisées. Celles-ci émettent une eau dont la température atteindrait 400 à 450°C au point d'émission et elles déposent des sulfures de cuivre et de fer, des métaux lourds comme le cadmium, ainsi que d'autres minéraux tels que des hydrosilicates et des carbonates. On rencontre ainsi toute une gamme de sources hydrothermales à toute température avec une grande variété d'émission de minéraux et de gaz dissous (du méthane et du gaz carbonique par exemple). L'origine de ces sources hydrothermales semble claire : l'eau de mer pénètre par les fissures des dorsales, percole jusqu'aux laves basaltiques chaudes, y dissout force minéraux, puis elle remonte à la surface à une température et à une pression qui peuvent atteindre celles de son point critique *. Globalement, l'ensemble des sources hydrothermales déverseraient plusieurs centaines de milliers de tonnes par an de métaux dans les océans.

Une surprise supplémentaire attendait les explorateurs des dorsales océaniques : ils ont découvert (la première fois au large des îles Galapagos dans le Pacifique) qu'au voisinage immédiat de ces sources se développait une vie relativement intense. Des vers, des bactéries, des bivalves y prospéraient dans des conditions physiques et chimiques très éloignées de la normale (absence de lumière, forte pression, température élevée, milieu acide, etc.). Cette forme de vie extraordinaire, au sens fort du terme, soulève des questions fondamentales sur lesquelles nous reviendrons.

---

* Le point limite de la transition liquide-gaz en thermodynamique. L'eau dans un état « supercritique » a la capacité de dissoudre fortement les minéraux qu'elle rencontre.

Le paradigme de la tectonique des plaques est bien établi et il ne semble pas, pour l'heure, devoir être remis en cause. Les processus d'accrétion et de subduction océaniques laissent cependant plusieurs questions ouvertes. Les plus importantes touchent à la dynamique. Citons en quelques-unes : peut-on expliquer les différences entre les dorsales où la vitesse d'accrétion est rapide et celles où elle est lente ? Comment peut-on expliquer que les mouvements internes de matière au niveau du manteau terrestre concentrent leurs effets sur une bande de quelques kilomètres de large autour de la dorsale pour y donner naissance à la croûte océanique ? On a mis en évidence des variations temporelle et spatiale de l'activité des sources hydrothermales (pendant une période limitée), peut-on en trouver l'origine ? Par quels mécanismes ces flux d'eau chaude sont-ils contrôlés ? Enfin, même si les apports à l'océan des sources hydrothermales en sels minéraux, en gaz dissous et en chaleur, sont limités, quel en est le bilan ?

Toutes ces questions suscitent l'intérêt de la communauté des océanographes. Il s'agit de comprendre les aspects dynamiques du processus fondamental de création des fonds océaniques et donc de la majeure partie de la surface terrestre. Un programme international *Inter-Ridge*, associant notamment des équipes françaises, britanniques et américaines, devrait permettre d'apporter des réponses aux questions que se posent les océanographes.

Les dorsales, où se fabrique la croûte océanique, se trouvent en plein milieu des océans et, si elles suscitent encore un intérêt scientifique indéniable, il ne faut pas oublier que c'est au bord des océans que vit une partie notable de la population mondiale et qu'une activité économique importante s'y déroule. C'est dire l'importance des marges océaniques situées entre le littoral et les grands bassins océaniques : elles constituent à la fois les versants du continent et les bordures de l'océan sur une largeur qui est tout au plus de 200 km. Cela semble peu par comparaison avec l'étendue des océans et des continents mais, en revanche, ces marges océaniques jouent un rôle capital dans la vie de la planète. Ce sont, en effet, les lieux où les continents croissent ou décroissent, où les océans disparaissent par le processus de subduction et où s'accumulent plus de la moitié des sédiments provenant de l'érosion des terres émergées. Comme les marges océaniques jouxtent des zones géographiques qui sont le siège d'une importante activité humaine, on comprend que leur étude représente un enjeu dont la portée n'est pas uniquement scientifique, mais aussi sociale et économique.

Les marges océaniques sont aussi une mémoire des océans et des continents. C'est, en effet, dans ces zones que se fabrique la croûte continentale : la subduction de la plaque océanique, en introduisant de l'eau à grande profondeur, provoque la fusion partielle du manteau ; les magmas qui sont ainsi produits remontent vers la surface et contribuent à créer la croûte continentale. Il est vrai que la plaque océanique peut entraîner, en plongeant, des fragments de la plaque continentale dans la zone de subduction et ainsi sa destruction complète. Certaines marges sont purement passives, elles ne font que porter la marque de la déchirure des continents et de la naissance des océans.

Ce mouvement de transformation permanente de la surface de la planète par la dérive des continents, qui va de leur fragmentation jusqu'à leur réunion par collision, peut s'achever par la mort d'un océan lorsque la plaque océanique disparaît par subduction : c'est ce qui se produit, par exemple, avec la mer d'Oman, coincée entre l'Arabie et l'Iran, qui est le résidu d'un ancien océan. Les recherches sur les marges, tout comme celles sur les dorsales, doivent permettre de mieux comprendre le phénomène de naissance des grands océans.

Les marges océaniques actives, où a lieu un phénomène de subduction, sont des zones à risques naturels. Elles sont le siège d'une activité volcanique et sismique qui peut être dangereuse. Il en est ainsi dans toute la zone où les plaques Philippines et Pacifique plongent sous la plaque Asie : on y trouve un arc volcanique qui s'étend des Philippines aux îles Aléoutiennes, formant ce qu'on appelle la « ceinture de feu » du Pacifique. Les risques de séismes y sont importants car ceux-ci relâchent brutalement les contraintes accumulées par le mécanisme de subduction. Ainsi, le tremblement de terre catastrophique qui détruisit une partie de Tokyo en 1923, en faisant cent quarante mille victimes, trouve son origine dans le phénomène de subduction. La surveillance des zones de subduction et l'étude des phénomènes tectoniques aux frontières des plaques pour tenter de prévoir des séismes sont donc une priorité des programmes de géoscience marine. C'est le cas en particulier au Japon, où l'on redoute la répétition de la catastrophe de 1923 dans la région de Tokyo ; celle-ci a la particularité fâcheuse d'être située au point de convergence des trois plaques Philippines-Pacifique-Eurasie. L'étude de cette zone est l'un des objectifs du programme de recherche océanographique franco-japonais *Kaiko*. Ajoutons que certains scénarios envisagent l'enfouissement de déchets nucléaires dans les zones de subduction ; ceux-ci seraient entraînés dans les profondeurs de la terre sous les plaques continentales. C'est un scénario qui n'est pas sans risques mais qui mérite d'être évalué.

Par ailleurs, des bassins sédimentaires sont associés aux marges océaniques où s'accumulent d'énormes quantités de sédiments qui recèlent la majeure partie des ressources en hydrocarbures de la planète. L'intérêt économique des recherches sur ces marges est évident : il s'agit d'analyser et de modéliser les processus géologiques dynamiques qui président au transit et à l'accumulation des produits de l'érosion continentale, mais aussi de comprendre l'évolution des constituants organiques et minéraux dans le processus de diagénèse qui contribue à la formation des hydrocarbures. Il consiste dans la modification progressive de la composition chimique des sédiments par l'interaction des fluides interstitiels en présence d'une activité bactérienne. Ces recherches doivent permettre de mieux inventorier les richesses des marges océaniques et elles intéressent beaucoup, évidemment, les pétroliers.

Les sédiments marins accumulés sur les marges polaires ou sur les pentes profondes des bassins océaniques renferment aussi des hydrates de gaz qui sont des molécules de gaz, essentiellement du méthane, piégées dans un cristal de glace. Les grands fonds océaniques, où l'on trouve des pressions élevées et des températures relativement basses, sont propices à la formation de ces hydrates de gaz (appelés encore clathrates) qui constitueraient une ressource considérable de gaz que certains experts estiment équivalente à celle de toutes les réserves de charbon, de pétrole et de gaz naturel ! L'étude des conditions de formation de ces hydrates et de leur localisation est donc un enjeu important.

Enfin, il ne faut pas oublier non plus que les marges passives sont des zones à risques : l'instabilité des sédiments dans la zone côtière, ou sur les pentes sédimentaires, peut entraîner des effondrements qui sont, en quelque sorte, des glissements de terrain sous-marins dont l'impact sur la côte elle-même pourrait être dévastateur s'ils déclenchaient des raz de marée (les *tsunamis*).

L'environnement littoral : comprendre pour mieux gérer

Changeons maintenant d'échelle pour nous intéresser non plus à toute la planète, mais à la zone côtière qui comprend la frange littorale, le plateau continental et les mers régionales ; c'est cette zone qu'on appelle encore le littoral au sens géographique du terme. Au plan juridique et économique, comme nous le verrons, sa délimitation est un peu plus complexe. Lieu de rencontre de la terre et de la mer, c'est une zone vulnérable, extrêmement productive et en constante évolution. Lieu d'échange privilégié entre l'océan, le continent et l'atmosphère, il joue un rôle tout à fait particulier dans le cycle de la matière à l'échelle planétaire : il est responsable d'un peu moins de la moitié de la production biologique globale des océans et il fournit 90 % des ressources marines exploitées. Il est aussi le lieu d'une intense activité humaine (pêche, aquaculture, cabotage, industries portuaires) et il reçoit les eaux chargées en contaminants (rejets urbains, agricoles et industriels), drainées par les bassins versants des rivières et des fleuves et collectées dans les estuaires. C'est une zone soumise à la pression démographique puisque, nous l'avons déja souligné, 50 % de la population mondiale vit à moins de cinquante kilomètres des côtes. C'est donc un milieu fragile et exposé qu'il faut gérer et aménager avec prudence.

Comprendre et prévoir le comportement des zones côtières impliquent que l'on prenne en compte à la fois la diversité des systèmes écologiques, des échelles et des enjeux. En particulier, les études à méso-échelle (quelques dizaines de kilomètres), ou régionales, sont le fondement indispensable des études locales motivées par des problèmes d'environnement spécifiques : pollution d'une côte par des algues, érosion de falaise, ensablement d'une zone portuaire, etc. Le littoral français s'étend sur cinq mille cinq cents kilomètres dont huit cents d'estuaires, on voit donc la diversité et l'ampleur des problèmes scientifiques qu'il peut poser.

Schématiquement, il est nécessaire de comprendre l'ensemble des phénomènes physiques, chimiques et biologiques qui conditionnent l'évolution du littoral, en particulier celle de sa morphologie et des écosystèmes qui s'y développent. La variation du niveau de la mer, du régime des marées et des courants, les paramètres hydrologiques liés aux saisons et au climat (température, salinité, densité), l'afflux des éléments d'origine continentale, la diversité morphologique des côtes (falaises, plages, etc.), jouent chacun leur rôle qui reste à apprécier.

La première démarche scientifique qu'il faut entreprendre pour s'attaquer à l'ensemble des problèmes que l'on rencontre dans les politiques de maîtrise de l'environnement marin et des aménagements côtiers est d'observer et de mesurer une grande quantité de paramètres qui conditionnent l'évolution du milieu. Cela doit permettre de déterminer l'état du littoral et de disposer de séries de données fiables sur une longue période. En France, des réseaux d'observation du littoral ont été mis en place par l'Institut français de recherche pour l'exploitation de la mer (IFREMER) afin de recueillir systématiquement des données qui permettent de définir la qualité du milieu littoral : température, salinité, concentrations en nitrates et phosphates ainsi qu'en métaux lourds comme le cadmium et le plomb, présence de chlorophylle, de pesticides et de bactéries d'origine terrestre.

La seconde démarche consiste à interpréter les phénomènes mis en jeu dans le milieu littoral ainsi que les évolutions temporelles constatées. Il s'agit, par exemple, de comprendre les causes de la prolifération d'algues vertes sur certaines côtes françaises (les côtes d'Armor par exemple), qui constituent une nuisance importante pendant certaines périodes estivales, et que l'on appelle « marées vertes ». La modélisation est désormais un outil indispensable, car elle permet d'interpréter des résultats, mais aussi de prévoir des phénomènes qui ont été analysés et paramétrés au préalable. Un modèle est une représentation simplifiée de la réalité que l'on décrit à l'aide d'équations, celles de l'hydrodynamique dans le milieu marin par exemple, que l'on résout moyennant quelques simplifications et en utilisant, en général, des méthodes numériques. Ainsi, par exemple, l'IFREMER a mis au point un modèle de circulation des eaux marines dans la Manche qui permet de prévoir, dans une certaine mesure, la dilution de polluants émis en un point de la côte (par exemple au voisinage de l'usine nucléaire de La Hague) ou le déplacement de débris d'origine accidentelle. Il est possible d'intégrer des paramètres biologiques à un modèle (la densité de plancton par exemple), mais cette modélisation est plus complexe.

Le développement des outils de modélisation a été rendu possible par les progrès de l'analyse numérique et de l'informatique ; ils ouvrent la voie à une réflexion nouvelle sur les conditions écologiques très spécifiques des milieux littoraux et pour appréhender globalement le transport des sédiments et des contaminants ainsi que le comportement des rejets en mer. Tout un champ de recherches importantes est donc ouvert. Il s'agit ainsi, notamment, de poursuivre le développement de modèles de circulation à diverses échelles et dans les trois dimensions de l'espace (on s'intéresse aux mouvements de surface mais aussi à ce qui se passe dans la colonne d'eau), d'entreprendre des travaux sur la génération et la propagation de la houle et son action de déferlement, de mieux prendre en compte les apports d'eau douce et de sédiments fluviaux.

La tâche est particulièrement ardue lorsqu'on s'attaque au problème du devenir à long terme des contaminants sur le plateau continental, puisqu'il faut connaître les lois d'évolution des polluants, les mécanismes d'interaction entre les facteurs sédimentaires, chimiques et biologiques, tenir compte de la biodégradation de certaines substances telles que les détergents et les hydrocarbures, etc. C'est dire que ces recherches nécessitent une approche réellement pluridisciplinaire. Qui plus est, les mesures en milieu marin requièrent l'utilisation de capteurs (pour mesurer l'oxygène dissous, les nitrates, les phosphates, etc.) qu'il faut « mariniser », c'est-à-dire adapter au milieu marin, et il est donc nécessaire de développer une instrumentation adaptée. Une tendance nouvelle s'affirme depuis peu : elle consiste à mettre au point des bouées ancrées au large de la côte et instrumentées afin de pouvoir relever des données en surface et dans la colonne d'eau qu'elles transmettent à la côte, ou à longue distance, par VHF ou par satellite.

Le trait de côte, qui matérialise la séparation entre la terre et la mer et apparaît sur les documents cartographiques, est une ligne qui, dans certaines régions tout au moins, est instable car des phénomènes comme l'ensablement et l'érosion côtière peuvent la déplacer. Les exemples d'une modification progressive et continue de la géographie littorale ne manquent pas. Ainsi a-t-on constaté que la côte de Camargue avait reculé de 450 m depuis cinquante ans. Au Royaume-Uni, sur la côte du Yorkshire, dans le comté de Holderness, une ligne de 40 km de falaises recule de 2 m par an depuis 6 000 ans ; 480 km^2 de terrain seraient ainsi tombés à la mer depuis l'époque romaine, entraînant la disparition de trente-six villages ! Plusieurs processus contribuent à ce véritable grignotage de la côte : l'élévation du niveau de la mer (10 cm environ depuis un siècle), la construction par l'homme d'ouvrages qui perturbent la dérive des sédiments, le déficit des apports d'alluvions causé par la construction de barrages sur les fleuves, l'érosion des côtes par les courants et les vagues. Il faut ajouter à cela que certaines régions sont soumises à un phénomène de subsidence : ainsi le nord des Îles britanniques tend à se surélever, tandis que les côtes Sud de l'Essex et du Kent tendent à s'abaisser par rapport au niveau de la mer.

L'érosion côtière est un phénomène dont il faut comprendre les causes pour pouvoir, encore une fois, le modéliser et si possible le prévoir. Les travaux de recherche représentent un enjeu majeur pour certaines régions littorales (le nord de la France et la Picardie par exemple). Ils montrent qu'il n'y a probablement pas d'ingénierie miracle pour éviter ce phénomène et qu'une bataille généralisée contre la mer, sur ce front-là tout au moins, n'est ni possible ni souhaitable : l'érosion procure en effet des sédiments qui construisent d'autres zones côtières, en formant des marais ou des plages. L'étude du rôle des marais maritimes comme zones tampons est aussi un élément de la lutte pour préserver le littoral.

Des informations publiées dans la presse ou des émissions de télévision, comme *Thalassa*, attirent souvent notre attention sur l'apparition de pollutions chroniques dues à la prolifération d'algues sur certaines de nos côtes. Ces proliférations, ou efflorescences, sont certes moins spectaculaires que les marées noires accidentelles, mais elles n'en constituent pas moins des nuisances dont les conséquences sont parfois sérieuses sur la santé humaine. De nombreux cas d'intoxication par des coquillages contaminés sont recensés depuis plusieurs siècles. Si leur origine est d'abord bactérienne, il faut aussi compter avec les toxines que sécrètent certaines algues unicellulaires planctoniques et qui causent dans notre pays jusqu'à plusieurs milliers d'intoxications par an dont la très grande majorité sont heureusement bénignes. Un réseau de surveillance des eaux littorales, mis en place sous la responsabilité de l'IFREMER, permet d'alerter les autorités sanitaires et limite donc désormais considérablement les risques d'intoxication.

Plusieurs types d'algues toxiques ont tendance à proliférer sur bon nombre de côtes, en France comme dans le monde entier ; leurs toxines peuvent être fixées par des coquillages qui sont ainsi rendus impropres à la consommation. Le *Dinophysis* est un dinoflagellé (une algue unicellulaire microscopique) responsable d'un « syndrome diarrhéique » ; il se manifeste sur la côte Atlantique et en Méditerranée. Plus dangereux, et donc plus préoccupant, est le rôle d'un autre dinoflagellé, *Alexandrium minutum*, responsable, lui, d'un « syndrome paralytique » qui peut être mortel, comme on l'a constaté récemment au Canada, semble-t-il. Ce dinoflagellé que l'on a repéré aussi depuis quelques années sur les côtes françaises, sans qu'il y ait eu d'accident mortel, doit être surveillé car il forme des kystes qui s'accumulent dans les vases et qui sont prêts à éclore, au printemps suivant, lorsque les conditions sont favorables. D'autres espèces sont, elles, moins bien connues.

Ces proliférations algales représentent des menaces pour la santé, il est donc indispensable que la recherche permette d'élucider leur origine ainsi que les conditions de leur développement qui sont loin d'être comprises. Cette entreprise se révèle d'autant plus difficile qu'il n'a pas été possible, jusqu'à présent, de cultiver *in vitro* le *Dinophysis*. Il est également nécessaire d'examiner l'hypothèse, avancée notamment par les Japonais, de l'existence d'une bactérie qui se développerait en symbiose avec les microalgues et dont la prolifération conduirait à la production des biotoxines. Par ailleurs, la synthèse complète par une équipe américaine, en 1995, d'une biotoxine, la *brevetoxine B*, sécrétée par une microalgue, *Gymnodinium breve*, qui est à l'origine des « marées rouges », est une grande première qui ouvre la voie à la compréhension des mécanismes d'action de ces toxines au niveau cellulaire et donc à la mise au point de tests chimiques pour détecter leur présence.

D'autres proliférations algales n'ont pas d'incidence directe sur la santé humaine mais n'en sont pas moins nuisibles. Le milieu marin est enrichi en sels nutritifs (nitrates, phosphates) ; cet enrichissement est la conséquence directe de l'utilisation massive des engrais agricoles et de l'élevage intensif ainsi que de l'augmentation des rejets d'eaux usées riches en phosphate et en ammonium. Les proliférations algales se manifestent, soit sous forme d'un microplancton qui est à l'origine du phénomène dit des « eaux colorées » (en général rougeâtres), soit sous la forme de macroalgues, appelées « ulves », provoquant les « marées vertes ». Ces phénomènes sont la cause de l'eutrophisation des eaux côtières, c'est-à-dire d'une véritable asphyxie du milieu marin qui se trouve privé d'oxygène ; ils peuvent être la cause de fortes mortalités d'invertébrés marins et de poissons.

Là encore, un champ est ouvert à la modélisation des phénomènes afin de tenter de les prévoir (en tenant compte de la dynamique des espèces proliférantes) et d'évaluer les effets à long terme de l'enrichissement croissant des eaux en sels nutritifs et en matière organique. Dans le milieu marin, il est aussi nécessaire de tenir compte de l'existence de polluants d'origine continentale, tels que les pesticides, dont il faut connaître les mécanismes d'action au niveau génétique et les formes sous lesquelles ils sont métabolisés par les espèces vivantes. Déterminer si certaines substances organiques, présentes à l'état de traces, risquent de modifier les caractères génétiques d'espèces vivantes, est une question majeure *. Il faut également parvenir à déceler la présence de bactéries qui interviennent dans les cycles biogéochimiques mais qui peuvent être pathogènes, comme les salmonelles. Là encore, c'est une nouvelle action pluridisciplinaire qui s'impose, associant bactériologie et virologie, génétique, chimie et écotoxicologie.

La science du milieu côtier apparaît ainsi complexe et diversifiée, nécessitant la mobilisation de nombreuses équipes de chercheurs. Longtemps négligée en France, elle fait l'objet d'un effort vigoureux lancé, en 1991, par le CNRS et l'IFREMER, dans le cadre d'un programme national d'océanographie côtière qui mobilise la communauté scientifique sur l'enjeu que représente la connaissance de l'environnement littoral afin de mieux le gérer.

L'océan machine thermique de la planète

Depuis plusieurs années les médias attirent périodiquement notre attention sur les risques de réchauffement

* On sait aussi que le mercure, sous forme méthylée, peut se fixer dans la chair de poisson et provoquer des empoisonnements comme ceux constatés au Japon à Minamata. On en trouve, notamment, en Méditerranée près de Gibraltar.

qui menaceraient notre planète si la consommation en combustibles fossiles (charbon, hydrocarbures) continuait à croître et, du même coup, à amplifier l'effet de serre, en stockant davantage de gaz carbonique dans l'atmosphère *. Nous savons bien, d'ailleurs, que le climat de la planète est éminemment changeant dans l'espace et dans le temps. L'historien Emmanuel Le Roy Ladurie a étudié les variations du climat en France depuis le Moyen Âge, à partir d'archives historiques (les dates des vendanges notamment), nous constatons nous-mêmes aujourd'hui qu'en hiver le climat de la Bretagne est plus clément que celui d'une région plus continentale comme l'Alsace, ce que nous expliquons par la proximité océanique de la première. Bref, nous savons que l'océan joue un rôle essentiel dans le climat et son évolution au cours du temps.

Le climat, c'est-à-dire l'ensemble des caractéristiques météorologiques d'une région du globe, est un système qui dépend de l'interaction entre plusieurs milieux : l'océan, l'atmosphère, les continents, les glaces (la cryosphère) et le monde vivant (la biosphère). L'océan et l'atmosphère jouent un rôle particulièrement important dans ce système puisque ce sont deux fluides qui sont évidemment les deux agents principaux du transport de la chaleur sur la planète. Leurs propriétés et leur comportement ne sont pas les mêmes. L'eau de mer est mille fois plus dense que l'air de l'atmosphère et, en outre, c'est un liquide qui a de fortes anomalies thermiques. Sa capacité calorifique est notablement supérieure à celle de nombreux liquides (y compris des métaux liquides comme le sodium). Aussi, on pourrait imaginer que si la surface

---

* L'effet de serre provoque un réchauffement de l'atmosphère de la Terre. Certains gaz présents dans l'atmosphère (la vapeur d'eau, le gaz carbonique, le méthane, notamment) absorbent le rayonnement infrarouge réémis par la surface de la Terre après que celle-ci eut capté le rayonnement solaire.

de la Terre était recouverte d'une couche d'eau de 2,5 m d'épaisseur, celle-ci pourrait stocker autant de chaleur que la totalité de l'atmosphère.

Par ailleurs, on estime que la moitié de l'énergie du soleil atteignant la surface de la Terre est absorbée par l'océan qui stocke cette énergie thermique et la redistribue par ses courants. Une partie de cette chaleur est également cédée à l'atmosphère par le phénomène d'évaporation-condensation de l'eau de mer : évaporée, celle-ci cède de la chaleur à l'atmosphère lorsqu'elle se condense. L'océan se comporte donc comme une véritable machine thermique qui échange de l'énergie, de la chaleur et de l'eau avec l'atmosphère. C'est le moteur du climat global de la Terre et de son évolution au cours du temps, tout en ayant une influence régionale *.

Cependant, l'océan et l'atmosphère diffèrent de façon marquante par la dynamique de leur évolution : l'atmosphère réagit vite à une perturbation alors que l'océan réagit lentement. La dynamique océanique n'a ainsi pratiquement aucune incidence sur les échanges entre l'océan et l'atmosphère à l'échelle de la prévision météorologique (quelques jours). En revanche, sur une échelle de quelques mois, qui correspond aux variations climatiques, il est nécessaire de tenir compte des mécanismes de redistribution de la chaleur par la circulation océanique. Interpréter les évolutions du passé et prévoir celles du futur sont l'un des grands enjeux de la modélisation océanique ; c'est une entreprise complexe puisqu'elle doit tenir compte du couplage entre l'océan et l'atmosphère. Elle suppose, bien entendu, un effort de recherche important pour comprendre deux phénomènes qui jouent un rôle majeur : la circulation océanique qui redistribue la chaleur,

---

* Des phénomènes astronomiques ont aussi une influence sur le climat. C'est le cas par exemple du changement de l'inclinaison de l'axe de la Terre sur son orbite qui modifie l'insolation (périodes de 100 000, 53 000, 41 000 et 19 000 ans prévues par Milankovitch).

l'absorption par l'océan d'une fraction importante du gaz carbonique rejeté dans l'atmosphère et qui contribue fortement à l'effet de serre.

Précisons donc les enjeux de la recherche océanographique sur l'évolution du climat. La circulation océanique est le mécanisme de base à étudier. Très schématiquement, la machine thermique qu'est l'océan fonctionne de la manière suivante : les eaux chaudes de surface dans la zone équatoriale migrent vers les hautes latitudes, tandis qu'au voisinage des pôles l'eau est plus froide et plus salée (la formation de glace de mer tend à pomper de l'eau douce de la surface de l'océan) et donc plus dense : elle plonge vers les grandes profondeurs en se déplaçant vers les basses latitudes. C'est le phénomène majeur dans l'Atlantique : les zones polaires (mers de Weddell et de Ross au voisinage de l'Antarctique, mers de Norvège, du Groenland et du Labrador près de l'Arctique) sont des sources d'eau froide, tandis que les régions tropicales sont des sources d'eau chaude qui monte vers le nord. Ce mécanisme est la circulation thermohaline. Celle-ci fonctionne comme une véritable courroie de transport qui conduit les eaux froides du Nord, qui ont plongé entre 2 000 m et 4 000 m, vers l'Antarctique, l'océan Indien et le Pacifique. Celles-ci sont ensuite réchauffées en surface dans le Pacifique oriental et elles repartent alors pour un nouveau périple vers l'Atlantique Nord en passant par les mers indonésiennes, l'océan Indien et l'Afrique où elles se réchauffent encore au passage. Ce trajet dure environ mille ans.

Ce mécanisme n'est pas unique. L'eau chaude déplacée en surface au large des côtes d'Afrique est remplacée par de l'eau profonde, plus froide, qui remonte enrichie en nutriments et qui rend les côtes du Maroc et de la Mauritanie particulièrement poissonneuses (remontée qu'on appelle *upwelling*). Dans la partie occidentale de l'Atlantique, le puissant courant du *Gulf Stream*, qui naît dans les parages de la Floride et dont le débit équivaut à quatre-vingt-dix fois celui de tous les fleuves mondiaux, transporte lui aussi de la chaleur vers le nord et contribue ainsi à adoucir le climat de l'Europe occidentale. Enfin, le courant circumpolaire tournant autour de l'Antarctique, qu'a rendu possible la séparation, il y a vingt-trois millions d'années, de l'Amérique du Sud et de l'Antarctique (passage de Drake), contribue à refroidir notablement les eaux de surface de l'océan du Sud et à former ainsi une eau de fond presque gelée. La fermeture de l'isthme de Panama, il y a 3,5 millions d'années, a renforcé le *Gulf Stream* et sans doute contribué à accroître la salinité de l'Atlantique Nord.

Deux paramètres physiques (la température et la salinité) et un paramètre morphologique (la forme des bassins océaniques) commandent donc la circulation océanique sans oublier le vent qui, agissant en surface, brasse la couche superficielle océanique et favorise ses échanges avec l'atmosphère. L'une des premières tâches à accomplir consiste donc à collecter les données sur l'ensemble de l'océan mondial, à sa surface et dans ses profondeurs, afin de faire tourner les modèles de prévision et de vérifier ensuite leur pertinence. On ne sait pas encore, en effet, quel est le bon modèle pour la circulation océanique. Cela suppose qu'on puisse effectuer des mesures globales à l'aide de satellites et de moyens *in situ* (navires, bouées dérivantes, petits sous-marins automatiques) et que l'on dispose de la capacité de calcul pour traiter les données dans les modèles. Cela constitue une étape préalable à la prévision océanique. C'est un enjeu important dont nous reparlerons.

Si la description du principe de fonctionnement de la machine thermique qu'est l'océan permet de modéliser son comportement en tenant compte, bien sûr, de ses échanges avec l'atmosphère, et également de comprendre les variations spatiales du climat actuel, elle laisse néanmoins plusieurs questions ouvertes. La première, et peut-être la plus profonde, concerne le mode de fonctionnement de la grande « courroie de transport » de l'eau froide des régions polaires vers les basses latitudes : ce mécanisme est-il stable ? Comment se modifie-t-il ?

De fait, les découvertes récentes qui ont pour origine la datation de carottes de glace prélevées par forage au Groenland et de sédiments prélevés aussi par forage dans les fonds de l'Atlantique, montrent que cette circulation thermohaline n'est pas stable et qu'elle s'est déjà modifiée à plusieurs reprises. Ces carottes sont, en quelque sorte, une mémoire du passé, l'analyse de leur composition isotopique permettant de remonter jusqu'à 250 000 ans. On a ainsi trouvé que la dernière période interglaciaire, une période chaude que l'on nomme l'« Eèmien », a été le témoin de brusques retours d'un climat glaciaire, entre −135 000 et −115 000 ans, suivi par un retour à la normale. Les enregistrements dans les carottes montrent que les amplitudes de certaines variations de température ont été importantes et sur un laps de temps très court : un refroidissement de 14°C s'est ainsi produit, semble-t-il, sur une période de vingt ans, il n'a duré que soixante-dix ans et il a été suivi par un retour à un climat plus chaud vingt ans après. Le dernier âge glaciaire qui a atteint son maximum il y a vingt mille ans, a connu, lui aussi, de fortes oscillations de température : en quelques dizaines d'années, le climat est passé d'un état glaciaire à un état plus clément en se réchauffant de quelques degrés avant de se refroidir à nouveau. Ces séquences, en dents de scie, se sont reproduites une dizaine de fois.

L'origine de ces fluctuations climatiques n'est pas totalement comprise. Cependant, les forages dans les sédiments ont permis de repérer des débris calcaires qui proviendraient du socle du continent canadien, du Groenland et peut-être de l'Islande, et qui auraient été entraînés par les glaces. Les spécialistes du climat formulent l'hypothèse que les décharges brutales d'icebergs dans l'Atlantique Nord, détachés de la calotte glaciaire, seraient à l'origine de ces fluctuations climatiques. L'eau douce des icebergs, qui ont fondu en se détachant, provoque une désalure de l'eau de surface de l'océan. Cette eau, moins salée et donc moins dense, a nettement moins tendance à pénétrer au fond de l'océan et la circulation thermohaline qui permet en bout de chaîne d'amener les eaux chaudes équatoriales vers l'Atlantique Nord, la courroie de transport océanique, se trouve ainsi, sinon arrêtée, du moins gravement perturbée : le climat tend à se refroidir. Ensuite, la circulation se rétablit et le climat se réchauffe.

Tout se passe comme si la circulation océanique était un système bistable à deux états : une circulation « branchée », avec un transport actif d'eau froide profonde, une circulation « débranchée », avec une production réduite d'eau profonde. La question fondamentale qui reste ouverte est de découvrir le phénomène qui déclenche cette décharge massive d'icebergs et de bien identifier l'ensemble du processus en établissant sa périodicité apparente. Des forages réalisés récemment, dans les sédiments du Pacifique Nord-Est, montrent que cet océan a été aussi le siège de fluctuations climatiques qui sont probablement couplées à celles qu'a connues l'Atlantique Nord. Plus généralement d'ailleurs, les mécanismes qui président aux échanges entre l'océan, les glaces et l'atmosphère demandent à être élucidés. Ajoutons que la connaissance qu'ont les océanographes des grands courants qui bordent les continents comme le *Gulf Stream*, le *Kuroshio* dans le Pacifique Nord-Ouest (qui signifie « courant noir », en japonais) est loin d'être parfaite ; ces courants ne sont pas de longs fleuves tranquilles, ils ont leurs méandres et leurs tourbillons qu'il faut observer et quantifier.

Si les variations climatiques, forcées par la circulation océanique dans l'Atlantique, se déroulent sur une échelle de temps relativement longue – quelques décennies – on observe, en revanche, des fluctuations océaniques beaucoup plus rapides dans le Pacifique qui est la plus grande masse d'eau de la planète. Il faut noter au passage, d'ailleurs, que le Pacifique ne se comporte pas comme l'Atlantique : il n'y a pas de formation d'eau profonde dans le Pacifique Nord car les eaux de surface, adoucies par des pluies plus importantes, ne sont pas assez denses pour couler. Quoi qu'il en soit, on observe périodiquement, depuis très longtemps, des anomalies météorologiques dans le Pacifique équatorial et en particulier sur la côte Ouest de l'Amérique du Sud. Des régions habituellement sèches, comme le Pérou, l'Équateur et le Chili, connaissent périodiquement des pluies diluviennes alors qu'à la même époque, l'ouest du Pacifique (l'Australie et l'Indonésie) est frappé par la sécheresse qui provoque des incendies de forêt. Ce phénomène perturbe sérieusement les pêcheries de l'Amérique latine, la pêche de l'anchois en particulier. Il est baptisé *El Niño* (l'enfant Jésus en espagnol) car il survient, en général, peu avant Noël et dure plusieurs mois ; sa périodicité semble être de trois à sept ans. Le phénomène *El Niño* de 1982-1983 a été particulièrement sévère : des pluies torrentielles ont provoqué des inondations au Pérou et en Équateur ; des typhons ont ravagé Tahiti et Hawaii, des incendies de forêt désastreux ont touché l'Australie et Bornéo. Son effet s'est fait sentir également en Amérique du Nord : le sud des États-Unis a été touché par des inondations tandis que l'hiver était relativement plus doux au Canada. Le coût humain et économique de cet événement climatique imprévu a été très lourd : il fut estimé à environ huit milliards de dollars.

Le processus déclenchant *El Niño* semble être le suivant : dans une situation normale, la pression atmosphérique est plus élevée dans le Pacifique oriental et central que dans sa partie occidentale. Les alizés soufflent de l'est vers l'ouest entraînant les eaux de surface vers l'ouest où elles constituent un réservoir d'eau chaude, puis les alizés faiblissent et l'écart de pression est-ouest diminuant, les eaux chaudes refluent alors vers l'Amérique du Sud en traversant tout le Pacifique. Cet afflux d'eau chaude sur les côtes du Pérou, qui peut faire monter la température des eaux de surface de 4 à 5°C, bloque les remontées d'eaux plus froides mais riches en nutriments (le phénomène d'*upwelling*) favorables au développement de certaines espèces de poissons, comme l'anchois, qui se déplacent alors vers le sud. Cette eau chaude subit une forte évaporation propice à la formation de nuages qui finissent par provoquer des pluies très abondantes. La fluctuation océanique est couplée à une fluctuation atmosphérique ; on a donc un phénomène en dents de scie avec des variations barométriques sur le Pacifique oriental dont les effets peuvent être très sensibles aux plus hautes latitudes *.

La modélisation du phénomène *El Niño* constitue un enjeu scientifique et économique majeur. En effet, le coût économique global d'un événement *El Niño* étant très élevé, il est souhaitable de tenter de le prévoir, dans toute la mesure du possible, pour en éviter certaines conséquences, par exemple en agriculture. Certaines cultures du Pérou, comme le riz et le coton, sont très sensibles à la pluviosité : en prévision d'une année avec *El Niño*, il vaut donc mieux inciter les paysans à cultiver plus de riz qui a besoin d'eau pendant sa période de croissance et moins de coton qui peut supporter, lui, un climat plus sec grâce à ses racines profondes.

Les modèles doivent intégrer des informations sur la vitesse des vents, celle des courants marins, la profondeur de la thermocline **, la température de surface. Il faut donc faire des mesures en mer, mais aussi des observations par satellites ; ceux-ci permettent d'ailleurs de suivre les déplacements de la masse d'eau chaude d'ouest en est. Par ailleurs, même si l'on dispose d'une certaine

---

* Cette fluctuation globale s'appelle l'ENSO : *El Niño Southern Oscillation.*

** La thermocline est la couche d'eau où s'observe un fort gradient thermique vertical, c'est-à-dire une variation rapide de température.

connaissance historique du phénomène *El Niño*, à partir d'archives datant de la conquête espagnole du Pérou au XVIe siècle, on ne possède des données sur les températures de la mer dans cette région que depuis un siècle ; c'est donc une série historique trop limitée pour avoir des statistiques sur un phénomène dont la périodicité est de trois à sept ans. L'espoir qu'avaient les océanographes et les météorologues de posséder un modèle fiable de prévision est, aujourd'hui, quelque peu ébranlé. Il semble, en effet, que *El Niño* revienne plus fréquemment qu'on ne le pensait et dure plus longtemps que ce que prévoient les modèles actuels. Ainsi, le dernier *El Niño*, celui de 1991, semble s'être installé dans la durée pendant quatre ans. Tout est donc loin d'être élucidé et le mécanisme de déclenchement du phénomène reste une question ouverte pour la recherche océanographique et climatique.

Notre climat actuel est tempéré par l'influence bénéfique de l'océan, mais aussi parce que l'effet de serre contribue à maintenir une température moyenne annuelle de 15°C sur l'ensemble de la planète. Le gaz carbonique est, après la vapeur d'eau, le principal agent contribuant à l'effet de serre et l'on sait que sa concentration atmosphérique n'a fait que croître depuis le début de l'âge industriel *. Aujourd'hui l'homme introduit chaque année dans l'atmosphère environ sept milliards et demi de tonnes de carbone sous forme de gaz carbonique, les trois quarts provenant de l'utilisation de combustibles fossiles (charbon et hydrocarbures) et un autre quart de la déforestation. Il en résulte un accroissement de l'effet de serre.

Les modèles climatiques les plus récents, qui ont reçu l'aval du groupe intergouvernemental de l'ONU sur les changements climatiques en novembre 1995, prévoient que si la concentration en gaz carbonique doublait d'ici 2100, l'élévation de température de la basse

---

* Elle est aujourd'hui de 0,035 %. En l'absence d'effet de serre, la température moyenne de la Terre serait de −18°C.

atmosphère serait dans une fourchette de 1 à 3,5°C. Ce réchauffement pourrait provoquer une fonte des glaces qui, avec l'effet de dilatation thermique, entraînerait une élévation du niveau de la mer qui se situerait entre quinze et quatre-vingt-quinze centimètres *. Celle-ci menacerait l'existence même de certains États insulaires et d'une partie du Bangladesh. Qui plus est, l'accroissement de l'effet de serre pourrait perturber la circulation océanique profonde dans certaines régions du globe, tandis que le réchauffement des couches superficielles de l'océan par l'effet de serre pourrait provoquer une stratification de l'eau de surface, empêchant que celle-ci ne se mélange avec l'eau profonde plus riche en nutriments. Si c'était le cas, la production de phytoplancton se trouverait réduite ainsi que la productivité biologique des océans. Il semble qu'un phénomène de cette nature ait été observé au large des côtes de Californie, où l'on a mis en évidence une augmentation de 1,5°C de la température de surface dans certaines zones, depuis 1951, associée à une forte baisse de la production de zooplancton.

Si l'on fait un bilan du gaz carbonique qui se trouve dans l'atmosphère, on constate que l'on n'y trouve que la moitié seulement de ce qui y a été injecté. Il faut donc découvrir où se trouve l'autre moitié. Une partie est fixée dans la biosphère continentale (les plantes et les forêts principalement) et dans les sols, l'autre est absorbée dans l'océan qui constitue, en quelque sorte, un puits pour ce gaz. Ce puits, ou ce réservoir, n'est pas inerte, car l'océan est un milieu vivant. En effet, la photosynthèse transforme, grâce à l'énergie solaire et à l'activité biologique, le gaz carbonique et l'eau en matière organique constitutive des algues microscopiques, le phytoplancton, premier maillon

---

* Ce niveau moyen de la mer s'est élevé de douze centimètres depuis un siècle. Les modèles actuels tiennent compte des aérosols rejetés dans l'atmosphère, qui réduisent l'effet de serre car ils font écran au rayonnement solaire.

des chaînes trophiques marines servant de nourriture au plancton animal, le zooplancton *. Le flux net de carbone absorbé par l'océan serait compris entre 1 et 1,6 milliard de tonnes par an. La majeure partie de ce carbone est fixée sous forme minérale, le carbonate de calcium (soixante-quinze millions de milliards de tonnes seraient ainsi stockées), de résidus et de sédiments au fond des océans (trente-six mille milliards de tonnes), mais aussi sous forme de combustibles fossiles. L'océan se comporte donc, en quelque sorte, comme une pompe biologique qui transforme le gaz carbonique par des processus biogéochimiques, une partie restant à l'état dissous.

Cependant, la capacité des eaux océaniques à absorber une part importante du gaz carbonique dégagé dans l'atmosphère (30 %) par l'utilisation des combustibles fossiles, ainsi que le devenir de ce gaz piégé par elles sont, pour l'avenir, des questions majeures pour la recherche. Il est donc nécessaire de bien comprendre le fonctionnement de cette pompe, avec celui des écosystèmes qui en sont les composants, et subsidiairement les mécanismes par lesquels une partie de ce gaz pourrait être, éventuellement, restitué à l'atmosphère et amplifier ainsi l'effet de serre. Là encore, des mesures *in situ* dans l'océan sont indispensables afin de disposer des données suffisantes pour quantifier les flux de carbone et de parvenir à un modèle global de son cycle dans l'océan, ce qui est un objectif essentiel pour la recherche sur l'évolution du climat.

Bien comprendre le rôle de l'océan dans les évolutions climatiques est un enjeu dont on perçoit l'importance. Il s'agit de disposer de modèles qui permettent de prévoir l'évolution climatique, de mieux cerner les paramètres qui

---

* On a émis l'hypothèse que l'addition de sels de fer à l'eau de l'océan pourrait accélérer la transformation par photosynthèse du gaz carbonique en plancton. Une expérience a été réalisée en vraie grandeur dans le Pacifique, en 1994; elle semble concluante.

conditionnent l'effet de serre. Ces modèles doivent, bien entendu, restituer les variations climatiques du passé sur lesquelles on possède un certain nombre de données. Les recherches dans ce domaine ont nécessairement un caractère global, car elles doivent prendre en compte un grand nombre de paramètres à une échelle planétaire. C'est dire qu'elles ont de plus en plus une dimension internationale et sont mises en œuvre par plusieurs programmes internationaux lancés ces dernières années *.

Diversité et richesse du monde marin

Depuis des millénaires, la pêche est une activité importante pour les populations maritimes, elle l'est encore de nos jours dans certaines régions du globe. En Bretagne, en Galice, à Terre-Neuve, par exemple. La capture de poissons constitue un apport significatif en protéines pour l'alimentation humaine (environ 20 % selon la FAO). Si l'on ajoute à la pêche les possibilités offertes par l'aquaculture de poissons marins, de mollusques et de crustacés comme les crevettes, on peut alors estimer que l'océan représente aujourd'hui une ressource exploitée d'environ quatre-vingt-dix millions de tonnes, dont quatre-vingts reviennent à la pêche. Cela représente donc un enjeu économique important, alors que des milieux très divers (scientifiques, mouvements écologistes, gestionnaires des pêches) expriment leurs craintes de voir la surexploitation des ressources marines par la pêche mettre en péril les

* Il s'agit des programmes TOGA *(Tropical Ocean and Global Atmosphere)* sur l'océan tropical, WOCE *(World Ocean Circulation Experiment)* sur la circulation océanique. Le Programme international géosphère-biosphère (PIGB) coordonne un certain nombre d'actions destinées à comprendre les interactions entre la géosphère et la biosphère, comme le programme JGOFS *(Joint Global Ocean Flux Studies)* sur les cycles biogéochimiques.

capacités de reproduction de certaines espèces. Le fait est d'ailleurs là : les tonnages de poissons pêchés annuellement ont atteint leur maximum à la fin des années quatre-vingt et diminuent lentement depuis lors. Les captures de certaines espèces comme la morue dans l'Atlantique Nord, au large de Terre-Neuve notamment, connaissant un véritable effondrement. Un premier débat de nature scientifique est donc ouvert : peut-on comprendre l'évolution des populations de poissons exploitées ? C'est la mission fondamentale de l'« halieutique », c'est-à-dire de la recherche sur la pêche. Ce débat n'est pas théorique, puisque c'est à partir de ses conclusions qu'on peut édicter des règles de gestion des pêcheries.

Il est bien clair que la richesse biologique des océans n'est pas limitée aux mammifères marins, aux poissons et aux invertébrés (mollusques, crustacés), populations exploitées depuis fort longtemps. L'existence d'une multitude d'espèces marines a été mise en évidence dès les débuts de la recherche océanographique, à la fin du XIXe siècle, et l'estimation de leur nombre actuel varie de cinq cent mille à dix millions ! La question reste donc ouverte. Enfin, la découverte, il y a vingt ans, d'espèces jusqu'alors insoupçonnées (bactéries, vers) au voisinage des sources hydrothermales ouvre un second débat, fondamental celui-là, sur l'origine de la vie et les formes prises par son développement dans le milieu marin.

La difficulté à laquelle sont confrontés les chercheurs en halieutique, les halieutes, tient au fait qu'ils doivent comprendre les variations d'effectifs des différentes populations de poissons et, si possible, les quantifier en tenant compte des facteurs biologiques, climatiques et technico-économiques (l'impact de la pêche). Une « théorie de la pêche » a ainsi été élaborée au cours des années soixante-dix. À partir de paramètres tels que les quantités de poissons prélevées, les temps de pêche, les caractéristiques des navires et des engins utilisés, elle a donné une première description de l'ensemble « poisson / effort de pêche » qui a rendu de grands services. C'est sur cette base que la ressource mondiale potentielle, qui pourrait être prélevée par la pêche, a été estimée à cent millions de tonnes et qu'elle devrait être considérée comme une limite à ne pas dépasser. Un paramètre biologique clé est identifié à travers ces recherches : la capacité des espèces pêchées à pouvoir se reproduire. Il faut, en effet, préserver un effectif minimal pour la reconstitution des populations exploitées. Les halieutes ont introduit le concept associé de « recrutement » : c'est la quantité de jeunes poissons annuellement incorporés à la fraction exploitée de la population. Ce concept et la relation qui l'associe à l'abondance du stock parental sont des éléments clés de l'halieutique et, plus précisément, de la dynamique des populations exploitées.

L'expérience, c'est-à-dire les bilans de la pêche et l'échantillonnage sur des captures expérimentales pratiquées par les halieutes, montre que le problème n'est pas simple. On assiste ainsi au déclin, voire à l'effondrement, de certains stocks : le hareng et la morue du nord de l'Atlantique, l'anchois du Pérou, la sardine de Californie, etc. D'autres stocks, en revanche, semblent se reconstituer comme le maquereau de la mer du Nord. Il y a donc une pluralité de situations liée à la multiplicité des facteurs qui sont la cause de la variation du recrutement : la fécondité du cheptel et les conditions physiques qui l'influencent comme les changements climatiques, la production de plancton indispensable pour la nourriture des larves et, bien sûr, l'effort de pêche qui peut restreindre le nombre de futurs géniteurs.

L'étude de la distribution spatiale et temporelle des différentes composantes des stocks (juvéniles et adultes), de leur vulnérabilité (migrations, échanges, colonisations, prédation), ainsi que l'analyse des mécanismes de recrutement sont des objectifs prioritaires de la recherche halieutique. Il est bien entendu nécessaire de tenir compte des interactions des espèces entre elles et avec leurs milieux;

c'est l'un des fondements de l'écologie halieutique. De même, la dynamique des peuplements doit intégrer des facteurs comme les captures accessoires dans les pêcheries multispécifiques (la pêche concernant plusieurs espèces), les interactions avec les engins de pêche, ainsi que les modifications du milieu telles que la pollution marine et les changements climatiques. Celles-ci constituent, semble-t-il, la principale cause de variabilité du recrutement.

Quoi qu'il en soit, l'halieutique doit procéder à un double *aggiornamento*. D'une part, les modèles halieutiques sur lesquels travaillent désormais les chercheurs étant multispécifiques, ils doivent nécessairement tenir compte des interactions complexes entre les espèces de poissons. La prédation est, par exemple, l'un des modes d'interaction : pour simplifier, on peut dire qu'une espèce de gros poissons mangent les petits poissons d'une autre espèce et que la pression de prédation augmente avec la raréfaction de l'espèce proie.

D'autre part, ces modèles doivent intégrer des paramètres physiques comme la température, les données hydrodynamiques (les courants marins et leur vitesse), l'éclairement, etc. Certains de ces modèles peuvent être considérés comme représentant une situation chaotique, au sens de la physique : la biomasse totale pourrait être considérée comme stable, en revanche la biomasse correspondant à une espèce particulière de poissons varierait de façon imprévisible, elle n'aurait donc pas de valeur d'équilibre. Les systèmes chaotiques sont cependant déterministes, dans la mesure où ils sont caractérisés par des relations entre les causes et les effets. Mais le fait que nombre de phénomènes d'interaction soient non linéaires et que ces systèmes soient aussi très sensibles aux variations des conditions initiales, rend imprévisibles les résultats de l'évolution *.

---

* Les limites d'évolution des systèmes sont cependant bien déterminées.

Ainsi, une population de poissons peut être très sensible à un facteur : une fluctuation climatique (le phénomène *El Niño* en est un exemple *), une diminution forte des géniteurs due à un effort de pêche trop important, etc. On est loin de connaître toutes les interactions entre tous ces facteurs. Cependant, si les prévisions quantitatives sur les stocks se révèlent difficiles dans le cadre de ces modèles, ceux-ci permettent, en revanche, d'identifier les paramètres sensibles et les limites biologiques dans lesquelles il faut rester pour maintenir les possibilités de reproduction de ces stocks. Cela n'est pas sans conséquences pour la gestion des pêcheries. On peut penser que le caractère incertain de la prévision de la variation du recrutement des populations pêchées incite les gouvernements à ignorer les conseils de prudence des scientifiques et à ne pas définir de véritables politiques de gestion des ressources.

La pêche procure 90 % des ressources marines vivantes exploitées dans le monde. Une place non négligeable a donc été prise par l'aquaculture marine, c'est-à-dire par l'élevage des espèces marines : poissons, crevettes, huîtres et moules, etc. La production aquacole mondiale s'élevait, en 1991, à environ dix-sept millions de tonnes, toutes espèces confondues (mer et eau douce), pour une valeur commerciale estimée à 17,4 milliards de dollars. L'aquaculture marine a connu un développement très important au cours de ces deux dernières décennies dans toutes les régions du monde. Sa production est, aujourd'hui, de l'ordre de six millions de tonnes. La Chine et le Japon ont remporté des succès importants (l'aquaculture est une activité très ancienne en Chine) ainsi que la Norvège et l'Écosse avec le saumon. En France, c'est une activité traditionnelle en mer pour les mollusques, principalement

---

* Des fluctuations climatiques dans l'Atlantique Nord pourraient également expliquer, avec la surexploitation, l'effondrement de stocks comme ceux de la morue.

pour les huîtres et les moules. L'élevage des poissons marins (saumon, bar, turbot) a fait ses débuts il y a une douzaine d'années, mais n'a pas réellement fait sa percée économique. L'élevage de la crevette tropicale est, en revanche, un succès à Tahiti et en Nouvelle-Calédonie.

L'aquaculture et la pêche ont une caractéristique commune : ce sont deux activités qui se développent essentiellement dans la bande côtière au sens large du terme. En effet, 90 % de la pêche mondiale s'effectue dans les eaux côtières, où la profondeur n'excède pas deux cents mètres, et c'est dans les eaux littorales que se pratique exclusivement l'aquaculture. L'interaction de ces activités avec l'environnement est évidemment forte. Il est donc nécessaire de mettre en œuvre une approche scientifique intégrée de la bande côtière afin d'étudier l'interdépendance entre les ressources biologiques, les paramètres du milieu littoral et les facteurs liés à l'activité de l'homme (la pêche, l'aquaculture, les rejets en mer, etc.).

Cependant, le grand enjeu biologique de l'aquaculture est l'application des techniques modernes de la biologie et de la génétique moléculaires aux espèces exploitées. Le génie génétique doit permettre, en effet, d'améliorer les espèces et leurs conditions de croissance. Des recherches en transgenèse (des transferts de gènes d'une espèce à une autre) peuvent conduire à produire des espèces plus résistantes aux maladies virales et capables de supporter des conditions climatiques plus sévères (eaux plus chaudes ou plus froides). Cela requiert une bonne connaissance des génomes des espèces exploitées mais aussi des virus à combattre comme de la physiologie de la reproduction et de la croissance. C'est un champ de recherche immense qui est ainsi ouvert.

Si l'utilisation des espèces marines comme sources de protéines alimentaires est aujourd'hui la plus valorisée économiquement, elle n'est cependant pas la seule. Les techniques de transformation ou de valorisation de ces protéines ainsi que de déchets de poissons se sont également beaucoup développées, la fabrication du *surimi* (une pâte de poisson) étant la plus notable. D'autres voies ont été ouvertes depuis une dizaine d'années avec les biotechnologies marines : les perspectives d'utilisation des bactéries et plus généralement des molécules d'intérêt biologique.

On peut comprendre assez facilement ce que peut être une stratégie d'exploitation des propriétés de certaines espèces marines, en particulier celles des grands fonds. En effet, nombre d'entre elles ont développé un arsenal chimique qui leur permet de signaler leur présence, d'attirer une proie ou de la repousser, de se défendre, en émettant une substance toxique. Certaines de ces substances ont un intérêt pharmacologique : elles peuvent s'attaquer au système immunitaire, ou au système nerveux, et donc avoir un pouvoir analgésique, tuer des cellules, etc. On trouve ainsi parmi ces composés moléculaires des antibiotiques, des anti-inflammatoires, des anticancéreux. Notons ainsi que le seul antibiotique réellement nouveau mis au point ces dernières années, la céphalosporine, est extrait d'un champignon marin et que l'AZT, un médicament actif contre le sida, est extrait du hareng. Selon certains experts de firmes pharmaceutiques, la majorité des composés naturels offrant des perspectives pour la mise au point d'anticancéreux serait d'origine marine *.

Les éponges, les mollusques, les étoiles de mer, les coraux, etc., et bien sûr les bactéries, sont de bons candidats pour fournir des molécules d'intérêt pharmaceutique. La France, les États-Unis, mais surtout le Japon, ont mis sur pied des programmes de recherche dans cette voie. Il reste que si un composé d'origine marine se montre intéressant, les quantités nécessaires à son exploitation et récupérables sur les espèces vivant dans

* Six mille cinq cents substances naturelles ont été extraites d'espèces marines à ce jour, le tiers environ proviennent d'éponges.

le milieu risquent d'être notablement insuffisantes. Il faudra alors recourir, si cela est possible, à la reproduction de ces espèces par élevage ou, dans le cas des bactéries, au clonage. Le problème est relativement plus simple avec les algues qui sont aussi la source de molécules d'intérêt pharmaceutique comme, par exemple, certains polysaccharides. C'est aussi une voie explorée par les chercheurs.

La découverte par le sous-marin *Alvin*, en 1977, de formes de vie inconnues sur la ride des Galapagos dans le Pacifique oriental, sur le site même d'une source hydrothermale, a ouvert des perspectives totalement nouvelles aux biologistes. Sur ce site, où l'émission d'eau venant des profondeurs s'effectue à une température relativement tiède (25°C), de grands vers prolifèrent. Ils ont la forme de tubes de deux mètres de long. Baptisés *Riftia pachyptila*, ils appartiennent à une famille nouvelle, les vestimentifères. Des mollusques géants, des crevettes et des crabes cohabitent avec ces vers dans cette véritable « oasis des profondeurs ». D'autres découvertes ont suivi, effectuées notamment par les chercheurs français avec le sous-marin *Le Nautile*. Au voisinage de sources hydrothermales plus chaudes, on a notamment découvert des vers pouvant vivre jusqu'à 40°C dans des gradients thermiques élevés ; ces vers plus petits (leur taille est de douze centimètres) ont été baptisés « vers de Pompeï » ; ils appartiennent à une famille nouvelle du groupe des annélides polychètes, les *Alvinellidés*. Qui plus est, des prélèvements au sein des fluides hydrothermaux ont permis de mettre en évidence l'existence de bactéries dont certaines peuvent survivre à des températures de près de 100°C, on les a baptisées thermophiles.

On a ainsi mis en évidence, depuis près d'une vingtaine d'années, de grandes variétés de formes de vie dans un environnement *a priori* peu propice à son éclosion et à son développement : absence de lumière, pressions et températures élevées, présence de composés toxiques comme l'hydrogène sulfuré. À l'heure actuelle, près de deux cent cinquante espèces vivant au voisinage de sources hydrothermales ont ainsi été décrites.

Les biologistes se sont posé la question des mécanismes qui président au fonctionnement de ces formes de vie atypiques et de leur origine dans un environnement où l'absence de lumière rend la photosynthèse impossible. La plupart des espèces recensées, vers et bivalves, vivent en symbiose avec des bactéries qui leur founissent leur alimentation. Celles-ci transforment le gaz carbonique, voire le méthane, présents dans le milieu. Elles réalisent une chimiosynthèse en tirant leur énergie de l'oxydation des sulfures et en synthétisant la matière organique à partir du carbone, de l'azote et de l'eau. Les produits de leur métabolisme constituent la nourriture des vestimentifères et d'autres espèces.

Comprendre le rôle et déterminer l'origine de ces bactéries, en particulier les thermophiles, sont un autre enjeu scientifique et technologique majeur. Elles appartiennent à une catégorie peu connue, les *archaebactéries,* qui constituent l'une des trois lignées principales des formes primitives de la vie terrestre. Dépourvues de noyaux, elles sont apparentées à la famille des procaryotes comme les bactéries ordinaires et des microalgues comme les algues bleues. L'une des premières théories de la vie, celle d'Oparine et Haldane qui date du début du siècle, supposait qu'une « soupe primitive », élaborée dans l'océan à partir de molécules organiques synthétisées dans l'atmosphère, avait donné naissance à la vie terrestre. Les premières spéculations des biologistes ont conduit à penser que les *archaebactéries* avaient survécu depuis l'origine de la vie, il y a quatre milliards d'années. Parallèlement, on formulait l'hypothèse que les premières molécules avaient été synthétisées dans les systèmes hydrothermaux sous-marins. Elle pouvait être considérée comme plausible, les hautes températures étant favorables à la formation d'acides aminés, puis de protéines.

Ces idées ont évolué récemment, car on s'est aperçu que les *archaebactéries* sont, en général, très éloignées génétiquement des autres procaryotes. Elles se rapprocheraient des cellules à noyaux que sont les eucaryotes caractéristiques des plantes et des animaux. Qui plus est, on a découvert, en 1992 et en 1993, des *archaebactéries* dans des eaux peu profondes, en Californie, en mer Baltique, dans l'océan Atlantique et même dans les eaux froides de l'Antarctique. On voit donc quel champ très vaste de questions s'ouvre aux chercheurs : existe-t-il d'autres bactéries vivant dans les fluides hydrothermaux à 200°C, voire à 300°C ? Les *archaebactéries* hydrothermales sont-elles vraiment une forme de vie primitive ? Ont-elles évolué, en se diversifiant, pour donner naissance à d'autres *archaebactéries* et, partant, à des formes de vie plus évoluées ? Le séquençage de leur génome permettra probablement d'apporter une réponse à ces questions qui renouvellera, très certainement, la biologie des origines de la vie.

L'intérêt technologique des bactéries hydrothermales thermophiles, voire d'animaux comme les vers *Riftia*, est indéniable. Elles sont capables de synthétiser des enzymes et des polysaccharides qui sont stables à haute température et que l'on peut utiliser dans l'industrie chimique ou pharmaceutique, par exemple pour augmenter la vitesse des réactions ou comme additifs pour modifier la viscosité d'une solution. De même le collagène, qui est une protéine constituant les parois musculaires des vers vivant à haute température, a des propriétés mécaniques spécifiques qui pourraient être utilisées en cosmétologie. C'est une dimension tout à fait nouvelle ouverte par les biotechnologies marines.

La multiplicité des espèces vivant dans le milieu marin, avec leurs caractéristiques propres, constitue ce qu'on appelle la biodiversité marine *. Celle-ci exprime à la fois la diversité des espèces (des bactéries aux baleines) et de leurs caractéristiques génétiques inscrites dans leurs génomes. Son inventaire complet reste à faire, car on ne connaît peut-être que 10 % des espèces marines vivantes. On a constaté d'ailleurs que la variation génétique est plus grande dans les écosystèmes marins que dans les écosystèmes terrestres.

Au-delà de cet inventaire, il est indispensable de comprendre la relation entre la biodiversité et la production de biomasse dans le milieu marin en identifiant les facteurs physiques, en particulier climatiques, qui contrôlent cette production et plus généralement l'interaction entre l'environnement et la biodiversité. Celle-ci joue certainement un rôle dans le fonctionnement des écosystèmes marins. En effet, la production de ces écosystèmes dépend des propriétés des espèces présentes et de leurs relations. Il est donc nécessaire de bien comprendre l'origine de la biodiversité dans un milieu, les facteurs qui président à son maintien ou à son éventuelle diminution **.

Les technologies du futur : entre le rêve et la réalité

Si bien des visions futuristes de Jules Verne se sont réalisées, en particulier son sous-marin *Nautilus* de *Vingt*

---

* De façon générale, la qualité et la quantité des espèces vivant sur un territoire constituent sa biodiversité. Voir *Rapport sur la biodiversité*, Académie des sciences, Paris, 1994.

** Une convention internationale sur la biodiversité a été élaborée à la suite de la Conférence internationale sur l'environnement et le développement qui s'est tenue à Rio en 1992 sous l'égide de l'ONU. Elle prévoit explicitement l'étude de la biodiversité marine afin de mieux la préserver. C'est l'objectif du programme international *Diversitas*.

Mille Lieues sous les mers, il n'en demeure pas moins que la prévision technologique reste un exercice hasardeux. En effet, celle-ci doit tenir compte à la fois des potentialités de la technologie et des contraintes économiques, car une percée technologique ne devient une innovation que si elle répond à un besoin économique et social. Le domaine marin ne saurait échapper à cette règle qui risque de barrer la route pour longtemps à certaines techniques, comme l'exploitation de l'énergie thermique des mers ou celle de gisements de minerais sous-marins. Il nous faut donc examiner les technologies du futur à travers le filtre des contraintes économiques. Ces technologies sont à la fois un défi et un outil pour la recherche et le développement industriel.

L'exploitation des grands fonds marins à des fins scientifiques ou industrielles (l'exploitation des hydrocarbures *off-shore*, par exemple) et leur surveillance, pour des raisons militaires, ont conduit à développer les techniques d'intervention sous-marines. La mise au point, après la Seconde Guerre mondiale, des premiers bathyscaphes (des sous-marins pour les plongées à grande profondeur) résultait de la rencontre de la volonté des scientifiques d'explorer des grands fonds et de la préoccupation de la Marine nationale, en France, et de la Navy aux États-Unis, d'être présentes dans ce champ technologique. Aujourd'hui, on a mis au point des sous-marins scientifiques plus maniables comme le *Nautile* de l'IFREMER, l'*Alvin* américain et le *Shinkaï 6 500* des Japonais. Le commandant Cousteau avait déja montré la voie avec sa soucoupe plongeante *. Aucun obstacle technique de principe ne s'oppose à la construction de sous-marins habités capables d'explorer les plus grands fonds océaniques qui atteignent onze mille mètres. L'expérience, si l'on peut dire, a déjà été réalisée par les bathyscaphes *Trieste* et

* Le *Nautile* peut plonger jusqu'à 6 000 mètres, le *Shinkaï 6 500* jusqu'à 6 500 mètres et l'*Alvin* américain est limité à 3 600 mètres.

Archimède, et il est probable qu'un ou plusieurs sous-marins capables d'explorer les très grands fonds au-delà de 6 000 m (soit 3 % seulement de la superficie des fonds océaniques) seront construits d'ici à dix ou vingt ans.

Deux voies semblent prometteuses pour les vingt prochaines années. La première consiste à construire des robots sous-marins reliés à la surface par un câble que l'on appelle les ROV *(Remotely Operated Vehicles)*. Le câble fournit au robot son énergie et une fibre optique transmet les consignes et les données. Il existe déjà plusieurs centaines de robots de ce type dans le monde capables d'opérer à des profondeurs moyennes, en général inférieures à 1 000 m, et d'accomplir des tâches simples sur le fond ou sur une installation pétrolière. La mise au point de ROV pour les grandes profondeurs (au-delà de 1 000 m) répond à des nécessités scientifiques et industrielles. En effet, les pétroliers envisagent, nous l'avons vu, d'exploiter du pétrole par grande profondeur, et l'inspection, la réparation et la maintenance d'installations (vannes, pompes, pipe-lines, etc.), représentent une part importante de l'intervention sous-marine pour l'exploitation pétrolière. Il existe à l'heure actuelle plus de six mille plates-formes *off-shore* dans le monde et les conditions d'intervention des plongeurs sont soumises à des règles de sécurité strictes. Cette intervention n'est de toute façon pas envisageable pour les grandes profondeurs, malgré les progrès de la plongée à l'hydrogène qui permettrait d'utiliser des plongeurs jusqu'à 500-700 m, mais avec des contraintes très sévères. Une automatisation des modes d'intervention est donc inéluctable et elle est d'ailleurs déjà mise en œuvre.

Les scientifiques souhaitent disposer d'un outil d'intervention sous-marine pour la prise de vues et de données, pour effectuer des prélèvements, etc. Cet outil, se maniant comme un robot, n'aurait pas les contraintes d'un engin habité. Les ROV sont donc un instrument de choix pour l'océanographie du futur. L'IFREMER fait ainsi construire en France un ROV qui doit opérer par 6 000 m de fond et les Japonais en construisent un autre qui devrait travailler par 10 000 m de fond. Le jumelage du sous-marin habité et du ROV est aussi envisageable. Il permettrait d'allier les capacités d'observation de l'homme et un moyen téléopéré à grande distance tout en s'affranchissant d'un lien avec la surface mais qui, évidemment, serait limité en énergie par les capacités du sous-marin. L'utilisation de petits sous-marins nucléaires civils est techniquement envisageable ; ils auraient l'avantage d'une très grande autonomie de plongée permettant, par exemple, l'exploration scientifique sous les glaces de l'Arctique. Toutefois, la crainte de la prolifération des techniques nucléaires peut constituer un obstacle sérieux à leur construction.

Une seconde voie d'avenir consisterait à mettre au point des engins submersibles complètement autonomes et sans équipage, baptisés « engins libres ». Ils seraient donc affranchis d'une liaison par câble avec la surface, mais ils devraient disposer à bord d'une source d'énergie suffisamment puissante pour alimenter leur moteur et les instruments embarqués, ainsi que des moyens de navigation leur permettant de s'orienter et de se diriger de façon autonome. Ils pourraient opérer à grande distance et, par exemple, sous les glaces. On envisage qu'ils puissent réaliser des opérations de bathymétrie, c'est-à-dire de cartographie sous-marine avec des relevés précis des profondeurs, d'observation des fonds ou d'installations de pipelines ou de câbles sous-marins, de prises automatiques de données (température, salinité, etc.). La liaison avec un réseau de satellites leur permettrait, en remontant périodiquement à la surface, de transmettre les données stockées à bord.

Il est nécessaire de faire sauter de nombreux verrous technologiques pour construire de tels engins si l'on veut qu'ils aient une réelle autonomie (un millier de kilomètres en plongée par exemple). L'obstacle le plus difficile à franchir est celui de la mise au point du couple source d'énergie-moteur. Les progrès qui pourraient être réalisés dans le domaine des batteries électriques à haute densité (un rapport kw par kg élevé) et des piles à combustible permettraient d'envisager d'utiliser un mode de propulsion électrique. Les batteries utilisant des polymères comme électrolytes, les couples nickel/cadmium ou encore des cathodes au lithium, pourraient offrir une autre solution. Une alternative aux moteurs électriques pourrait consister dans l'utilisation des moteurs thermiques de type Stirling employant comme carburant du méthanol ou de l'éthanol. Il reste aussi à mettre au point les systèmes de positionnement et de navigation de ces engins autonomes qui seraient aux océans ce que les satellites d'observation sont à la Terre. Ces engins du futur ont un intérêt civil et militaire et, comme la plupart des technologies sous-marines, ils sont véritablement stratégiques.

Toutes les transmissions d'informations dans le milieu marin se heurtent à l'obstacle quasiment infranchissable que constitue l'impossibilité d'y propager les ondes électro-magnétiques, en particulier la lumière, dans le milieu marin ; celles-ci sont en effet absorbées par l'eau. Cela explique que l'on ait pensé très tôt, en fait pendant la Première Guerre mondiale, à utiliser les ultrasons pour détecter un obstacle et, ultérieurement, pour transmettre des informations et des images à grande distance dans le milieu marin. Les ultrasons peuvent en effet se propager dans l'eau, même si une partie de leur énergie est diffusée par le milieu. Ils sont mis en œuvre dans les sonars à haute résolution et à grande portée qui équipent les navires militaires et océanographiques ainsi que les bateaux de pêche. Ils permettent de construire des sondeurs à haute performance, utilisant plusieurs faisceaux et qui sont capables de dresser une carte des fonds marins par sondage avec une grande précision (la bathymétrie). D'autres possibilités sont également ouvertes par l'imagerie acoustique qui permet d'obtenir des images à trois dimensions des fonds marins, utiles tant à la recherche océanographique qu'à des opérations industrielles comme la pose de pipe-lines ou de câbles sous-marins.

À l'avenir, peut-on espérer utiliser d'autres modes de transmission des informations ou de détection d'objets ou de formes de relief que les ondes acoustiques ? La seule fenêtre ouverte dans les ondes électromagnétiques est celle de la lumière bleue, qui est moins absorbée par l'eau de mer que les autres longueurs d'onde du spectre. En utilisant des lasers relativement puissants, par exemple à impulsions, il est possible de faire pénétrer de la lumière bleue sur quelques centaines de mètres sous l'eau et d'utiliser ainsi le faisceau pour repérer un obstacle, examiner ses contours et en déterminer éventuellement la nature en analysant la lumière réfléchie. C'est une voie explorée à la fois par les océanographes et par les militaires.

L'exploitation du pétrole en mer profonde est un véritable défi technique. Les pétroliers sont placés devant l'alternative suivante : soit construire des têtes de puits sous-marines à partir desquelles on peut évacuer le pétrole par des pipe-lines vers la côte ou une unité centrale moins profonde, soit utiliser des têtes de puits aériennes placées sur une structure à la surface de l'eau. La solution complètement sous-marine exige des techniques plus complexes avec un degré élevé de robotisation ; la solution aérienne suppose que l'on dispose de structures nécessaires au pompage et à l'évacuation du pétrole. Plusieurs scénarios sont envisagés : la construction de tours souples ou de structures flottantes comme des barges, la réalisation de plates-formes semi-submersibles ancrées au fond ou à lignes tendues. Ces installations doivent être dans une position stable par rapport au fond et capables de résister aux vents et aux vagues de forte amplitude. Il est probable que toutes ces techniques seront développées au cours des dix prochaines années.

Avec le transport maritime, on aborde un autre type

de défi technique : celui que lance la grande vitesse sur mer. Jusqu'à une date récente, les entreprises de transport maritime et les chantiers navals ont accordé relativement peu d'importance à la vitesse des navires. En effet, les évolutions tehniques qu'ont connues les navires au cours du siècle ont porté, pour l'essentiel, sur l'architecture (aérodynamique et hydrodynamique), le rendement des moteurs, l'automatisation des systèmes de pilotage, l'optimisation de l'espace disponible pour la charge utile (avec les porte-conteneurs) ainsi que sur les moyens de manutention.

La construction de navires rapides, dont la vitesse est supérieure à 25 nœuds (46 km à l'heure), s'est heurtée pendant longtemps à l'obstacle économique du coût du carburant, car la grande vitesse en consomme beaucoup. Lorsqu'au milieu des années quatre-vingt, le cours du baril de pétrole est redescendu au-dessous de vingt dollars, une partie de cet obstacle a disparu. En même temps, les exigences du « juste à temps » pour le transport de fret et la croissance du trafic des passagers sur des distances de 100 à 200 km (en Méditerranée par exemple) ont rendu nécessaire un accroissement de la vitesse des navires. C'est ainsi qu'est né le concept de navire à grande vitesse pour ces deux marchés distincts. Il existe dans le monde plus de six cents navires rapides en service dont quatre cents au Japon et dans le Sud-Est asiatique, soixante-dix en Italie et environ soixante en Scandinavie. Ce sont essentiellement des navires d'une quarantaine de mètres de long et dont la vitesse est inférieure à 35 nœuds.

Les évolutions technologiques enregistrées dans la construction navale (architectures nouvelles, moteurs plus puissants) permettent aujourd'hui d'envisager la construction de navires pouvant atteindre 50 nœuds (90 km à l'heure) ce qui constitue un véritable défi technologique. Les Japonais ont ainsi un projet de navire rapide, le *Techno Super Liner*. D'une longueur de 130 m et d'une puissance de 100 000 CV, il pourrait embarquer mille tonnes de fret avec une autonomie de cinq cents milles. Les navires projetés pour le transport de passagers sont du type car-ferry et sont donc conçus pour transporter plusieurs centaines de passagers avec leurs voitures.

Deux grands types de navires sont testés concurremment car ils correspondent à des concepts différents : les navires à déplacement, ou « archimédiens », qui reposent sur l'hydrodynamique classique pour diminuer la résistance de l'eau, et les navires hydroplans, ou « non archimédiens », pour lesquels on diminue au maximum la surface immergée. On construit des monocoques très effilés, mais aussi des catamarans à faible surface de flottaison comme les SWATH (Small Waterplane Twin Hull), mis au point en Australie, qui relèvent de la première catégorie. Les aéroglisseurs, utilisés depuis plus de trente ans avec la formule des *Hovercrafts*, les hydroptères, ou *hydrofoils*, avec des pieds ou des ailes immergées qui maintiennent la coque hors de l'eau, les navires à effet de surface, maintenus hors de l'eau par un coussin d'air, sont des formes « non archimédiennes » qui n'utilisent pas, ou peu, la poussée d'Archimède. La tenue en mer, notamment par forte houle, est évidemment cruciale : le navire doit être stable et confortable.

Les performances des navires à grande vitesse par mer forte seront déterminantes pour le succès de cette formule, mais leur motorisation et leur mode de propulsion sont également des points critiques. Plusieurs scénarios sont envisagés : le moteur diesel ou la turbine à gaz d'une part, les hélices ou les hydrojets d'autre part *. Pour des navires pouvant atteindre cinquante nœuds et transporter un millier de passagers avec quatre cent cinquante voitures, il faudrait installer des moteurs dont la

* Les hydrojets, des jets d'eau très puissants, sont en quelque sorte l'équivalent des réacteurs d'avion.

puissance serait au minimum de soixante-dix mille CV : la consommation de carburant sera donc très élevée.

Bien d'autres problèmes devront être résolus : une automatisation poussée de la navigation avec des dispositifs de détection des obstacles, l'allégement du poids des structures qui devront être résistantes au choc et aux contraintes imposées par la houle, ce qui requiert l'utilisation de l'aluminium ou de matériaux composites. Bien entendu, la mise en service des « NGV » ne sera possible que si toutes les conditions de sécurité sont remplies et lorsque les réglementations internationales auront été adoptées.

Peut-on, plus généralement, escompter de véritables révolutions technologiques dans le domaine du transport maritime ? L'un des domaines qui peut réserver des surprises est celui du mode de propulsion. Les Japonais ont expérimenté, en 1992, un navire à propulsion magnétohydrodynamique, le *Yamato 1*, démontrant ainsi qu'on peut propulser un navire sans hélice en utilisant les lois de l'électromagnétisme. Ce navire utilise la force de Laplace : un champ magnétique produit par un aimant supraconducteur exerce une force sur un courant circulant entre deux électrodes, en l'occurrence l'eau de mer qui est un fluide conducteur. Le prototype japonais a atteint la vitesse de 15 km à l'heure. L'avantage de cette technique est son silence, elle pourrait donc avoir un intérêt militaire.

La technologie ne s'identifie pas uniquement à un nouveau dispositif ou à un engin, fût-il révolutionnaire, comme les premiers sous-marins pour la plongée profonde ou les sondeurs performants mis au point récemment. Elle prend parfois la forme de grands rêves d'ingénieurs : le canal de Suez et le tunnel sous la Manche sont deux exemples de grandes réalisations technologiques de ce type. Dans le domaine spatial, la conquête de la Lune et la « guerre des étoiles », relèvent de cette technologie des grands projets dont la finalité est souvent très loin d'être économique. Est-il possible d'identifier des projets de cette nature dans le domaine de la mer ? Leur intérêt économique ou social est un élément important à prendre en considération en cette fin de siècle où les opinions publiques et les hommes politiques sont sensibles au problème que pose le financement public des projets technologiques. Contentons-nous de donner quelques coups de projecteurs rapides, car nous reviendrons sur certaines de ces questions au cours de ce livre.

Les océans constituent un réservoir d'énergie considérable que l'on a songé depuis longtemps à utiliser. Les calculs très simples que l'on peut faire sur une feuille de papier laissent d'ailleurs rêveurs ! Ainsi les 60 millions de km^2 de mers tropicales absorbent en moyenne chaque jour une quantité d'énergie solaire équivalente à 170 milliards de barils de pétrole. Si l'on pouvait extraire ne serait-ce qu'un dix-millième de cette énergie et la convertir en électricité, celle-ci pourrait couvrir la consommation mondiale. Un autre ordre de grandeur nous est donné par le *Gulf Stream*. Son débit est de trente millions de mètres cubes par seconde avec une vitesse de surface de 2,5 mètres par seconde. On pourrait extraire, en principe, deux kilowatts par mètre cube de ce flux, à condition d'avoir des turbines adaptées, soit une puissance totale de vingt-cinq mille Mwatts équivalente à celle de vingt-cinq centrales nucléaires.

Toute une série de techniques ont été envisagées pour tenter de capter l'énergie des mers sous toutes ses formes : énergie thermique utilisant la différence de température entre les eaux chaudes de la surface et les eaux froides du fond, ou entre celles-ci et les eaux très chaudes des sources hydrothermales ; énergie des vagues actionnant des pompes ou des turbines pneumatiques ; énergie des vents, des courants et des marées ; énergie utilisant une différence de salinité entre l'eau de mer et l'eau douce et mettant en œuvre la pression osmotique. Seule l'énergie des marées a fait ses preuves, avec notamment l'usine marémotrice de La Rance mise en service par EDF en 1966 et qui délivre une puissance de 240 Mw *. Des projets moins importants ont été également menés à bien en Chine et au Canada. La technique est éprouvée, les sites possibles sont repérés, mais c'est l'ampleur des investissements à réaliser, et peut-être aussi l'impact des installations sur l'environnement qui constituent les verrous.

L'ingénieur Georges Claude a également testé sur une installation à Cuba, avant la guerre, un système fonctionnant avec l'énergie thermique des mers pour actionner une turbine. Ce projet a été abandonné à la suite de problèmes techniques. Depuis, d'autres projets ont été lancés, dont un par l'IFREMER à Tahiti qui a été arrêté pour des raisons financières. Aucun d'eux ne peut être considéré comme concluant, et en tout cas extrapolable pour fournir de l'énergie à grande échelle car, en tout état de cause, les rendements énergétiques de ces systèmes sont très faibles. Il en va de même avec l'énergie des vagues et du vent qui ne peut offrir qu'une solution locale aux besoins d'énergie, en particulier dans des endroits isolés comme des îles. D'autres projets grandioses, tel celui consistant à déverser l'eau de la Méditerranée dans la dépression de la mer Morte, 300 m plus bas, pour actionner des turbines à la sortie d'un canal de dérivation, sont restés à l'état d'épures sur le papier **. À moins de percées techniques imprévisibles, l'utilisation de l'énergie des mers risque donc de rester largement un rêve technologique.

L'exploitation des ressources minérales du fond des océans pose des problèmes d'une autre nature. On estime,

---

* Les moulins à marée sont les ancêtres des techniques plus modernes.

** Récemment la Banque mondiale a publié les résultats d'une étude de faisabilité d'un canal entre la mer Rouge et la mer Morte. Il s'agirait de tenter de relever le niveau de la mer Morte qui tend à diminuer régulièrement et, par désalinisation, d'irriguer la Jordanie.

très schématiquement que ces dépôts polymétalliques, de formes et de compositions chimiques les plus variées, sont les produits de la circulation de l'eau à travers les roches volcaniques chaudes. L'eau, chauffée par le magma, dissout les métaux qui remontent par les rides océaniques et se déposent ensuite au fond de l'océan, notamment sous forme de sulfures. On trouve ainsi des dépôts polymétalliques avec du zinc, du cuivre, du plomb, de l'or et de l'argent, notamment en mer Rouge. On a aussi identifié des phosphorites riches en phosphates dans les atolls du Pacifique, des placers d'or au large de l'Alaska, etc.

Les techniques pour exploiter ces gisements profonds sont loin d'être au point, même si aujourd'hui 20 % de la production américaine de soufre provient de dépôts *off-shore* ainsi que 35 % de la production d'étain de la Thaïlande. Les difficultés ne sont pas insurmontables, elles seront fondées sur des systèmes automatisés. Là encore, c'est la rentabilité économique qui sera le critère décisif.

Les nodules polymétalliques sont une autre forme de concrétions minérales qu'on a découvertes dans le Pacifique. De taille irrégulière (de trois à dix centimètres), ils sont composés d'oxydes de manganèse et de fer avec des concentrations de 2 % environ en nickel, cuivre et cobalt. Ils parsèment les plaines abyssales par 4 000 à 5 000 m de fond dans le Pacifique et l'océan Indien. Leur genèse n'est pas totalement comprise, le rôle de bactéries semble très important.

Leur exploitation a été l'un des enjeux de la convention de l'ONU sur le droit de la mer. La France s'est vue attribuer un permis minier sur une zone de 75 000 km^2 dans le Pacifique Nord-Est au voisinage de l'îlot de Clipperton. L'IFREMER et le Commissariat à l'énergie atomique, en collaboration avec les Allemands, ont étudié les conditions techniques, d'une part du ramassage de ces nodules polymétalliques à l'aide d'un engin se déplaçant sur le fond et les collectant, et d'autre part du traitement des minerais. Il n'y a pratiquement pas d'obstacle technique à un tel projet, ce que confirment les études japonaises. Là encore, la rentabilité économique de l'opération n'est pas assurée à l'heure actuelle. On peut donc dire que la technologie d'exploitation des ressources minérales sous-marines reste également en réserve.

Nous nous interrogions sur la possibilité de voir émerger de grands projets technologiques maritimes dans un proche avenir. Il ne semble pas que l'énergie des mers et l'exploitation des ressources minérales des grands fonds océaniques puissent être des projets majeurs de portée mondiale. De même, la possibilité de construire des cités sous-marines où l'homme pourrait vivre pour exploiter les richesses des fonds marins, parfois évoquée, restera du domaine de la technologie fiction ! La construction d'îlots artificiels pour y développer des activités industrielles ou touristiques est, elle, techniquement possible et elle pourrait être réalisée par des pays comme le Japon, par exemple, dont l'espace côtier est très peuplé et peu constructible. À moyen terme en revanche (les dix prochaines années), seules l'exploration et l'exploitation pétrolières par grands fonds sont susceptibles de mobiliser des efforts technologiques à l'échelle mondiale car elles représentent un véritable défi technologique. Il est vrai que, là encore, les conditions économiques devront être réunies pour que l'exploitation du pétrole profond soit rentable : elle suppose un cours du baril de pétrole plus élevé qu'aujourd'hui.

En fait, les grands défis scientifiques et techniques sont peut-être déjà l'avènement des satellites d'observation de l'océan, les performances accrues de l'instrumentation marine et sous-marine, les progrès de la modélisation que rend possible l'informatique. L'océanographie devient peu à peu « opérationnelle » dans la mesure où elle acquiert la capacité de prévoir des événements océaniques ; la technologie jouera un rôle décisif dans les évolutions à venir.

L'avènement d'une océanographie nouvelle

Depuis la fin du XIXe siècle, avec les premières véritables expéditions océanographiques que furent la circumnavigation du navire britannique *Challenger* entre 1872 et 1876, puis avec les nombreuses campagnes océanographiques entreprises par le prince Albert Ier de Monaco, l'océanographie a évolué progressivement du statut de science d'observation très qualitative à celui de recherche multidisciplinaire fondée sur la mesure, la réflexion théorique et la modélisation. La technologie dans ce domaine, comme dans beaucoup d'autres, a contribué de façon décisive à cette profonde mutation. Les progrès de l'acoustique sous-marine et de la sismique, ceux du traitement des signaux et des images, la miniaturisation des capteurs rendue possible par la micro-électronique, l'avènement enfin de l'informatique et des techniques spatiales, sont à l'origine de la transformation des sciences marines.

Les océanographes ont besoin de mesures *in situ*, c'est-à-dire en mer, à la surface et dans la colonne d'eau, sur le fond (pour quantifier des flux de particules, analyser des sédiments par exemple) : les navires océanographiques, les bouées fixes ou dérivantes, les sous-marins sont des outils de recherche indispensables. Les grands instituts océanographiques comme l'IFREMER en France, le NERC au Royaume-Uni, la NOAA aux États-Unis ont donc consacré des moyens importants à la construction et à l'entretien d'une flotte océanographique *. Des pays comme la France, les États-Unis, le Japon et la Russie ont également construit des sous-marins scientifiques.

Cependant, avec l'avènement des satellites

* NERC : Natural Environment Research Council. NOAA : National Oceanographic and Atmospheric Administration.

d'observation de la Terre, la vision que nous pouvons avoir de l'océan a profondément changé : elle est devenue globale car les satellites permettent d'observer pendant un laps de temps relativement court une étendue de plusieurs milliers de kilomètres d'océan, de mesurer des grandeurs comme la température de surface de l'eau par imagerie infrarouge sur une portion de l'océan, d'évaluer l'abondance de la chlorophylle, etc.

Le premier satellite d'observation de l'océan, Seasat, fut lancé par la NASA en 1978 ; même si sa durée de vie fut brève (cent six jours), ce fut un succès car, doté d'un radar à ouverture synthétique, il permit de recueillir les premières images radar de l'océan. Les satellites européens *ERS 1* et *ERS 2*, lancés en 1991 et 1995 par l'Agence spatiale européenne (ESA) et dotés eux aussi d'un radar, ainsi que le satellite franco-américain *Topex-Poseidon*, lancé par le CNES et la NASA, ont encore renforcé les capacités d'observation des océans en donnant une topographie de l'océan par altimétrie à haute précision. Celle-ci permet de mesurer le niveau de la mer et sa variation spatiale et temporelle avec une précision de trois à cinq centimètres. La progression d'un phénomène comme *El Niño* est ainsi mise en évidence par satellite. La hauteur des vagues, la vitesse du vent, la couverture de la mer par les glaces sont aussi mesurables à l'aide des satellites. Les images fournies par les satellites SPOT apportent, elles, une aide considérable à la cartographie des zones littorales.

L'utilisation des données altimétriques fournies par les satellites, couplées avec les mesures faites par les sondeurs des navires permet de reconstituer avec une très grande précision la carte des fonds marins, en identifiant en particulier les reliefs et les fosses sous-marines ; c'est une véritable révolution pour la cartographie sous-marine. Les satellites ont également fait accomplir des progrès considérables aux techniques de navigation. Le système de positionnement des navires par satellite, le *Global*

Positionning System (GPS), permet ainsi de repérer la position d'un navire avec une précision de quelques dizaines de mètres. Le système des balises Argos, bien connu des navigateurs solitaires, permet lui aussi le repérage des navires par satellite.

L'océanographie dispose donc aujourd'hui, et disposera encore plus à l'avenir, d'une connaissance locale et globale de l'océan grâce à un ensemble de techniques complémentaires. Les mesures qui sont effectuées permettent de tester des modèles numériques et d'envisager la constitution d'une véritable océanographie opérationnelle capable de prévoir l'évolution du milieu océanique. Ces modèles devront être fondés sur la connaissance de mécanismes physiques, physico-chimiques et biologiques. Autrement dit, on peut songer aujourd'hui à la création d'un service océanographique qui serait, en quelque sorte, l'équivalent de la météorologie.

Cette océanographie opérationnelle aurait à la fois une finalité civile et militaire, car les marines militaires ont un besoin permanent d'informations précises sur l'état physique de l'océan et, en particulier, de données sur la propagation du son dans l'eau de mer nécessaires aux sous-marins pour les tirs de missiles *.

La mise en œuvre de cette future océanographie opérationnelle est l'ambition du Système mondial d'observation de l'océan, baptisé projet GOOS *(Global Ocean Observing System)*, dont le principe a été retenu lors de la conférence des Nations unies pour l'environnement et le développement (CNUED) qui s'est réunie à Rio de Janeiro en 1992. Le système GOOS prévoit la mise en place d'aides à la gestion des activités maritimes (prévisions des états de mer, routage météorologique, aide à la gestion de la pêche, suivi des glaces de mer), de services de suivi de la qualité des eaux littorales et de la protection du littoral

* La vitesse du son dans l'eau de mer dépend en particulier de la température et de la salinité.

(prévisions de pollutions algales, mesure de l'érosion côtière, par exemple), et d'une veille climatique.

L'impact économique d'un futur système d'océanographie opérationnelle est difficilement chiffrable aujourd'hui, mais il est certainement tangible, en particulier dans des domaines comme le transport maritime et l'exploitation du pétrole *off-shore*, où les opérateurs ont besoin de données météorologiques et océanographiques qui sont souvent couplées les unes avec les autres. La mise au point d'une océanographie opérationnelle dont le système GOOS est l'épine dorsale sera un véritable objectif mobilisateur pour les sciences et les techniques marines à l'horizon 2010. Elle requiert, en effet, un effort de recherche pour perfectionner les modèles numériques de prévision, de mise au point et la construction de moyens techniques importants (bouées, navires, engins sous-marins, satellites). C'est donc probablement une nouvelle mutation qui attend l'océanographie dans les vingt prochaines années.

CHAPITRE TROISIÈME

Enjeux économiques et sociaux : flux et reflux

Aujourd'hui, les trois quarts des échanges commerciaux internationaux, en tonnage, sont réalisés par voie de mer, et le trafic maritime a connu une expansion considérable depuis trois décennies, progressant même plus vite que le PIB mondial. C'est l'une des manifestations la plus notable du phénomène d'accentuation du caractère maritime de l'économie mondiale (sa « marinisation »), que rend visible, d'ailleurs, la présence de lourds navires dans tous les grands ports du monde et au large de certaines côtes.

La mondialisation des économies et l'expansion du transport maritime sont allées de pair, et celui-ci a été transformé par des évolutions technologiques remarquables qui lui ont permis d'absorber la forte croissance du trafic. Ainsi, une part importante du trafic des marchandises est-elle assurée par des navires porte-conteneurs effectuant, pour certains, des services « autour du monde » en transportant, pour les plus modernes d'entre eux, jusqu'à cinq mille conteneurs. La construction de tels navires est un enjeu industriel mettant en concurrence des chantiers navals qui doivent s'équiper pour l'effectuer. Quelques rares pays européens, l'Allemagne et le Danemark, sont encore présents dans la compétition mondiale face, notamment, au Japon et à la Corée.

La mise en service des porte-conteneurs géants n'est

pas sans conséquences non plus sur l'organisation portuaire. La manutention des conteneurs requiert, en effet, des installations portuaires qui sont de plus en plus fréquemment automatisées. Cette automatisation fait évoluer le métier de docker. Par ailleurs, les installations portuaires doivent être reliées à un réseau de transports terrestres à haut débit capable d'écouler rapidement le trafic des marchandises. Il faut imaginer, en effet, qu'un porte-conteneurs de cinq mille boîtes est équivalent à un convoi de camions semi-remorques de quarante kilomètres de long !

Le transport des hydrocarbures (pétrole et gaz naturel liquéfié) a connu lui aussi une forte croissance et une profonde mutation après-guerre. Il a fallu mettre au point et construire de nouveaux navires, en particulier des méthaniers avec une technologie appropriée. Aujourd'hui, les réglementations sévères édictées par les États pour éviter la répétition d'accidents, comme ceux de *l'Amoco Cadiz* et de *l'Exxon Valdez* qui ont été la cause de marées noires, vont conduire à construire de nouveaux types de pétroliers avec des coques permettant, en principe, d'éviter les marées noires. L'investissement de base pour la construction de ces nouveaux pétroliers est élevé : il s'élève à une centaine de millions de dollars par unité. Il s'agit donc d'un marché que se disputent les grands chantiers navals.

Ces exemples nous montrent bien qu'il faut dépasser le simple constat, que nous avons fait, de l'importance prise par la voie maritime dans le commerce international. Le monde maritime représente, en effet, un ensemble d'enjeux économiques et sociaux. Qu'il s'agisse d'industries lourdes comme la construction navale et l'exploitation du pétrole *off-shore*, d'activités plus traditionnelles comme la pêche ou de services comme le transport maritime et le tourisme, leur contribution est souvent essentielle à l'économie de certaines régions d'Europe. Là encore, la mondialisation de l'économie a fait son œuvre :

les pays asiatiques battent en brèche les positions acquises par les industries européennes, l'économie de certaines régions est déstabilisée par la crise de la pêche. C'est ce flux et ce reflux des activités maritimes dont il nous faut prendre la mesure et évaluer l'impact.

Peut-on définir un PIB maritime ?

Les décideurs, en particulier les hommes politiques, ont pris l'habitude d'accorder une grande importance à des indicateurs quantitatifs, de nature économique notamment, pour définir leurs politiques. On peut s'en réjouir ou le déplorer, mais c'est un fait. Il n'est donc probablement pas exagéré d'affirmer que la politique maritime a pâti, en France, de la difficulté de parvenir à une estimation quantitative du revenu, au sens économique du terme, des différents services ou industries liés au monde maritime. On fera observer, au passage, que cette carence dénote un singulier désintérêt du monde des économistes, des universitaires en particulier, pour tout ce qui touche au monde de la mer...

Peut-on chiffrer la part du Produit intérieur brut (PIB) d'un pays comme la France raisonnablement imputable aux industries et aux services de la mer ? Il n'est pas indifférent pour notre propos, bien au contraire, de tenter de répondre à cette question, même si une politique de la mer ne saurait se restreindre à sa seule composante économique.

Différentes tentatives ont été faites pour évaluer le PIB maritime. Ainsi, aux États-Unis, les techniques courantes de l'analyse économique ont été appliquées au système de la comptabilité nationale pour identifier dans chaque secteur ce qui relève d'une activité proprement maritime. Les calculs économiques montrent qu'en 1989, 2,6 % du PIB américain était d'origine maritime *.

Le PIB maritime est évidemment un ensemble composite dans lequel figurent des activités comme la pêche, le transport maritime et les chantiers navals, l'exploitation du pétrole *off-shore*. On y inclut aussi le tourisme littoral qui est important pour un pays comme la France. La composition de cet ensemble est éminemment variable d'un pays à l'autre : la pêche est ainsi capitale pour l'Islande, l'activité *off-shore* tient une grande place dans les économies britanniques et norvégiennes, etc. Il vaut d'être noté au passage que tous les pays du G 7 sont des pays maritimes.

Au plan mondial, il est raisonnable d'estimer que dans tous les pays de l'OCDE, dont les économies sont les plus développées, la contribution des activités maritimes au PIB serait comprise dans une fourchette de 2 à 5 %. La moyenne mondiale serait sans doute plus proche de 3 % du PIB mondial. Les revenus du transport maritime, l'exploitation du pétrole et du gaz *off-shore*, la pêche, le tourisme littoral sont, dans l'ordre, les quatre secteurs qui procurent les revenus les plus importants.

Le BIPE et l'IFREMER ont procédé, en 1994, à une évaluation du poids du secteur maritime dans l'économie française. Il en ressort que la production fondée sur des activités maritimes représentait deux cent cinquante milliards de francs, en 1993, avec trois cent cinquante mille emplois directs. La valeur ajoutée par le secteur maritime correspondrait, quant à elle, à environ 2 % du PIB. Le tourisme littoral, avec cent trente milliards de francs, apporte la contribution la plus importante, viennent ensuite la construction navale civile et militaire (trente-deux milliards de francs), le transport maritime (vingt milliards de francs) puis la filière pêche-aquaculture et l'*off-shore*

---

* G. PONTECERVO *et al.*, « Contribution of the Ocean Sector to the United States Economy », *Science*, 208, 1990, p. 1000-1006.

parapétrolier (une quinzaine de milliards de francs environ chacun).

Comparée à celle d'autres pays industrialisés, le Royaume-Uni, les États-Unis et le Japon par exemple, l'économie maritime française semble moins développée puisqu'elle se trouverait dans la partie basse de la fourchette des PIB maritimes. Cette faiblesse relative s'explique notamment par l'absence d'exploitation de ressources pétrolières *off-shore* dans la ZEE française partiellement compensée par le tourisme littoral. Néanmoins, un secteur comme celui de la mer qui représente trois cent cinquante mille emplois dans l'économie d'un pays ne saurait être négligé et ce d'autant moins que, par définition, il est concentré sur une partie seulement du territoire (une trentaine de départements) pour laquelle il constitue une part très importante de l'activité économique.

Navires et pétrole : des industries et des services lourds

Depuis 1950, le commerce mondial a connu une croissance constante à un rythme annuel moyen en volume qui n'a jamais été inférieur à 2,5 %, si l'on excepte les deux années qui ont suivi les deux chocs pétroliers. La libéralisation des échanges et l'abaissement des droits de douane ainsi que, plus récemment, le mouvement d'industrialisation de certains pays en développement, en particulier dans le Sud-Est asiatique, ont contribué à stimuler cette expansion mondiale. En 1992, les exportations mondiales ont représenté 20 % du PIB mondial et la France s'est hissée au quatrième rang des exportateurs mondiaux. La demande de transport maritime a progressé à un rythme légèrement supérieur à celui du commerce mondial qui n'a d'ailleurs pratiquement pas faibli ces dernières années, alors que les économies occidentales étaient touchées par une crise sérieuse.

En 1994, la flotte de commerce mondiale comptait trente-six mille navires pour un tonnage total de sept cents millions de tonnes. Elle était composée pour l'essentiel de pétroliers, de vraquiers transportant du charbon, des minerais, des céréales, etc., de porte-conteneurs et de cargos rouliers auxquels il faut ajouter des paquebots et des transbordeurs (car-ferries) pour le transport des passagers. Les pétroliers représentent à eux seuls 40 % du tonnage de la flotte mondiale qui a connu une mutation notable ces vingt dernières années. En effet, si le tonnage global des pétroliers est resté pratiquement inchangé depuis 1975, celui des vraquiers et des porte-conteneurs a lui, en revanche, fortement augmenté.

Le transport maritime est une activité internationale par définition, si l'on excepte le cabotage entre ports d'un même pays, puisque la voie maritime est utilisée pour exporter et importer des marchandises de toutes sortes. Son marché est donc soumis à une forte concurrence sans barrières douanières. Des institutions appelées « conférences maritimes » ont bien été créées pour organiser certains segments géographiques du marché du trafic maritime et assurer la régularité du service et la stabilité des prix, mais leur rôle est en diminution constante. Ces conférences qui sont des clubs ou des cartels d'exploitants de lignes régulières, permettent aussi, il est vrai, d'asseoir quelques solides monopoles régionaux, par exemple sur les lignes avec l'Afrique.

La concurrence internationale a profondément modifié le classement mondial des pavillons des navires, c'est-à-dire de leur nationalité, depuis une vingtaine d'années. La nationalité d'un navire n'est pas une notion indifférente, puisque les États du pavillon sont censés exercer une juridiction et un contrôle effectifs en matière administrative, technique et sociale sur les navires qui battent leur pavillon. Ils doivent en particulier s'assurer, en principe du moins, que les règles de sécurité sont respectées à bord des navires et que leur entretien est satisfaisant afin d'éviter des accidents. Il est clair que tous les pavillons n'offrent pas les mêmes garanties, c'est le moins que l'on puisse dire. Certains États sont laxistes et ne contrôlent pratiquement pas les navires inscrits sur leur registre et arborant leur pavillon. Faute d'une administration compétente et de volonté politique, ils ne font que gérer un pavillon de complaisance au sens strict du terme.

On se souvient de l'accident survenu en 1991 dans le port de Gênes : un pétrolier chypriote, le *Haven*, y avait explosé après une collision provoquant une importante marée noire. Ce navire, âgé de dix-huit ans, avait subi de nombreux avatars au cours de sa carrière : atteint par un missile dans le golfe Persique pendant la guerre Iran-Irak, il avait été remorqué à Singapour où il avait séjourné plus de deux ans en cale sèche pour être réparé. Au moment de son accident, il appartenait à une compagnie ne possédant qu'un seul navire, ce qui permet une évasion fiscale facile... On peut s'interroger dans ces conditions sur les compétences techniques de l'armateur.

Les statistiques maritimes révèlent qu'en tonnage, c'est la flotte sous le pavillon du Panama qui était la première du monde en 1994 (quatre-vingt-seize millions de tonnes), suivie par celle du Liberia (quatre-vingt-quatorze millions de tonnes), de la Grèce (cinquante-deux millions de tonnes), de Chypre, des Bahamas et du Japon. Le pavillon français (avec celui des TAAF *) vient au vingt-cinquième rang avec deux cent sept navires pour un tonnage de 6,3 millions de tonnes, ce qui représente à peine 1 % du tonnage mondial... Le classement, du moins pour les premiers de la classe navale, est assez différent

* Terres antarctiques et australes françaises. Celles-ci comprennent les îles Kerguelen, Amsterdam, et Crozet ainsi que la terre Adélie. Ces territoires sont inhabités. Port-aux-Français est le port d'immatriculation pour le pavillon TAAF.

si on l'établit en tenant compte de la nationalité du propriétaire qui est aussi un critère important : la Grèce vient alors en tête suivie du Japon et des États-Unis.

La concurrence mondiale, qui se traduit par une guerre des tarifs de fret, a modifié le classement des flottes ces vingt dernières années. Les pavillons économiques, dits aussi de « libre immatriculation » ou de « second registre », et qui sont une invention américaine, couvraient en 1994, près de la moitié de la flotte mondiale (en tonnage) au lieu du quart, dix ans auparavant. Certains États comme la Norvège, ainsi que la France d'ailleurs, ont inscrit leurs navires sur un « second » registre qui est l'équivalent d'un « pavillon *bis* ». La France arme ainsi une partie de ses navires de commerce sous le pavillon des TAAF.

La règle selon laquelle l'équipage doit être entièrement de la nationalité du navire peut être considérablement relâchée dans le cas des navires battant un « pavillon *bis* ». Dans certains cas, il suffit que le commandant et quelques officiers soient de la nationalité du pavillon. L'emploi de marins étrangers permettant aux armateurs d'abaisser les charges d'exploitation de leurs navires, on a donc assisté à un mouvement de « dépavillonnement » de certaines flottes de commerce. Par exemple, si la flotte de commerce japonaise s'est maintenue durant les deux dernières décennies, aujourd'hui, un peu plus de la moitié des navires japonais sont armés sous pavillon étranger, alors que les deux tiers de la flotte américaine sont enregistrés à l'étranger.

Par ailleurs, le développement des flottes des pays du Sud-Est asiatique a été spectaculaire : leur part dans le tonnage mondial est passée de 5 % en 1955 à 30 % en 1994. La flotte de la Chine, par exemple, s'est considérablement développée récemment (vingt millions de tonnes pour mille six cents navires). Sur le même laps de temps, les flottes de l'Europe et des États-Unis, y compris celles sous pavillon de complaisance, passaient de 82 à 45 % du tonnage mondial. Cette expansion des flottes asiatiques s'explique notamment par la croissance constante des relations maritimes transpacifiques dont le rythme annuel est le double, depuis 1973, de celui des relations transatlantiques. Les pays occidentaux ont donc perdu leur suprématie maritime.

Dans le concert mondial, on doit remarquer que l'Union européenne, bien qu'elle soit la première puissance commerciale mondiale, ne contrôlait qu'un peu moins de 14 % de la flotte mondiale en 1992 contre 28 % dix ans auparavant et 40 % en 1955 *. La concurrence internationale a donc joué contre l'Europe dans le secteur du transport maritime, bien que le tonnage de son commerce représente environ 30 % du trafic maritime mondial.

Quant à la situation de la flotte marchande française, elle est à l'image de celle de l'Europe. Elle a subi, en effet, une érosion constante depuis 1950, puisqu'elle comptait à l'époque six cent cinquante navires et qu'elle en fait naviguer tout juste deux cents sous son pavillon aujourd'hui, dont près de la moitié sous immatriculation des TAAF. Près de 60 % du tonnage de la flotte française (6,3 millions de tonnes) est assuré par des pétroliers. Il est vrai qu'une loi de 1992 fait obligation aux compagnies pétrolières exerçant une activité de raffinage d'immatriculer sous pavillon français un nombre de navires en rapport avec leurs importations de pétrole brut. Les armements français, dont le chiffre d'affaires atteignait vingt milliards de francs, en 1994, contrôlent une centaine de navires sous pavillon tiers **. Les emplois à la mer ont diminué dans la même proportion que la flotte de commerce : ils ont été réduits de 50 % en quinze ans, de

---

* On exclut dans ce décompte la flotte sous contrôle grec. Elle est considérée, en effet, comme un cas spécifique compte tenu de la très grande diversité des intérêts qui y sont investis (Grecs du Pirée, de Londres, de New York, etc.). Globalement, la Grèce possède pratiquement la moitié de la flotte des Quinze.

** La balance commerciale du transport maritime était déficitaire de six milliards de francs en 1993.

1977 à 1993, et la flotte française compte à peine aujourd'hui une dizaine de milliers de marins et d'officiers (trois mille officiers et six mille quatre cents marins en 1993).

Au strict plan économique, le transport maritime présente la caractéristique d'être à la fois une activité de service et une industrie lourde qui requiert des investissements importants. Le coût des pétroliers neufs et des porte-conteneurs de cinq mille conteneurs EVP * que l'on construit aujourd'hui est de l'ordre de la centaine de millions de dollars. Le poids de l'investissement est donc tel qu'il justifie des montages financiers spécifiques (parfois avec des aides fiscales) d'une part, et une utilisation optimisée des navires d'autre part. La course au gigantisme et la concurrence internationale entre les armements ont contribué à comprimer les tarifs des frets transportés par les navires. Ainsi, le coût d'acheminement par la mer d'un conteneur standard EVP de Marseille à Yokohama a baissé de 30 % en dix ans et il est pratiquement équivalent à celui de son transport par la route de Marseille à Paris. À titre de comparaison, il faut savoir qu'une tonne de céréales traverse l'Atlantique pour le prix d'une course en taxi entre deux gares parisiennes !

Ces gains de productivité ont été obtenus en partie grâce à l'utilisation de navires de plus fort tonnage, mais aussi par une automatisation partielle des tâches à bord des navires et dans les ports où sont embarquées et débarquées les marchandises. Un porte-conteneurs de cinq mille EVP consomme moins de fioul que deux navires de deux mille cinq cents boîtes et il n'exige plus qu'un équipage de quinze hommes. Les gains de productivité sont de même nature sur les pétroliers et les vraquiers. Une noria entre les ports d'Europe et d'Asie, assurée par huit navires de cinq mille conteneurs EVP marchant à 25 nœuds, est équivalente aujourd'hui à cinq norias

* EVP : Équivalent Vingt Pieds, soit une longueur standard internationale de 6,10 mètres pour les conteneurs.

alignant chacune une vingtaine de cargos classiques de dix mille tonnes filant à 15 nœuds. On voit donc que l'organisation du métier d'armateur a changé de nature et qu'elle exige des entreprises aux reins solides.

L'utilisation d'une main-d'œuvre non européenne (notamment des Philippins qui sont de bons marins), moins exigeante pour ses salaires et sa protection sociale, a également permis aux armateurs de comprimer leurs coûts d'exploitation. Les flottes de Chine, de Taïwan et de Corée du Sud en ont profité pour conquérir des marchés et occuper la place d'armements sous pavillons européens. Les deux plus grands armateurs du monde, toutes catégories confondues, sont les Japonais NYK et Mitsui ; parmi les dix plus grands armements mondiaux, huit sont asiatiques et deux seulement européens. Les flottes asiatiques assurent d'ores et déjà la moitié du trafic mondial de conteneurs et si un armement européen, le Danois *Maersk*, a pu rester le premier opérateur mondial de navires porte-conteneurs, le Chinois *Cosco* et le Taïwanais *Evergreen* se sont hissés respectivement à la deuxième et à la troisième place dans ce métier, avec des navires considérés comme sûrs et des équipages compétents.

Le premier armateur français dans ce secteur, la Compagnie maritime d'affrètement (CMA) n'occupait, en 1994, que le vingt et unième rang mondial juste devant la CGM (Compagnie générale maritime), un autre armement français héritier de compagnies prestigieuses, comme la Compagnie générale transatlantique, mais dont l'existence est sérieusement menacée. Il vaut d'être noté que la CMA est une compagnie maritime récente, sa création remontant à 1978, et qu'elle est parvenue à exploiter des lignes régulières à partir de Marseille sur l'Extrême-Orient et les États-Unis. Elle a choisi la formule de l'affrètement des navires plutôt que la structure d'exploitation classique de l'armement, elle ne possède donc en propre que très peu de navires. Son succès montre que rien n'est définitivement compromis dans le monde du transport maritime.

Plusieurs faits ont contribué à ce véritable naufrage de la flotte marchande française. En premier lieu, on doit noter que des gestions peu dynamiques de la plupart des armements, très souvent adossés à des rentes de monopoles sur des lignes très rentables desservant les pays de l'ancien empire colonial français, ne les ont pas préparés à affronter le grand vent de la concurrence internationale. La perte des colonies a modifié les trafics et a mis en difficulté ces armateurs. Aujourd'hui, ceux-ci ont presque tous abandonné la desserte de lignes régulières qui font la force des grands armements mondiaux, pour se concentrer sur des points forts, en particulier, le transport des vracs (blé, charbon, etc.) comme Louis Dreyfus.

En second lieu, les armateurs se sont heurtés à la difficulté de réunir les investissements nécessaires pour rester compétitifs dans des conditions intéressantes. Certains pays, tels que l'Allemagne et le Danemark, ont mis en place des formules dites de « quirats » pour l'acquisition de navires neufs, qui permettent une véritable synergie entre l'État, les épargnants, les armateurs et les chantiers navals. Un particulier peut ainsi acheter une part d'une société qui investit dans l'achat d'un navire avec des avantages fiscaux substantiels comportant, en particulier, une dépréciation comptable avantageuse et une exonération partielle de la taxation sur les plus-values. Ces systèmes fiscaux permettent de drainer des capitaux pour les armements.

Enfin, le contexte social a pesé lourd dans ces évolutions. Le surcoût des équipages français par rapport aux équipages étrangers, y compris de certains pays européens, est indéniable. Le poids plus élevé qu'à l'étranger des charges sociales supportées par les armements français explique une partie de ce surcoût. Les règles du travail à bord qui, en l'absence d'une polyvalence des marins, obligent à employer un effectif plus nombreux qu'il est techniquement nécessaire, expliquent une autre partie du surcoût. La réticence des syndicats de marins à accepter de nouvelles conditions de travail, en particulier l'automatisation de certaines tâches, a constitué un handicap dans les tentatives d'adaptation à la concurrence internationale.

Dans la mesure où les pouvoirs publics français semblaient se désintéresser du problème et où les blocages sociaux subsistaient, le passage sous pavillon étranger était la réponse inévitable des armateurs. L'introduction du pavillon *bis* celui des TAAF (ou Kerguelen), permettant l'emploi de marins étrangers d'une part, la prise en charge par le budget de l'État de 50 % des cotisations sociales des équipages (une mesure intervenue en 1993) d'autre part, constituent des mesures pour tenter d'enrayer le mouvement de déclin du pavillon français. Il est malheureusement probable qu'elles ne se révéleront pas suffisantes pour l'endiguer.

Si le navire et son opérateur sont un maillon essentiel de la chaîne du transport maritime, trois autres acteurs interviennent encore : les chargeurs qui sont propriétaires de cargaison, les autorités et les entreprises portuaires, et enfin les constructeurs de navires, c'est-à-dire les chantiers navals. Le port maritime est l'interface entre le navire et la terre. On y trouve les entreprises industrielles installées les « pieds dans l'eau » qui importent par mer leurs matières premières (la sidérurgie à Fos-sur-Mer par exemple), les réseaux de transport terrestre qui écoulent les marchandises où les apportent pour être chargées.

Là encore, les évolutions techniques ont été importantes ces vingt dernières années. L'automatisation a fait son apparition sur les quais des ports, car le déchargement d'un navire porte-conteneurs exige de la rapidité si l'on veut éviter sa trop longue immobilisation pendant une escale. L'utilisation de robots pour véhiculer les conteneurs dans les docks est déjà testée dans un port comme Rotterdam. Par ailleurs, une informatique performante connectée aux systèmes de transports maritimes et terrestres est nécessaire pour le suivi en temps réel des navires et des marchandises, en particulier celles qui sont conteneurisées. Elle permet une gestion optimisée du trafic maritime et d'une noria de navires. Le port du Havre a d'ailleurs joué un rôle pilote dans l'introduction de l'informatique portuaire.

Enfin, des industries lourdes ont compris l'intérêt de s'implanter en bord de mer pour avoir un accès direct aux matières premières importées (minerais, pétrole et charbon) et pouvoir raccourcir leur ligne d'exportation. Le développement récent de Dunkerque comme port industriel et auparavant de Fos sont des exemples de cette stratégie.

Le bilan, en termes économiques et sociaux, de l'activité d'un port ne saurait donc se limiter à une évaluation des chiffres d'affaires et des emplois qui dépendent directement du transport maritime. Les plus grands ports sont ceux qui ont su se créer un *hinterland* avec des activités industrielles et de services associées à un réseau de communication en profondeur.

Toutes ces données, ainsi que la géographie, déterminent le palmarès mondial et national des ports maritimes. Si l'Amérique du Nord avec New York, La Nouvelle-Orléans et Vancouver, et plus récemment l'Asie avec Kobe, Yokohama, Hong Kong, Shanghai et Singapour, ont su conserver ou se doter de grands ports, l'Europe demeure néanmoins le continent des grandes concentrations portuaires. Le poids de l'histoire joue bien sûr en sa faveur, mais aussi le fait que l'Union européenne est le premier ensemble économique mondial * qui, de plus, a conservé un rôle de *leader* dans le domaine de l'assurance et du courtage maritimes.

Rotterdam demeure ainsi sans conteste le premier port mondial avec un trafic total qui atteignait deux cent

* La part de l'Europe dans les exportations mondiales de marchandises diverses était de 40 % en 1992.

quatre-vingt-quatorze millions de tonnes en 1994, il est d'ailleurs strictement équivalent à celui de l'ensemble des ports français. Singapour (cent quatre-vingt-dix millions de tonnes du trafic) est le deuxième port mondial tandis qu'Anvers (quatrième port mondial) vient à la deuxième place en Europe.

Dans le panorama français, ce sont Marseille et Le Havre, avec des trafics qui étaient respectivement de quatre-vingt-onze et de cinquante-quatre millions de tonnes en 1994, qui ont toujours été les ports *leaders* avec, aujourd'hui, Dunkerque en troisième place. Les hydrocarbures contribuent de façon très notable au trafic portuaire tant à Marseille (70 % du tonnage) qu'au Havre (55 %) et l'on est obligé de constater que, jusqu'à très récemment, le trafic conteneurisé des grands ports français n'a pratiquement pas progressé à l'exception de celui de Rouen. Une partie importante du trafic maritime destiné à la France est de fait détourné vers les ports étrangers, belges et hollandais principalement (20 % en valeur du trafic français à l'exportation et de 30 à 40 % du trafic à l'importation).

Ce sont d'ailleurs les grands ports de l'Europe du Nord, Rotterdam, Anvers, Brême et Hambourg, qui parviennent le mieux à capter le trafic des navires porte-conteneurs. Sur la Méditerranée, Barcelone et surtout Gênes mènent la vie dure à Marseille en lui faisant une forte concurrence. On doit noter que la part du trafic des ports français transporté sous pavillon maritime français a été constamment décroissante ces vingt dernières années : 11 % seulement des importations en tonnage sont assurées par des navires français et 17 % des exportations. Cela ne fait que traduire l'affaiblissement constant du transport sous pavillon français.

Les conflits sociaux à répétition qu'ont connus les ports français ces dernières années, et qui les ont souvent paralysés, mettent bien en évidence le rôle clé que jouent les entreprises de manutention qui ont la responsabilité du transfert à bord des navires et à quai des marchandises.

Ces opérations constituent un véritable goulot d'étranglement, car c'est d'elles que dépendent l'optimisation des relations entre les modes de transport maritime et terrestres et, en fin de compte, la compétitivité d'un port. La manutention est le maillon critique de la chaîne du transport maritime et les dockers, qui chargent et déchargent les navires, constituent en quelque sorte la profession clé du système. Figure emblématique du monde portuaire, le docker occupait un rôle central dans les ports. Il a d'ailleurs été souvent au centre de l'action de films et de romans, ou de pièces de théâtre comme *Boulevard Durand* écrite par Armand Salacrou, en 1961. Cette pièce narre l'histoire, vraie, d'un docker injustement accusé d'avoir commis un crime à l'occasion d'une grève au début du siècle au Havre et dont l'avocat avait été le futur président de la République René Coty.

Les dockers, fortement organisés, ont longtemps imposé leur loi sur les quais dans la mesure où ils constituaient la main-d'œuvre indispensable pour assurer le mouvement des marchandises des navires. Dotée en France d'un statut spécifique fixé par une loi de 1947, la profession a bénéficié d'un véritable privilège jusqu'en 1992 : celui de l'« embauche libre ». Ce dispositif était fondé sur le principe d'une embauche journalière du docker avec un salaire à la journée, mais aussi avec des indemnités substantielles en cas d'absence de travail. L'intermittence de l'emploi correspondant à l'irrégularité des opérations de manutention donnait aux dockers la possibilité de gérer eux-mêmes les contraintes du travail en échappant au salariat classique mais avec une garantie de revenu.

Ils bénéficiaient aussi d'un monopole de l'embauche grâce à un système de cartes professionnelles. Le syndicat le plus important des dockers, affilié à la CGT, exerçait un contrôle quasi absolu de l'embauche qui lui permettait de réguler l'évolution de la profession et en fait de la bloquer. Le métier de docker était encore incontestablement très pénible il y a quelques décennies et la profession, fortement syndicalisée, était marquée par un mélange complexe de solidarité et d'individualisme, expression d'un corporatisme poussé à l'extrême.

Le patronat s'est accommodé d'une situation où le rôle d'employeur était largement biaisé, mais il n'a pas fait grand-chose pour faire évoluer le système dont le surcoût était pénalisant pour les ports français. Le progrès technique qu'a connu le transport maritime, notamment l'introduction des conteneurs et de l'automatisation, a fortement ébranlé la profession en France comme à l'étranger, les dockers résistant cependant à la mise en cause de leur monopole.

Cette difficile mutation de la profession portuaire a fortement pénalisé les ports français dont la compétitivité était inférieure à celle de leurs concurrents les plus dynamiques, en particulier ceux de l'Europe du Nord. Le trafic des ports français a ainsi pratiquement stagné ces dix dernières années alors que le trafic maritime mondial était, lui, en progression continue : lorsque le PIB mondial augmente de 1 %, le trafic de marchandises des ports français n'augmente, lui, que de 0,5 %.

En fin de compte ce fut le mérite de Jean-Yves Le Drian, secrétaire d'État à la mer dans le gouvernement socialiste d'Édith Cresson, de s'attaquer au fond du problème en remettant en cause complètement le statut des dockers hérité de la loi de 1947. Une nouvelle loi fut élaborée à son instigation. Celle-ci, votée en 1992, instituait la mensualisation des ouvriers dockers, supprimant ainsi le principe de l'embauche libre, et mettait fin au système de péréquation nationale de l'indemnité de chômage dont le financement sera géré par chaque port.

Cette loi redonne une forte responsabilité aux entreprises locales. Son application ne s'est pas faite sans difficultés, en particulier à Marseille dont le port fut encore paralysé par de nombreuses grèves en 1994. La mise en œuvre de la nouvelle loi dont le coût est très élevé (cinq milliards de francs environ) devrait permettre aux ports français d'être dans la norme internationale et de combler leur retard, dans la mesure où la volonté politique existe pour les y aider *.

Depuis près de vingt ans, la « crise » de la construction navale a fait périodiquement la une de la presse en France et dans certains pays européens. Alors qu'on avait vanté les performances techniques de chantiers européens en France, en Suède, en Espagne et dans quelques autres pays, certains d'entre eux ont été amenés à fermer leurs portes : la Suède et le Royaume-Uni n'ont plus de grand chantier naval civil et la France n'en a conservé qu'un grand (les Chantiers de l'Atlantique à Saint-Nazaire) et un chantier moyen (les Ateliers et Chantiers du Havre). L'Europe, qui avait longtemps dominé les mers avec les navires sortis de ses chantiers (elle assurait 80 % de la construction mondiale en 1940), a vu sa domination sévèrement battue en brèche par les pays asiatiques, par le Japon d'abord, relayé aujourd'hui par la Corée du Sud, qui ont livré une guerre des prix sans merci en pratiquant un véritable *dumping*.

La construction navale est une industrie lourde dans tous les sens du terme. Ses produits sont, en effet, des biens d'équipement lourds (paquebots, pétroliers, porte-conteneurs, etc.) nécessitant des investissements productifs dont le coût s'accroît avec la taille des navires. Elle demeure une industrie de main-d'œuvre (son coût représente 50 % environ du prix d'un navire), même si l'automatisation y a été introduite progressivement depuis vingt ans, ce qui a favorisé l'expansion des chantiers asiatiques où les coûts salariaux sont moins élevés. Enfin, le marché est mondial : les armateurs ont tendance à faire construire leurs navires dans les chantiers les moins chers et l'activité des chantiers navals dépend de la conjoncture du transport maritime.

---

* Il est vrai que le fait que la loi de 1947 n'ait pas été abrogée entraîne un certain nombre d'ambiguïtés dans l'application des nouveaux textes, par exemple en laissant subsister la possibilité d'une main-d'œuvre intermittente.

Il existe cependant des marchés protégés, ceux des commandes militaires et dans certains pays, comme la France, les États-Unis et le Royaume-Uni la séparation entre les chantiers navals civils et militaires reste forte. En France, la Direction des constructions navales (DCN), qui ne construit que des navires militaires, possède avec ses vingt-cinq mille salariés des effectifs très supérieurs à ceux des chantiers civils. La synergie entre construction navale civile et construction militaire est réalisée en Allemagne, au Japon et, dans une certaine mesure, aux États-Unis, alors qu'elle reste largement un problème ouvert en France.

Aujourd'hui, trois grands pôles se répartissent l'essentiel des commandes mondiales de navires marchands : le Japon avec 33 % du tonnage commandé en 1994, la Corée du Sud et l'Europe occidentale avec respectivement 24 % et 11 % des commandes. Ensemble, les chantiers navals asiatiques avaient livré, en 1993, près des trois quarts de la production mondiale. L'Allemagne, qui est le quatrième constructeur mondial de navires, est maintenant le *leader* en Europe ; elle s'est d'ailleurs engagée dans une restructuration de ses chantiers navals avec ceux de l'ancienne RDA *. Plus récemment la Corée, et dans une moindre mesure la Finlande ont fait une véritable percée qui s'explique en partie par la faiblesse de leurs monnaies, et dans le cas de la première, par les investissements massifs réalisés avec la volonté de dépasser la production japonaise. La situation de la construction navale européenne est certainement loin d'être désespérée car elle conserve des entreprises qui ont des capacités de résistance, en particulier en Allemagne et en Finlande où elles ont bénéficié de mesures de soutien directes ou indirectes.

Les chantiers navals français connaissent depuis vingt ans une situation particulièrement difficile : depuis 1975,

---

* Cette restructuration est loin d'être aisée, car elle met en difficulté les grands chantiers de Brême.

ils ont été relégués du quatrième au dixième rang mondial et ils ne fournissent plus que 3 % du tonnage mondial. Ces dix dernières années, ils ont perdu les trois quarts de leurs emplois, ce qui a contribué à créer des déserts industriels dans certaines régions, comme à La Seyne-sur-mer et à La Ciotat. Toutefois, les chantiers navals français conservent un bon savoir-faire dans des créneaux comme les paquebots, les méthaniers et les cargos rouliers.

La construction nautique, celle des navires de plaisance, est quant à elle un cas particulier, car la taille des navires et les techniques mises en œuvre (l'utilisation de matériaux composites par exemple) sont très spécifiques. Des petits chantiers spécialisés peuvent trouver dans ce domaine une niche où la performance technique des navires qu'ils construisent, ainsi que leurs aménagements intérieurs pour les plus grands d'entre eux, est un bon argument de vente. La construction nautique française, portée par un marché national qui a connu une très forte expansion, a réussi à se hisser à la deuxième place mondiale derrière celle des États-Unis. Globalement, on estimait que l'ensemble de la construction navale (civile et militaire) et nautique (la plaisance) représentait en France un chiffre d'affaires de trente-deux milliards de francs en 1992.

On doit évidemment s'interroger sur les enjeux économiques futurs de la construction navale et sur les contraintes qu'elle subit. Une première donnée est l'état du carnet de commandes mondial des chantiers navals : en 1994, il était de nouveau élevé, avec soixante-quatre millions de tonnes commandées. Les besoins en financement pour des navires dans l'actuelle décennie avaient été chiffrés à trois cent quarante-trois milliards de dollars. Même si ce chiffre peut être considéré, *a posteriori*, comme optimiste, il donne néanmoins une mesure de l'importance des investissements en jeu et des perspectives industrielles qu'ils représentent. Il explique aussi la volonté du Japon, de la Corée et d'autres pays asiatiques comme la Chine, d'être présents dans un marché qui reste ouvert.

La seconde donnée est technique. Il est d'ores et déjà nécessaire de remplacer les navires anciens alors qu'il existe encore trop de navires dans le monde qui ne sont pas conformes aux normes de sécurité les plus récentes. Les pays industrialisés, s'appuyant sur l'Organisation maritime internationale (OMI) et sur les sociétés de classification qui accordent le label de sécurité aux navires (le *bureau Veritas* en France, par exemple), sont enfin convenus d'appliquer des règles de sécurité plus draconiennes aux navires marchands.

Les États-Unis ont ainsi décidé d'imposer des normes de construction aux pétroliers qui opéreront dans leurs eaux, par exemple d'être pourvus d'une double coque. Les Européens, regroupés dans Euroyards *, ont proposé, quant à eux, de construire des pétroliers dits E 3, comme Écologique-Économique-Européen, dont l'architecture permet de mieux protéger la coque intérieure qui renferme le pétrole ; le navire serait en particulier doté d'un double fond.

Enfin, les perspectives offertes par les navires à très grande vitesse (quarante à cinquante nœuds) pour le transport de passagers avec leurs voitures ou de camions sur des courtes distances ouvrent aussi un marché pour l'instant potentiel.

Il est donc probable que l'évolution technique, ainsi que l'accroissement prévisible de la demande dans certains secteurs (le transport du gaz naturel par exemple) vont se conjuguer pour susciter une progression de la construction navale dans les dix ans à venir. Il est aussi probable que l'augmentation de la productivité des chantiers navals existants sera suffisante pour faire face à une demande accrue, ce qui n'a pas empêché les Coréens d'accroître de 50 %, en quelques années, leur potentiel

---

* Euroyards est un Groupement d'intérêt économique européen regroupant plusieurs chantiers navals dont les Chantiers de l'Atlantique pour la France.

de production en construisant des cales géantes dans plusieurs de leurs chantiers.

Les évolutions internationales du monde du transport maritime peuvent paraître dans une certaine mesure linéaires : la croissance du trafic maritime a accompagné celle du commerce mondial, le trafic des grands ports s'est accru dans la même proportion, les commandes de navires ont suivi ce rythme imposé par la demande de fret. Cette évolution ne s'est pas faite sans chaos : l'évolution technique a eu un impact sur la composition des flottes, la montée en puissance des pays asiatiques a modifié la donne commerciale et industrielle, certains ports n'ont pas pu s'adapter à la concurrence. En fait, le transport maritime, immergé totalement dans la concurrence internationale, est pris en tenaille par les intérêts contradictoires des pays chargeurs qui, exportateurs ou importateurs de marchandises, ont intérêt à ce que celles-ci soient transportées au moindre coût, et ceux des pays transporteurs qui ont conservé des armements puissants dont ils souhaitent protéger les marges de manœuvre et les profits.

Cette contradiction traverse l'Union européenne elle-même : la Grèce, le Royaume-Uni, les Pays-Bas et le Danemark appartiennent plutôt à la catégorie des transporteurs, car leurs compagnies de navigation ont une très solide tradition ; la France, l'Allemagne, l'Italie et l'Espagne relèvent plutôt de celle des chargeurs. Cette distinction n'est pas fortuite, car les pays européens transporteurs ont toujours eu une attitude politique libre-échangiste bien ancrée dans leur culture. Celle-ci les conduit à s'opposer aux interventions étatiques et donc aux tentatives pour promouvoir une politique du tranport maritime à l'échelle de l'Europe. Quant aux pays chargeurs, *a priori* plus ouverts aux politiques incitatives, mais qui ont évidemment intérêt à bénéficier des taux de fret les plus bas possibles, ils n'ont pas su, ou ils n'ont pas voulu, prendre les initiatives qui auraient permis aux armements européens de résister dans de meilleures conditions à la concurrence internationale. Leurs velléités n'ont pas été jusqu'à défendre le principe d'une politique maritime européenne.

Dans un contexte où le marché de la construction des navires est international et où il n'existe, en théorie du moins, ni protection douanière (les navires sont importés librement sans droit de douane), ni quota (les États-Unis à travers le *Jones Act* réservent néanmoins l'exclusivité de leur trafic de cabotage national à des navires battant pavillon américain et *made in USA*) ces contradictions européennes ne pouvaient aboutir qu'à un quasi-immobilisme. Le traité de Rome avait certes reconnu la nécessité d'une protection des entreprises, mais le caractère théorique d'un marché européen des navires a réduit à l'impuissance les procédures communautaires de soutien à l'industrie maritime.

Dans les négociations internationales, l'Europe a fini par céder aux pressions et à démanteler petit à petit le régime des aides à la construction navale, malgré le *dumping* flagrant pratiqué par les chantiers asiatiques. La Commission de Bruxelles s'est par ailleurs référée aux performances du chantier danois d'Odense comme modèle de compétitivité, alors qu'il travaille de façon privilégiée avec son actionnaire l'armement *Maersk* qui lui réserve l'exclusivité de ses commandes, ce qui fausse les comparaisons.

Aujourd'hui, le niveau des aides étatiques à la construction navale a été limité à 9 % du prix du navire en Europe, sauf pour les chantiers de l'ex-RDA pour lesquels elle est plus élevée. L'accord international sur la construction navale, conclu en 1994 sous l'égide de l'OCDE, prévoit que ces aides directes devront être supprimées dans un délai de trois ans. En revanche, les aides à la Recherche-Développement seront maintenues et des mesures devront être prises pour éviter le *dumping*, ce qui constitue l'acquis positif de cet accord, mais aussi le point critique de son application, dont on peut d'ailleurs douter.

La reconversion de certains chantiers navals militaires, confrontés à la baisse des commandes militaires, est enfin le dernier élément, et non le moindre dans le paysage de la construction navale. Ces arsenaux sont un réservoir de savoir-faire technique mobilisable pour la construction civile mais leur reconversion, notamment aux États-Unis et en France, ne saurait se faire sans aides publiques.

Les pays asiatiques sont parvenus dans le domaine maritime, comme dans d'autres, à bousculer la suprématie de l'Europe occidentale et des États-Unis. On peut sans doute attribuer, pour une grande part, leur succès à la faiblesse de leurs coûts salariaux et à leurs pratiques commerciales, mais on doit aussi créditer leur volonté et leur capacité de mener une politique de filière maritime intégrée, de l'acier au transport maritime en passant par la construction navale. Des groupes japonais comme Mitsui et Mitsubishi ont ainsi intégré sidérurgie et chantiers navals. L'Allemagne, la Norvège et la Finlande commencent aussi à emprunter cette voie. C'est une leçon à retenir pour l'Europe s'il n'est pas déjà trop tard : elle ne pourra conserver une activité maritime correspondant à sa puissance économique, que si elle est capable de s'engager dans une politique de filière intégrant l'ensemble de la chaîne du transport maritime.

En 1995, un chantier spécialisé de Marseille, Bouygues *off-shore*, achevait de construire une barge en béton destinée à l'exploitation de pétrole *off-shore* par la société Elf au Congo. D'un poids de près de quatre-vingt mille tonnes, cette barge de deux cent vingt mètres de long devrait supporter des installations pour l'extraction et le stockage du pétrole pesant trente mille tonnes. Elle a été remorquée jusqu'au site du gisement au large des côtes africaines. Ce projet illustre une activité maritime qui, comme la construction de navires, relève de l'industrie lourde : l'exploitation des hydrocarbures *off-shore*.

Cette activité a commencé dans les années d'après-guerre, mais on peut dire que c'est en mer du Nord qu'elle a conquis ses lettres de noblesse puisqu'il fallait y extraire un pétrole considéré comme difficile. Aujourd'hui, près de 30 % de la production mondiale vient de l'*offshore* ainsi que 20 % du gaz naturel. Dans les estimations, plus ou moins exactes, de la contribution des activités maritimes au PIB mondial, l'extraction de pétrole et de gaz naturel en mer aurait représenté environ cent trente-cinq milliards de dollars en 1991, soit encore 20 % du total du PIB mondial maritime. Si la France ne produit ni pétrole ni gaz naturel *off-shore* dans sa ZEE, ses deux grandes sociétés pétrolières – Elf et Total – sont opérateurs sur des champs *off-shore* en mer du Nord et en Afrique dans le golfe de Guinée. L'avenir de l'exploitation des hydrocarbures *off-shore* reste encore largement ouvert, dans un contexte où la demande mondiale sera sans doute orientée à long terme à la hausse, en particulier pour le gaz naturel. La possibilité d'exploiter des gisements par grande profondeur est évidemment le pari technique et économique majeur.

La production *off-shore* n'est pas seulement une activité lourde, car exigeant la mise en œuvre de moyens lourds comme les plates-formes et les installations sous-marines, c'est aussi une activité de haute technologie qui requiert la mise au point de techniques de forage et d'intervention sous-marine. Des activités parapétrolières *off-shore* se sont donc développées dans la mouvance de la production : mesures et reconnaissances géophysiques, construction et installation de plates-formes et de pipelines, ravitaillement et maintenance des installations. Une robotique spécialisée mettant en œuvre des ROV *(Remotely Operated Vehicles)* a été conçue pour les opérations d'intervention sous-marine, en particulier pour la pose des pipe-lines et la maintenance d'installations. L'ensemble de ces activités parapétrolières aurait contribué pour environ quarante-cinq milliards de dollars au PIB maritime mondial en 1991. En France, le chiffre d'affaires de l'industrie parapétrolière atteint une quinzaine de milliards de francs.

L'exploitation d'hydrocarbures *off-shore* est à la fois un enjeu économique et un enjeu technologique aux implications géopolitiques. Les acteurs opèrent sur un marché qui est international mais où l'avance technologique est un atout majeur, compte tenu des défis qu'il faut relever pour opérer par grandes profondeurs. Ce sont les pays les plus développés (États-Unis, France, Royaume-Uni, Norvège, Italie et Japon) qui, jusqu'à présent, occupent le devant de la scène.

La France a su jouer de très bonnes cartes puisque son industrie parapétrolière *off-shore* exporte près de 80 % de sa production. Même si la part des entreprises françaises dans le marché mondial n'est que de 6 %, certaines d'entre elles, comme Coflexip et la CGG, sont des *leaders* mondiaux dans leur secteur. La Comex a été un pionnier dans le secteur de l'intervention sous-marine. On peut associer à ces industries de l'*off-shore* celle des télécommunications sous-marines, car elles font appel en grande partie aux mêmes métiers, ceux de l'intervention sous-marine. Les marchés des câbles sous-marins sont en expansion constante et les entreprises françaises, en particulier Alcatel, en ont pris une part importante (40 % environ). L'avenir est grand ouvert dans un secteur qui est aussi stratégique.

La pêche et l'aquaculture : crise et fragilité

Effondrement des cours du poisson sur les marchés provoquant, en France, des manifestations de pêcheurs en colère, incidents répétitifs entre pêcheurs français et espagnols dans le golfe de Gascogne, tension en 1995 entre le Canada et l'Union européenne au large de Terre-Neuve, etc., tels sont quelques événements du monde de la pêche qui ont marqué périodiquement l'actualité ces dernières années et qui révèlent un état de crise profonde du secteur. La pêche est une activité traditionnelle qui a longtemps joué un rôle essentiel dans l'économie de certaines régions maritimes, en Europe et dans le monde, et qui fonctionne à la fois sur un mode artisanal et sur un mode industriel.

Dans l'ensemble des activités maritimes, la pêche constitue un monde à part avec de très fortes spécificités : elle repose sur l'exploitation de ressources qui sont difficiles à évaluer et qui peuvent connaître de fortes variations ; la sociologie du milieu professionnel est fortement typée et a une incidence très forte sur les modes d'organisation. Si les pêcheurs dans leur ensemble ont accepté le progrès technique (navires équipés de sonars pour repérer les bancs de poissons, engins de pêche plus performants, techniques de conservation du poisson par le froid, etc.), ils ont, en revanche, tardé à prendre conscience de la nécessité d'adopter des formes modernes d'organisation professionnelle, notamment en France. La pêche relève donc d'une alchimie économique et sociale complexe, qui n'est d'ailleurs pas propre à la France, et elle a le plus grand mal à conserver sa place dans le monde moderne.

Les décennies qui ont suivi la guerre se révélaient prometteuses pour la pêche qui avait été pratiquement interrompue pendant les hostilités, du moins en haute mer, pour des raisons évidentes. Les captures mondiales d'espèces marines (poissons-crustacés-mollusques) ont ainsi progressé fortement et régulièrement, dépassant les soixante millions de tonnes en 1970 et culminant à 86,5 millions de tonnes en 1989. Depuis, la production a régressé au niveau de 84,5 millions de tonnes environ en 1993, manifestant ainsi le syndrome de la surexploitation des ressources marines *. Certaines zones de pêche ont été plus touchées que d'autres, l'océan Atlantique par exemple, ainsi que certaines espèces : le tonnage pêché de morues passait ainsi de 3 millions à 1,6 million de tonnes de 1970 à 1990 dans l'Atlantique. Selon la FAO, 60 % des stocks mondiaux seraient pleinement exploités, surpêchés, épuisés ou en cours de reconstitution.

Si la pêche est une activité importante en Europe, c'est en Asie que la consommation du poisson est la plus forte, car le poisson y constitue la principale ressource en protéines animales d'un milliard d'habitants des régions maritimes. Dans les pays en développement d'Asie et d'Afrique, ainsi qu'au Japon, plus de 40 % des protéines animales sont d'origine marine. Les pays développés ont cependant renforcé leur position comme marchés mondiaux importants du poisson.

L'enjeu économique que représente la pêche est loin d'être négligeable au plan mondial, puisque sa contribution au PIB maritime mondial atteignait cent vingt-cinq milliards de dollars en 1990, selon les statistiques publiées par la FAO, soit une somme équivalente au revenu de l'exploitation du pétrole et du gaz *off-shore*. Rappelons également que dans le monde, toujours selon les estimations de la FAO, le revenu de quarante millions de personnes dépendrait directement de la pêche, la très grande majorité d'entre elles vivant dans les pays du tiers-monde en pratiquant leur activité de manière artisanale.

Au secteur très spécifique de la pêche, il faut adjoindre ce qu'on appelle l'aquaculture, ou les cultures marines, qui est localisée, elle, sur le littoral et qui a aussi ses particularités. Elle est très diversifiée, car elle concerne certaines

* Il est difficile de distinguer dans les statistiques les productions de la pêche et celles de l'aquaculture marine. Selon la FAO, le tonnage pêché s'élèverait à soixante-dix-neuf millions de tonnes en 1993, et la production de l'aquaculture marine *stricto sensu* aurait été de 5,5 millions de tonnes (voir R. L. WELCOMME, « Fishy Facts », *New Scientist*, 20 mai 1995, p. 48.).

espèces de poissons (le saumon, le turbot, le bar par exemple en Europe), les crustacés comme les crevettes, et les mollusques comme les huîtres et les moules, ainsi que les algues. La production aquacole marine est de l'ordre de six millions de tonnes, toutes espèces confondues, elle est très fortement concentrée en Asie et elle connaît une forte croissance depuis une vingtaine d'années.

Le palmarès mondial des grands pays pêcheurs fait apparaître l'avance des pays en développement, en particulier asiatiques. Tous domaines confondus (pêche et aquaculture marines et continentales), c'est la Chine qui est le premier pays producteur (quinze millions de tonnes en 1992), suivie par le Japon, le Pérou et le Chili. La Norvège est le premier producteur européen, le Danemark le premier de l'Union européenne pour le tonnage (1,8 million de tonnes) et l'Espagne pour la valeur ajoutée *.

La France, avec une production de huit cent trente mille tonnes (pêche et aquaculture marine) est, à égalité avec le Royaume-Uni, au troisième rang de l'Union européenne. Elle est au dix-neuvième rang mondial pour la pêche, qui demeure une activité économique importante en Europe avec cent mille navires. La production a oscillé entre six et sept millions de tonnes ces dernières années, avec une tendance à la baisse, et l'on estime qu'il y a environ trois cent mille pêcheurs à plein temps et à temps partiel dans l'Union européenne. Un million d'emplois directs et indirects induits sur les côtes sont associés à ceux des pêcheurs : construction et entretien des navires et des engins de pêche, transformation et commercialisation du poisson, etc. L'impact de ces emplois liés à la pêche et à l'aquaculture est évidemment local et leur poids peut être lourd dans les politiques d'aménagement du territoire.

Le pêcheur est un personnage familier et sympathique

* Le Danemark pêche surtout les petits poissons transformés en farine pour l'alimentation animale.

des ports du littoral français. De même, les parcs à huîtres qui s'étendent sur certaines portions du littoral en Normandie, en Bretagne-Sud, en Charente-Maritime et au voisinage de Sète sur la Méditerranée ont modelé les paysages maritimes. La France a donc une position particulière au sein de l'Union européenne : elle est à la fois un pays de pêcheurs et d'aquaculteurs. L'aquaculture française est certes très spécialisée puisque, pour l'essentiel, elle repose sur la conchyliculture, c'est-à-dire sur l'élevage des huîtres et des moules qui représente pratiquement 90 % de la production nationale.

On désigne en général sous le label « filière des produits de la mer » un ensemble composite qui inclut la pêche proprement dite, l'aquaculture marine, les activités de commercialisation, avec notamment le mareyage, ainsi que les industries de transformation (conserveries de poisson pour l'essentiel). Une étude socio-économique complète de cette filière réalisée en France par la société Cofrepêche montrait que sa valeur ajoutée s'élevait, en 1992, à environ onze milliards de francs avec un total de soixante et onze mille emplois associés (dont vingt-quatre mille pêcheurs à temps plein et à temps partiel). Géographiquement, c'est la façade Atlantique du littoral qui contribue le plus à la filière puisqu'elle représente les deux tiers de la production totale, le premier port de pêche français (on en compte quarante-quatre) étant cependant celui de Boulogne loin devant Lorient.

L'amalgame de la pêche et de l'aquaculture est évidemment commode pour les statistiques économiques, mais il a l'inconvénient de masquer des réalités bien différentes. En effet, si l'on peut parler d'une crise de la pêche, il n'en va pas tout à fait de même pour l'aquaculture qui est encore dans certains domaines (les poissons et les crevettes) une activité nouvelle, sinon même pionnière.

Quelques chiffres permettent de mettre en évidence le syndrome de la crise de la pêche. La consommation de produits de la mer, en particulier de poissons, croît régulièrement en France à un rythme annuel moyen de 3 %. Les Français consomment 1,3 million de tonnes de poissons et de coquillages par an (soit environ vingt kilogrammes par an et par habitant) : du poisson frais au poisson surgelé, du cabillaud au merlan en passant par la lotte et la sardine du Maroc en conserve, sans oublier le *surimi*. Or, les sept mille bateaux de pêche français n'ont débarqué ces dernières années qu'au maximum cinq cent quatre-vingt-dix mille tonnes toutes espèces confondues. Il n'est donc pas étonnant, dans ces conditions, que le déficit de la balance du commerce extérieur de la filière des produits de la mer atteigne globalement dix milliards de francs, le solde global des importations et des exportations de poissons étant négatif et de l'ordre de quatre cent mille tonnes.

La flottille de pêche artisanale *, qui assure près de 50 % du tonnage de la production française, est extrêmement diversifiée en termes d'espèces recherchées, de zones fréquentées et d'engins embarqués. Elle s'est considérablement modernisée au cours de ces dernières années et l'on estime que près de la moitié des bateaux de la flotte ont moins de vingt-cinq ans. Le nombre de bateaux, en revanche, a fortement décru en dix ans, passant de près de onze mille à sept mille seulement. C'est l'un des symptômes les plus tangibles de la crise, qui se manifeste par une baisse du nombre des marins-pêcheurs et une croissance de la productivité. Ce sont des chalutiers de plus de vingt-cinq mètres qui composent la flottille de pêche industrielle et semi-industrielle. Les deux cents bateaux de cette flottille pêchent essentiellement le lieu noir, le cabillaud, la lingue et le thon tropical, en général des espèces vouées à la transformation.

Une caractéristique essentielle des pêcheries françaises est, enfin, que la majeure partie des ressources

---

* Elle est composée de bateaux de moins de vingt-cinq mètres. Le coût moyen d'un chalutier de 18-21 m est estimé aujourd'hui à six millions de francs.

exploitées par les flottes nationales est localisée dans les eaux sous juridiction d'autres États de l'Union européenne et de la Norvège. Schématiquement, on estime à plus de 60 % la part des débarquements français en provenance de ces zones *. Cette donnée est essentielle car elle met en lumière l'importance du rôle de la politique commune des pêches, l'Europe bleue, mise en œuvre à Bruxelles. Elle conduit aussi à relativiser les critiques de droite et de gauche portées périodiquement contre la politique communautaire.

Les crises aiguës qu'a traversées la pêche française en 1993 et en 1994, manifestations d'une dégradation continue de son état de santé depuis la fin des années quatre-vingt, résultent de la conjonction de deux phénomènes : la surexploitation des ressources halieutiques et la baisse des prix à la production. Cette situation est plutôt paradoxale, puisqu'elle est la juxtaposition d'une raréfaction d'une ressource et d'une crise des prix et des débouchés. Elle n'est d'ailleurs pas propre à la France et à l'Europe puisqu'on la retrouve dans d'autres régions du monde.

La surexploitation d'un stock, l'un des symptômes de la crise de la pêche, résulte de l'enchaînement de plusieurs phénomènes. Les stocks de poissons disposent de mécanismes naturels de renouvellement qui compensent les pertes par mortalité, soit naturelle, soit par la pêche. La surexploitation se manifeste lorsque le prélèvement par la pêche excède le surplus produit chaque année par le stock : la biomasse de ce stock de poissons diminue alors et, avec elle, les rendements de la pêche, car ils lui sont sensiblement proportionnels. L'effort de pêche, s'ajoutant

---

* Certaines flottilles françaises ont commencé à exploiter, au début des années quatre-vingt-dix, des espèces dites « profondes » dans l'Atlantique Nord (le brigadier et l'empereur). Ces espèces sont pêchées par 1 000-1 500 m, à quelques milliers de tonnes. Les stocks n'ont pas été évalués avec précision.

à la mortalité naturelle, accélère la diminution de l'abondance et réduit *ipso facto* le nombre de classes d'âge susceptibles de participer significativement à la reproduction. À partir de là, les fluctuations naturelles d'abondance se répercutent sur la biomasse et sur la production pêchée ; celle-ci évolue alors en dents de scie, déstructurant les flux commerciaux qui ne sont plus constitués d'apports réguliers et planifiables, essentiels pour le commerce.

Qui plus est, ce n'est pas seulement l'âge moyen des individus qui diminue, mais aussi les tailles moyennes. Une proportion importante du produit de la pêche est donc constituée de poissons de petite taille dont la valeur commerciale est moindre. Le phénomène de surexploitation atteint son paroxysme quand un nombre insuffisant d'individus survit jusqu'à l'âge de reproduction. En deçà d'un seuil critique, l'existence même du stock peut être mise en péril. Ainsi pour le cabillaud en mer du Nord, 10 % seulement des individus parviennent à la maturité sexuelle.

Tous ces phénomènes sont loin d'être compris, et ce d'autant moins qu'une ressource de pêche est constituée d'une multitude de stocks (une vingtaine en Europe) qui, nous l'avons vu, peuvent avoir un comportement chaotique. De façon transitoire, plusieurs stocks peuvent connaître une remontée brutale sans que la tendance de leur évolution à long terme soit pour autant inversée.

L'une des manifestations de la surexploitation, qui est la plus souvent niée par les pêcheurs, est l'importance des rejets en mer pratiqués par les flottilles de pêche. Il s'agit de captures annexes peu intéressantes commercialement, ou composées soit d'espèces qu'ils n'ont pas l'autorisation de pêcher soit de juvéniles passés à travers les mailles de leurs filets. La FAO évaluait à vingt-sept millions de tonnes, en 1992, les captures annexes, ce qui est tout à fait considérable, car le prélèvement total opéré sur la biomasse dépasserait nettement les cent millions de tonnes, ce qui constitue le seuil critique que les biologistes marins considèrent, jusqu'à présent, comme ne devant pas être dépassé.

Qui plus est, certaines techniques de pêche, en particulier l'utilisation de filets maillants, présentent l'inconvénient de conduire à la capture de mammifères marins comme les dauphins qui se prennent dans leurs mailles. Les mouvements écologistes ont déclenché des campagnes contre ces captures qui ont conduit à une limitation draconienne de la longueur des filets * et à la quasi-disparition de cette technique dans le Pacifique.

La biologie n'est évidemment pas seule à opérer comme un *deus ex machina* régulant l'abondance des stocks. L'aggravation constatée de la surexploitation des ressources, causée par la capture excessive des juvéniles, résulte principalement du fait que les pêcheurs répugnent à utiliser des engins sélectifs (capturant une espèce plutôt qu'une autre) ou des maillages évitant la capture des plus petits poissons.

Par ailleurs, l'économie entre aussi en scène par le biais des réactions en chaîne qui ont été particulièrement efficaces, en France, pour déstructurer la filière. La diminution de l'abondance de certains stocks incite les pêcheurs à accroître leur effort de pêche, par une sorte d'acharnement thérapeutique à maintenir le niveau de leurs captures, ce qui accroît d'autant leurs coûts d'exploitation. Ensuite intervient le gendarme qu'est le marché : la France a accru notablement sa consommation de poisson, mais les habitudes de la ménagère se sont modifiées avec l'avènement de la grande distribution (les supermarchés) qui assure aujourd'hui 55 % de la commercialisation au détail et en semi-gros des produits de la mer frais consommés.

Traditionnellement les mareyeurs sont les premiers clients de la pêche française, dont ils achètent le poisson à la criée sur le port de débarquement. Ces entreprises

---

* Une longueur de 2,5 km a été autorisée pour la pêche thonière dans le golfe de Gascogne.

de mareyage ont conservé, en général, un caractère artisanal, mais elles ont été progressivement court-circuitées par les supermarchés et leurs centrales d'achat : en dix ans, de 1984 à 1994, le nombre des rayons de poissonnerie dans les supermarchés a presque doublé et ceux-ci imposent leur loi.

En effet, les acheteurs de la grande distribution ne font pas leur marché sur les quais de débarquement, mais ils anticipent leurs achats. Ils veulent être assurés plusieurs semaines à l'avance de la qualité, de la quantité et du prix d'une livraison. Or, malheureusement, les entreprises de pêche française n'ont pas su s'organiser pour rentrer dans ce circuit commercial, où l'anticipation des débarquements est une des clés de la commercialisation rémunératrice de la production dans un marché devenu international. Cela suppose un approvisionnement régulier, un contact direct entre le navire en pêche et la centrale d'achats où qu'elle se trouve (par fax par exemple).

Le résultat est clair : une part importante du marché français a été prise par des importations, provenant en particulier de la Norvège, des Pays-Bas et de l'Écosse, mais aussi de certains pays africains où travaillent des entreprises françaises. Ceux-ci offrent l'avantage de produire des espèces pêchées toute l'année en grande quantité et à des prix moins élevés. Enfin, ajoutons qu'en France la situation de la pêche a été aggravée par l'endettement excessif des entreprises, favorisé par des politiques de subvention et de crédit imprudentes au cours des années quatre-vingt. Les responsables de la profession, mais aussi les pouvoirs politiques, n'ont pas voulu prêter attention aux avertissements relatifs à l'état de la ressource et aux signaux du marché.

Bien entendu, les halieutes ont depuis longtemps alerté les pouvoirs publics et les pêcheurs sur les risques que fait courir à la pêche la surexploitation. Les professionnels, quant à eux, ont manifesté haut et fort leur inquiétude face à la dégradation de leur situation économique, qui est dramatique pour certains d'entre eux. Des diagnostics ont été portés par des organismes nationaux, comme l'IFREMER en France, et par le Conseil international pour l'exploration de la mer (CIEM) au plan international, qui a été créé en 1902 pour confronter les points de vue des scientifiques sur les conditions d'exploitation des pêcheries en Europe et dans l'Atlantique Nord. Des remèdes existent à la surexploitation, et si le traitement est facile à définir dans sa généralité – réduire et contrôler l'effort de pêche – son application avec sa posologie est une affaire délicate qui exige une bonne dose de courage politique. Il vaut d'être noté que le Canada, que l'on critique souvent sur ce plan en Europe, n'a pas hésité à appliquer un remède de cheval en imposant un moratoire pour la pêche à la morue dans sa ZEE Atlantique, moyennant une indemnisation de ses pêcheurs.

En Europe, le problème est complexe, dans la mesure où l'essentiel de l'activité de pêche est communautarisée : la gestion des pêcheries est confiée, du moins dans son aspect global, à la Commission de Bruxelles dans le cadre de la politique commune des pêches (l'Europe bleue). Cette politique, mise en place en 1983 pour vingt ans, repose sur un certain nombre de dispositions pratiques qui visent à réguler l'activité. Elle prévoit d'abord un contingentement des stocks exploitables au moyen de TAC par espèces (Total admissible des captures) et de quotas annuels par zones et par espèces attribués aux États membres après accord du Conseil des ministres *.

Parallèlement, l'Europe bleue a réservé l'accès des eaux littorales aux pays riverains jusqu'en 2002, sur une bande de six milles marins et dans certains cas, de douze milles marins. Enfin, la Commission européenne est

* Ainsi, par exemple sur un TAC de six cent mille tonnes de harengs, en 1995, la France s'est-elle vu attribuer un quota total de quinze mille tonnes pour plusieurs zones. La politique européenne de la pêche ne s'applique pas encore à la Méditerranée.

habilitée à négocier au nom des États membres des accords de pêche avec des pays tiers. Pour harmoniser les politiques nationales, elle met en œuvre des programmes pluri-annuels de mesures structurelles ainsi que des normes appliquées à l'équipement des flottilles sous la forme de Programmes d'orientation pluri-annuels (POP). Des mesures transitoires avaient été prévues, jusqu'en 1996, pour l'Espagne et le Portugal après leur entrée dans l'Europe en 1986.

On ne peut pas dire que la politique commune des pêches soit un succès, dans la mesure où elle n'a pas permis une véritable régulation de cette activité ni d'éviter des crises graves, notamment en France, avec leurs conséquences sociales. En effet, le système de contingentement des captures (les TAC et les quotas) est un moyen indirect de contrôler l'effort de pêche qui s'est montré relativement inefficace. L'échec de la politique commune des pêches est collectif : celui des professionnels et des pouvoirs politiques qui n'ont pas voulu prendre en temps utile les mesures nécessaires qui s'imposaient et définir une véritable politique de gestion des pêcheries.

Le problème du contrôle de l'accès à la ressource est la pierre d'achoppement de toute la politique des pêches. En effet, la profession considère que les ressources halieutiques appartiennent en principe à tout le monde, mais en réalité à personne. Le poisson appartient donc au premier qui le capture, et personne ne veut se sentir responsable de la préservation d'un bien supposé commun et des conséquences d'une exploitation incontrôlée des ressources qui peuvent être désastreuses. La profession est donc prisonnière d'une situation paradoxale où elle a une attitude collectiviste à bâbord et individualiste à tribord. Le fait que les ressources sont d'accès libre, gratuit et non contrôlé, aboutit en fin de compte à une déresponsabilisation des acteurs. C'est un problème de fond sur lequel nous reviendrons ultérieurement.

Mentionnons simplement le fait que d'autres mesures

de contrôle de l'accès à la ressource ont été proposées et parfois appliquées. La première est l'introduction d'engins de pêche plus sélectifs, qui permettent d'exploiter seulement certaines espèces et que l'on peut ainsi adapter aux zones de pêche. Cette solution, préconisée notamment par l'IFREMER, est loin d'emporter l'adhésion des professionnels qui y voient une contrainte. Il a été également proposé d'imposer soit des cantonnements aux navires, c'est-à-dire des zones fermées à la pêche en permanence ou périodiquement pour épargner une fraction du stock, soit de contingenter rigoureusement le nombre de jours de sortie en mer des navires. Une mesure d'accompagnement consisterait à imposer des tailles minimales au débarquement pour obliger les pêcheurs à adopter des maillages plus grands pour leurs filets.

Enfin, la mesure la plus radicale qui a été imaginée est un système de gestion par des licences individuelles. Celles-ci, attribuées à chaque pêcheur ou à chaque entreprise pour un quota d'une espèce de poissons ou de plusieurs espèces, devraient permettre, en principe, de contrôler directement l'effort de pêche ou les capacités de capture. La Nouvelle-Zélande, l'Australie et le Canada partiellement, l'Islande et la Norvège en Europe par exemple, ont adopté cette mesure.

Il est clair que tout système de gestion de la pêche et de contrôle de l'exploitation de la ressource suppose une concertation entre les pouvoirs publics et les professionnels. Ce n'est pas sans problème car, en France au moins, les organisations professionnelles sont faibles. Une trentaine d'Organisations de producteurs (OP) ont été créées dans le cadre de l'Organisation commune des marchés communautaires. Les OP, fondées sur le principe de l'adhésion volontaire et de la responsabilité financière des producteurs, assurent la gestion quotidienne des retraits du marché, si les prix du poisson sous criée passent en dessous d'un certain seuil dit « prix de retrait ». Les OP ne regroupent qu'une partie seulement des navires de pêche (un tiers environ), mais leurs adhérents commercialisent la quasi-totalité du poisson vendu à la criée sur les ports. Cependant, elles n'ont pas de responsabilité directe dans la gestion du système des quotas de pêche.

À côté des OP, deux syndicats professionnels importants regroupent les pêcheurs artisans d'une part, ceux de la pêche industrielle et semi-industrielle d'autre part *. La relative faiblesse des organisations professionnelles est un handicap pour toute tentative de structuration du milieu par un dialogue constructif avec les autorités politiques et les scientifiques de l'IFREMER. Elle explique aussi que les crises périodiques soient à la fois le détonateur et le régulateur du système qui n'a pas encore trouvé un mode de gestion satisfaisant de ses intérêts économiques.

Si la pêche est une activité qui a une visibilité qui se limite au va-et-vient des navires dans les ports de pêche et aux installations sur les quais, l'aquaculture, en revanche, pose son empreinte sur certains paysages marins comme jadis les marais salants. Les grandes étendues de parcs à huîtres à Marennes-Oléron, à Arcachon, dans l'étang de Thau, etc., témoignent de l'existence de l'ostréiculture. L'élevage des poissons de mer a cependant une présence plus modeste sur le littoral français, où sont installées des fermes aquacoles que leur apparence extérieure ne permet pas de distinguer des grands élevages industriels que l'on rencontre dans le secteur agricole. En fait, l'aquaculture et la pêche ont plus de différences que de similitudes : la sociologie des milieux les distingue ainsi que les modes de travail. L'aquaculture s'apparente par bien des aspects à l'agriculture, même si l'aquaculteur, contrairement à l'éleveur, ne dispose pas encore de toutes les données biologiques nécessaires sur les espèces qu'il pourrait élever.

---

* L'Union des armateurs de la pêche de France (UAPF) pour la pêche industrielle et la Coopération maritime pour la pêche artisanale sont les deux principales organisations représentant les professionnels.

La nécessité de travailler dans l'eau de mer, milieu dont il faut contrôler tous les paramètres physiques et biologiques, est une contrainte qui distingue le métier d'aquaculteur de celui de l'agriculteur.

Le poids économique de l'aquaculture marine dans le monde et en Europe est plus faible que celui de la pêche, même si elle progresse de façon continue, essentiellement dans les pays asiatiques. La production mondiale était estimée par la FAO à 5,5 millions de tonnes en 1993. Quelques produits phares illustrent bien ces progrès : la production mondiale de salmonidés a été multipliée par un facteur trois en dix ans pour atteindre aujourd'hui près de six cent mille tonnes ; il en va de même pour les crevettes marines dont la production est passée de deux cent mille tonnes en 1984 à près de sept cent mille aujourd'hui. En France, les huîtres et les moules assurent 98 % de la production aquacole dont la production s'élève à environ deux cent mille tonnes pour un chiffre d'affaires de deux milliards de francs.

Le tonnage produit dans l'Union européenne n'est guère élevé puisqu'il est de l'ordre du million de tonnes. L'élevage des mollusques bivalves (huîtres, moules, palourdes, etc.) est une vieille tradition européenne qui représente 70 % en volume des produits aquacoles. L'aquaculture dite nouvelle, celle des poissons et des crevettes, a beaucoup de mal à percer en Europe, si l'on excepte l'élevage du saumon en Norvège et en Écosse, mais qui a eu du mal à s'acclimater aux littoraux de Bretagne dont les eaux sont encore trop chaudes pour cette espèce. C'est largement un sous-produit de la recherche, en particulier en France, où les travaux de l'IFREMER ont permis de lancer une production de crevettes à Tahiti et en Nouvelle-Calédonie, ainsi que du turbot, du bar et de la daurade en métropole. Aujourd'hui, cette activité représente un chiffre d'affaires qui ne dépasse pas deux cents millions de francs.

On s'interroge souvent, bien entendu, pour savoir si

l'aquaculture pourrait prendre le relais de la pêche et même la concurrencer directement. Si l'on excepte le cas du saumon, dont les importations massives en France ont été l'un des facteurs qui a accentué la chute des cours de poisson frais (deux milliards de francs d'importation), on ne peut pas retenir cette hypothèse pour la plupart des pays européens. En effet, l'aquaculture nouvelle, outre qu'elle requiert des investissements relativement importants, impose des conditions environnementales très strictes : elle a besoin d'eaux salubres avec des températures relativement stables.

Les installations d'élevages sur le littoral européen posent de nombreux problèmes : le domaine maritime (propriété de l'État en France) n'est pas forcément disponible, les rejets d'origine continentale, en particulier agricoles, perturbent le milieu. Les possibilités de développement de l'aquaculture existent cependant sur de nombreux littoraux méditerranéens, en Italie, en Grèce et en Afrique du Nord, là où le coût de la main-d'œuvre est moins élevé. Quant à la conchyliculture, c'est un métier bien établi en France, avec une profession très conservatrice qui gère une rente de situation avec ses réseaux commerciaux dans des zones où elle est bien implantée traditionnellement, mais innovant avec réticence. Ce conservatisme n'a pas empêché cependant la percée de l'ostréiculture dans des régions dynamiques comme la Basse-Normandie.

Si l'on s'en tient à la stricte dimension économique des enjeux, on aboutit à des conclusions relativement tranchées : les possibilités de développement de la pêche n'existent pratiquement pas en Europe car les limites biologiques d'exploitation de la biomasse sont certainement atteintes ; un certain retrait est même inéluctable et la situation mondiale est identique à moyen terme. Quant à l'aquaculture, ses possibilités sont limitées en Europe, pour des raisons environnementales essentiellement. En Asie, en Afrique et en Amérique latine, les degrés de liberté existent incontestablement et c'est là que l'aquaculture a le plus de chances de se développer.

Les industries de transformation des produits de la mer constituent une activité économique importante (trois milliards de francs de chiffre d'affaires en France). C'est par exemple l'activité principale du port de Boulogne. Mais, là encore, les pays européens auront le plus grand mal à résister à la concurrence des pays en développement qui bénéficient d'une ressource en matières premières et de coûts salariaux plus bas. Le salut ne peut venir, pour l'industrie de pays comme la France, que de la mise au point de procédés de fabrication et de contrôle de la qualité pour industrialiser les produits de la pêche, et de la fabrication d'extraits à haute valeur ajoutée de poissons et de crustacés.

Les critères économiques ne suffisent pas à déterminer l'importance d'une activité qui a le plus souvent une fonction sociale. Celle-ci ne peut pas être négligée dans le cas de la pêche et de l'aquaculture, qui sont des professions essentielles pour la vie du littoral et la culture maritime du pays.

Quelle économie du littoral ?
Quel horizon économique pour l'océan ?

Du cap Gris-Nez au cap Corse, en passant par les côtes découpées de Bretagne, les étendues rectilignes des côtes des Landes et les calanques aux eaux bleues de la Méditerranée, le littoral est le visage de la France, il révèle les traits de son relief, la diversité de ses habitats et ses potentialités économiques. Si l'on ajoute les rivages des DOM-TOM, dans tous les océans du monde, on aura encore une meilleure représentation de cette diversité géographique qui fait de la France un pays unique au monde. La pêche, l'aquaculture, les ports avec leur trafic maritime et leurs chantiers navals sont des composantes de l'activité du littoral mais ce ne sont pas les seules. C'est probablement la grande diversité des paysages littoraux qui explique que le tourisme est très développé sur les côtes françaises. Son poids économique, estimé à cent trente milliards de francs, représente la moitié du revenu maritime national avec cent cinquante mille emplois directs. Il déséquilibre ainsi fortement l'économie du littoral mais il conforte aussi son activité. Son importance est illustrée par le fait que près de la moitié des journées de vacances des Français ont pour cadre le bord de mer et que le tiers des résidences secondaires y sont localisées. La navigation de plaisance en est un aspect : avec huit cent cinquante mille bateaux de plaisance immatriculés en 1992 et trois millions de pratiquants, la France possède la quatrième flotte nautique du monde. La plaisance à elle seule est à l'origine de dix mille emplois directs et trente mille emplois indirects dans les chantiers navals, les entreprises d'entretien sur les quatre cents ports de plaisance à la côte.

La pression touristique, la nécessité d'assainir le milieu côtier en éliminant 60 % de la pollution domestique d'ici l'an 2000 (contre 30 % aujourd'hui) et tous les rejets directs en mer (vaste programme !), ainsi que de lutter contre l'érosion côtière, sont autant de stimulations aux politiques d'aménagement du littoral et aux grands travaux qu'elles rendent nécessaires *. Aménager le littoral est d'autant plus un impératif que son urbanisation a progressé : trente-huit villes de vingt mille habitants sont situées directement sur la côte, plusieurs métropoles comme Bordeaux, Montpellier et Nantes en sont très proches. L'activité économique doit donc être à la fois soucieuse de fixer des emplois dans les zones maritimes, et d'aménager un patrimoine qui a été saccagé sur

---

* Sur les 5 500 km du littoral français, 850 km sont soumis à un recul moyen de plus de 1 m par an, 1 000 km subissent une érosion sensible de 0,5 m par an.

certaines côtes de l'Atlantique et de la Méditerranée par un urbanisme incontrôlé. Par ailleurs, au-delà des mers, les travaux maritimes réalisés à l'étranger par des entreprises françaises représentent un chiffre d'affaires tout à fait substantiel de cinq milliards de francs.

L'aménagement du littoral doit créer une nouvelle physionomie maritime du pays, d'autant qu'elle est représentative de la façon dont il conçoit sa relation avec le monde de la mer. Le littoral ne peut pas être seulement un cadre de vie agréable pour ceux qui y vivent en permanence ou quelques semaines par an à l'occasion des vacances. Autrement dit, il faut éviter que le poids de l'activité touristique, qui est en croissance continue, ne déséquilibre complètement l'économie du littoral français au détriment des activités proprement maritimes. C'est pourquoi il faut aussi juger des professions comme la pêche et l'aquaculture sur leur capacité à fixer des emplois directs et indirects dans des communes rurales et des petits ports côtiers, et non exclusivement en fonction de leur poids qui n'est plus déterminant dans l'économie maritime du pays.

Malgré les difficultés que connaissent certains secteurs comme la pêche, la mer reste un enjeu économique à l'échelle mondiale. Le développement des pays du tiers-monde, déjà très perceptible en Asie du Sud-Est, entraînera très certainement dans son sillage une croissance des échanges commerciaux et ouvrira une nouvelle étape de la marinisation de l'économie mondiale. Dans ce contexte, la situation de l'Europe sera très probablement difficile.

En effet, le poids des pays asiatiques (la Chine, la Corée, le Japon et quelques autres) dans les secteurs du transport maritime et de la construction navale sera de plus en plus lourd, car ils sont capables d'efforts de productivité tout à fait substantiels. L'Europe, faute d'une volonté collective de définir une politique maritime à l'échelle du continent, a de fortes chances d'être dominée dans un domaine où le libre-échange impose sa loi, ce qui n'est pas sans risques pour son indépendance.

Il est non moins clair que la croissance économique mondiale, si elle est soutenue, suscitera des besoins énergétiques nouveaux qu'il faudra satisfaire *. Tant que le statut de l'énergie nucléaire restera incertain dans un monde qui craint, à juste titre, les risques de prolifération incontrôlée, le recours aux combustibles fossiles est sans doute inéluctable à moyen terme, même si leur utilisation contribue au réchauffement de la planète. La maîtrise des techniques nécessaires à l'intervention sous-marine pour exploiter les ressources en hydrocarbures par grande profondeur sera un atout considérable aux mains des puissances industrielles, de même que leur compétence technologique dans le secteur des télécommunications sous-marines, qui représente un marché en croissance de 10 % par an. L'Europe, grâce à l'expérience acquise avec l'exploitation du pétrole de la mer du Nord et à la place qu'elle a prise dans le secteur des télécommunications, occupe des positions très solides. La France est d'ailleurs *leader* dans certains de ces domaines qui sont stratégiques.

Les progrès récents de la génétique permettent de mieux maîtriser les stades du développement biologique des espèces élevées en aquaculture et d'accroître leur résistance à certaines pathologies ; la sismique et la robotique sont des outils clés pour l'exploration et l'exploitation des gisements *off-shore* : les exemples ne manquent donc pas d'applications directes des résultats de la recherche à l'activité maritime. Le développement de secteurs entiers de l'économie maritime va dépendre de leur capacité à établir une liaison étroite avec la recherche et la technologie. De même, la sauvegarde biologique des ressources de pêche dépend largement de données et de

---

* La demande mondiale d'énergie devrait augmenter à un rythme annuel compris entre 1,7 % et 2,1 % d'ici 2010 selon l'Agence internationale de l'énergie.

modèles qui sont fournis aux autorités politiques et aux administrations compétentes, à charge, pour elles, de bien vouloir les prendre en compte.

La recherche publique, menée dans des laboratoires comme ceux de l'IFREMER, du CNRS ou des universités en France, est un atout supplémentaire entre les mains des pays développés qui peut leur permettre de conserver leur compétitivité et de sauvegarder leurs ressources. En outre, la recherche fera émerger de nouvelles activités de service dans le domaine maritime au cours des prochaines décennies. Le système mondial d'observation des océans, ou GOOS *, peut en être une à l'horizon de 2010. S'il est difficile de procéder aujourd'hui à une évaluation fiable du coût d'exploitation d'un système mondial comme GOOS, ainsi que de ses retombées économiques, il est néanmoins possible de fixer quelques ordres de grandeur.

Alors qu'on estimait la dépense mondiale de recherche en sciences et techniques marines à environ sept milliards de dollars en 1992 (environ trois milliards de francs pour la France), le coût annuel de l'exploitation du système GOOS, une fois les investissements réalisés, serait de l'ordre du milliard de dollars. Quant à ses retombées économiques sur les industries et les services maritimes, on peut les évaluer en première approximation au minimum à 1 % du PIB maritime mondial, soit de huit à dix milliards de dollars par an. L'impact économique serait sans doute le plus tangible dans les domaines de la « santé » des océans (repérage des pollutions chroniques), des ressources vivantes et de la prévision climatique. La science et la technologie modifieront très certainement dans le futur la portée et l'horizon des enjeux économiques et sociaux de l'océan.

---

* GOOS : *Global Ocean Observing System* ; voir ici chapitre **II**, p. 00 s.

DEUXIÈME PARTIE

L'héritage

CHAPITRE QUATRIÈME

La mer dans notre histoire et notre imaginaire : la France est-elle insoluble dans l'eau de mer ?

Le tableau célèbre représentant le cardinal de Richelieu pendant le siège de La Rochelle, l'épée au côté et botté, arpentant la grande digue qu'il avait fait construire pour barrer l'entrée du port, est une image chargée d'histoire *. En effet, ce siège de La Rochelle (1627-1628) était une opération terrestre et maritime combinée, inspirée par la volonté du cardinal de briser la puissance protestante dans l'une des places fortes accordées aux huguenots par l'Édit de Nantes et qui était, de surcroît, un port assurant une part très importante du commerce maritime de la France. Il peut être considéré comme une étape décisive de l'établissement de la monarchie absolue en France, en même temps que l'affirmation de la dimension maritime que le cardinal entendait donner à la conduite des affaires du pays.

C'est d'ailleurs ce même Richelieu qui, quelques années plus tard, en 1642, recommandait au souverain Louis XIII, dans son *Testament politique*, de se doter d'une flotte quelle qu'en soit la dépense, car « pour grande qu'elle soit, elle doit être estimée petite en comparaison des avantages que nous en recevons ** ». Il expliquait aussi

---

* Ce tableau de Henri Motte est exposé au musée de La Rochelle.

** Cité par Ignacio RAMONET, « Les Mers, avenir de l'Europe », *Le Monde diplomatique-IFREMER*, 1992, p. 6.

dans un « avis au Roi » que « la première chose à faire était de se rendre puissant par mer, qui donne entrée à tous les États du monde * ».

On pourrait multiplier les exemples historiques attachés à des images fortes qui illustrent bien le rôle qu'a joué la mer dans l'histoire de la France et de l'Europe. De même, la mer a inspiré de nombreuses œuvres littéraires, plus récemment des films, qui sont autant de témoignages de son empreinte dans notre imaginaire collectif. Si un pays, ou *a fortiori* un continent comme l'Europe, est toujours marqué par sa géographie, il l'est tout autant, sinon plus, par son histoire et sa culture, qui façonnent ses institutions et imprègnent ses modes de pensée et ses traditions.

La relation avec la mer est, pour les femmes et les hommes d'un pays, un point de repère qui les relie à leur origine (la mer « source de vie »), leur permet de se situer dans le monde et la société où ils vivent et de se projeter dans l'avenir. Cette relation ne traduit pas seulement une identification géographique, la frange littorale d'un pays où l'on vit et où existe une activité maritime, elle interpelle pratiquement tous les citoyens dans leur mémoire collective, héritage de l'histoire et de la culture de leur nation. Elle fait aussi appel à la conscience plus ou moins claire du rôle que joue la mer dans la défense et l'économie de leur pays, comme des enjeux que représente la maîtrise de l'océan.

Avant d'aller plus loin dans notre réflexion prospective, il est opportun de nous interroger sur ce que représente la mer dans notre héritage historique et dans notre imaginaire. L'importance qu'un pays comme la France accorde à une politique maritime dans toutes ses dimensions suppose une conscience claire des enjeux, et l'histoire montre que les visions volontaristes d'un Richelieu

---

* MICHEL MOLLAT DU JOURDIN, *L'Europe et la mer*, Paris, Éd. du Seuil, 1993, p. 320.

et d'un Colbert n'ont pas toujours été partagées par tous les gouvernants, loin de là.

Il nous faut donc mettre en évidence ce qui, dans son histoire et sa culture, a caractérisé la relation de la France à la mer, mais aussi celle de l'Europe, et essayer ainsi d'identifier les écueils qu'ont rencontrés toutes les tentatives, souvent remises en cause mais jamais définitivement abandonnées, de faire ainsi de notre histoire une aventure maritime.

L'Europe et la mer : une vision du grand large

La mer a joué un rôle considérable dans l'aventure européenne, dont elle marque la géographie. L'histoire de l'Europe a eu pour théâtre, en effet, trois grands espaces maritimes : la Méditerranée, l'océan Atlantique, la Manche-mer du Nord-Baltique. On peut dire aussi que l'Europe est maritime sur trois côtés et qu'elle pourrait être considérée comme une presqu'île, le cap avancé de l'immense continent asiatique. L'influence de la mer se fait sentir sur les climats des pays européens en accentuant leur caractère maritime, aucune région d'Europe occidentale ne se trouvant à plus de quatre cents kilomètres d'une côte.

Cette situation géographique, la proximité de la mer, est évidemment très différente de celle que connaissent les pays d'Europe orientale et la Russie. Le paysan russe d'une steppe de Sibérie se trouve éloigné, lui, de plusieurs milliers de kilomètres de toute côte.

Cette périphérie maritime que sont les littoraux européens ne saurait être considérée comme une frontière géographique de même nature que celle que constitue, par exemple, la barrière des Pyrénées entre l'Espagne et la France. Bien au contraire, les rivages de l'Europe sont autant d'ouvertures vers d'autres continents et d'autres civilisations. Ils ont été des lieux d'échange, mais aussi parfois, bien sûr, de conflits. Les littoraux d'un pays sont aussi sa frontière avec le monde, le long de laquelle les ports constituent des points de passage pour le commerce et les échanges avec les autres pays. Plus l'accès à cette frontière est aisé, plus la population d'une nation aura tendance à interagir avec la mer. La géographie a, de ce point de vue, avantagé l'Angleterre, les Pays-Bas et la Belgique. Leur relief, en effet, a permis de relier les ports à l'arrière-pays par tout un réseau de canaux qui a contribué à l'essor de leur commerce maritime.

Les rivages de la Méditerranée ont favorisé la naissance de la civilisation européenne, en Phénicie et en Grèce. C'est sur ceux-ci que la cité, première cellule de l'organisation sociale, économique et politique des futurs États européens, est née et s'est développée.

C'est en Méditerranée que l'on trouve aussi, dès l'Antiquité, les premières manifestations de la puissance maritime, c'est-à-dire de la volonté d'exercer une suprématie politique dans une aire géographique grâce à sa force navale. La Phénicie y construisit les premières flottes de guerre, Carthage et Rome l'imitèrent et leur rivalité eut aussi la mer pour théâtre puisque, pendant la première guerre punique, près de sept cents galères romaines et carthaginoises furent détruites lors de combats navals. Plus tard, Byzance se défendra contre la poussée arabe puis ottomane, avec sa flotte dotée d'une véritable arme de dissuasion qu'était le feu grégeois.

L'océan Atlantique a considérablement élargi l'horizon de l'Europe, en permettant d'ouvrir de nouvelles routes maritimes d'abord vers le nord, avec le Groenland en particulier, puis vers l'ouest et le sud à partir de l'époque des grandes découvertes. Les Vikings avaient parcouru, dès le Xe siècle, les mers de l'Europe du Nord et l'Atlantique jusqu'aux abords de Terre-Neuve en développant une intense activité commerciale. Leurs entreprises furent relayées, ultérieurement, en Europe du Nord, par les villes de la Hanse. L'Atlantique a donné, en quelque sorte, un second poumon à l'Europe qui a permis à son commerce et à sa puissance politique de prendre une dimension mondiale à partir du XVe siècle.

La mer a légué à l'Europe un héritage considérable mais complexe. Tout d'abord, comme le souligne l'historien M. Mollat du Jourdin, l'Europe est redevable à la Méditerranée qui l'avait elle-même reçue d'Athènes de la « notion et de l'exercice de la liberté. On doit y adjoindre le sens des relations humaines dans le cadre d'institutions admises par la communauté. Des notions aussi banales que celles de citoyen, de civisme, de civilité, de civilisation n'ont pas d'autre origine * ».

Ensuite, la mer s'est affirmée comme un enjeu de puissance à l'échelle du continent, associant le commerce, la banque et la politique dans les flottes marchandes et de guerre. Cette synthèse, l'Europe de la mer parvint à l'élaborer avant que ne se forme l'État moderne en France, en Angleterre et en Espagne et l'on peut sans doute affirmer qu'elle a joué un rôle important dans sa genèse en Europe.

Les cités-États comme la République de Venise et Gênes, relayées par les villes de la Hanse et la Hollande, ont été les initiatrices d'une Europe de marchands dont Fernand Braudel a si bien décrit l'origine et l'essor. En effet, au fur et à mesure qu'elles étendaient leur réseau commercial en installant des comptoirs, voire des colonies, sur les côtes d'autres continents, en Asie Mineure par exemple pour Venise, celle-ci et Gênes, puis la Hollande, ont considéré que la protection de leur commerce devait reposer sur la flotte de guerre. L'arsenal de Venise, où travaillaient plusieurs milliers d'ouvriers, fut en son temps le prototype du chantier naval militaire organisé sur des bases rationnelles ; il a grandement

* Michel MOLLAT DU JOURDIN. « Aux sources d'une civilisation », dans « Les Mers, avenir de l'Europe », *Le Monde diplomatique-IFREMER*, 1992, p. 13.

contribué à asseoir la puissance maritime de la République et à la faire respecter en Méditerranée.

Ainsi la mer, en favorisant l'émergence d'une Europe des marchands, est devenue progressivement une affaire d'État et une composante de la puissance des nations modernes. Avec les grandes découvertes maritimes, le Portugal et l'Espagne ouvrirent la voie aux nations bâtisseuses d'empires dont la fortune économique et l'influence politique reposèrent largement sur la mer.

La prise de conscience très précoce de la nécessité de contrôler les routes maritimes qu'empruntait le commerce de l'Europe, et qui était l'une des bases de sa prospérité, fait partie de l'héritage de l'Europe de la mer. Pour reprendre la terminologie de l'amiral Mahan, la puissance maritime reposait sur la maîtrise d'une flotte de commerce puissante et d'une force navale capable de sillonner tous les océans du monde. Cette puissance maritime était irriguée par l'industrie et le commerce de tout un arrière-pays dont les ports étaient le débouché naturel, comme le montrent les exemples de l'Angleterre et de la Hollande.

L'Angleterre fut ainsi le modèle, par excellence, de la puissance maritime. Après son éviction du continent, à la fin de la guerre de Cent Ans, elle comprit que le développement de son influence reposait sur une flotte de guerre capable de protéger son commerce et de s'opposer à l'influence hollandaise. C'est incontestablement l'Angleterre qui a su mener avec constance, depuis le XVIe siècle jusqu'à nos jours, une politique maritime comme outil pour asseoir son influence sur le monde et sur les autres continents, où ses possessions devinrent son empire. L'historien M. Mollat du Jourdin cite ainsi les propos que le navigateur et explorateur anglais, sir Walter Raleigh, tenait à la reine Élisabeth Ire : « Celui qui commande la mer commande le commerce ; celui qui commande le commerce commande la richesse du monde, et par là le monde lui-même. » Ces propos explicites résonnent comme un programme que l'Angleterre a su appliquer avec continuité et persévérance, et qui résume assez bien la célèbre formule, *Rules over the waves, Britannia.*

Les États européens se sont disputé la maîtrise des mers comme celle des espaces continentaux en ayant conscience que leur puissance terrestre et maritime supposait une certaine puissance navale. La France prit conscience plus tardivement que l'Angleterre et la Hollande de l'importance de l'enjeu maritime, et l'intérêt que ses gouvernements montrèrent à l'égard de la mer fut inconstant ; c'est une question majeure sur laquelle nous allons revenir.

L'Allemagne et la Russie, quant à elles, ont été dans une large mesure absentes de cette lutte d'influence sur les océans du monde. Elles ont été essentiellement des puissances continentales, même si le Grand Électeur de Brandebourg, Frédéric Guillaume, avait jeté les bases d'une marine prussienne et Pierre le Grand celles d'une marine russe. Guillaume II, à la fin du XIXe siècle, conquis par les thèses de A. Mahan sur la puissance maritime et par celles du géographe F. Ratzel, l'un des premiers promoteurs de la géopolitique, fit un effort considérable pour doter l'Allemagne d'une marine de guerre dont il voulait qu'elle soit l'égale de la *Royal Navy.* Son effort fut vain, car la marine de guerre allemande, après la défaite que lui infligea la *Royal Navy* dans la bataille du Jutland en 1916, ne parvint pas à battre en brèche la supériorité navale des alliés pendant la Première Guerre mondiale.

Enfin, on ne saurait oublier le rôle qu'ont joué les forces navales dans la libération de l'Europe à la fin de la Seconde Guerre mondiale. Les débarquements en Italie en 1943, en Normandie et en Provence en 1944, opérations navales et terrestres combinées couronnées de succès, furent des étapes décisives de la guerre. Ces opérations navales font partie de l'héritage historique que la mer lègue à l'Europe au même titre que la bataille de Salamine et celle de Trafalgar.

Il n'est pas indifférent non plus de rappeler que l'Europe des marchands a pris forme avant que les grands États modernes ne se soient constitués et qu'elle a été une fervente militante du libre échange face aux tentatives protectionnistes de certains États. La tentation fut évidemment très forte pour les États qui se disputaient le contrôle des mers de s'approprier une partie de l'espace maritime, et d'imposer un monopole du pavillon pour le transport des marchandises qui leur étaient destinées.

Le Portugal, l'Espagne, soutenus pour un temps par l'Angleterre, furent les adeptes au XVIe siècle du principe du *Mare clausum*, auxquels s'opposait l'école juridique hollandaise qui défendait la thèse opposée, celle du *Mare liberum*. Celle-ci, qui prônait le libre échange sur les mers, l'emporta rapidement avec le soutien actif des pays de l'Europe du Nord autour de la Hollande et de l'Angleterre. Même si cette victoire n'était pas sans ambiguïté dans la mesure où, pour l'Angleterre, cette adhésion au libre échange cohabitait avec la volonté d'affirmer sa puissance maritime grâce au soutien de l'État, elle pesa très lourd dans l'héritage que la mer lègue à l'Europe. En effet, sa signification va bien au-delà de l'affirmation, au demeurant importante, du principe de la liberté de commercer sur toutes les mers de la planète qui a inspiré la stratégie maritime des pays de l'Europe du Nord.

Pour Grotius, qui fut le théoricien hollandais du *Mare liberum*, la liberté des mers qu'il revendique pour toutes les nations, afin qu'elles puissent développer leur commerce, s'impose à tous car, écrit-il, « le droit que nous réclamons dérive de la nature qui est également la mère de tous ». Influencé par la théologie catholique, en particulier par François Suarez et saint Thomas d'Aquin, il établit une filiation directe entre le concept naissant de droit de la mer et l'idée même de droit naturel, puisque les espaces maritimes sont la propriété de tous les hommes. Ultérieurement, l'affirmation de l'existence de Droits de l'homme, dans le *Habeas Corpus Act*, voté par le Parlement britannique en 1679, puis dans la *Déclaration des droits de l'homme*, prendra également appui sur le concept de droit naturel.

La mer a, en quelque sorte, servi de terrain d'expérimentation à la première expression juridique de la philosophie du droit naturel, à un moment clé où l'Europe des marchands, confrontée aux perspectives nouvelles que lui ouvraient les grandes découvertes maritimes, avait besoin d'un cadre juridique pour une nouvelle phase de son expansion. C'est incontestablement un legs essentiel, et souvent oublié, de la mer à l'Europe.

Enfin, la dernière leçon et non la moindre qu'il faut sans doute retenir de cette longue histoire maritime de l'Europe et inscrire à l'inventaire de l'héritage, est que la mer a profondément contribué à former l'identité de l'Europe. On a rappelé l'origine méditerranéenne d'un certain nombre de concepts politiques avec lesquels nous vivons ; il faut encore souligner que la mer a mis en relation l'Europe avec d'autres continents et d'autres civilisations. L'Europe de la mer a incontestablement élargi l'horizon des peuples européens à partir des grandes découvertes : relations avec les Amériques, dont l'Europe détruisit malheureusement les brillantes civilisations, échanges avec les pays arabes et la civilisation chinoise à laquelle les navigateurs européens empruntèrent d'ailleurs l'utilisation de la boussole, etc. En rendant possibles ses aventures outre-mer, la mer a donc donné à l'Europe la vision du grand large, lui évitant le repli frileux sur elle-même. Là encore, bien sûr, les objectifs commerciaux n'étaient pas absents des motivations qui poussaient à élargir l'horizon ; l'établissement de comptoirs puis de colonies était aussi l'une des manifestations de la puissance maritime.

N'oublions pas non plus que c'est sur mer que s'est manifestée pour la première fois une volonté commune des pays européens de se défendre. La bataille de Lépante (1571), remportée contre les Turcs par une véritable force navale européenne, est peut-être l'un des rares événements historiques montrant qu'une défense européenne n'est peut-être pas un concept illusoire ! C'est une autre histoire sur laquelle nous reviendrons.

La mer dans l'héritage historique de la France : grandeur et décadence

Comment pouvons-nous situer la France dans ce contexte historique européen ? Quelle est sa part dans l'héritage de l'Europe de la mer ?

La France, on l'oublie trop souvent, a été l'un des grands acteurs de cette politique maritime européenne fondée sur la maîtrise des mers, avec ses compagnies de commerce, sa marine, ses explorateurs et son empire colonial. La France, tout comme l'Europe, possède sa géographie et Fernand Braudel s'interrogeait dans son dernier ouvrage : « La géographie a-t-elle inventé la France * ? » Sans nécessairement croire à un déterminisme géographique, Fernand Braudel voulait saisir « une France possible, des France possibles ». La géographie de la France est marquée par la mer puisqu'une partie de sa périphérie est maritime et que son histoire s'est aussi inscrite sur trois façades maritimes : la Méditerranée, l'océan Atlantique, la Manche et la mer du Nord.

Cependant, il ne suffit pas de faire ce constat, car l'histoire nous montre aussi que notre pays a toujours subi les effets d'un fort tropisme continental. La France s'est constituée, ne l'oublions pas, à partir d'un noyau central entre Loire et Seine, qui était continental, et elle n'est vraiment devenue une puissance maritime, au sens géographique du terme, qu'après l'annexion au Royaume,

---

* Fernand BRAUDEL, *L'Identité de la France*, Paris, Arthaud-Flammarion, tome 1, 1986, p. 237.

de la Bretagne, de la Normandie et de la Provence. Ce sont ces provinces, et en particulier la Bretagne avec sa flotte très active qui, en lui donnant accès à la mer, lui ont permis de participer aux échanges commerciaux par voie de mer et ainsi au statut d'État maritime. Par la suite, la nation s'est constituée en déplaçant et en défendant sa frontière au nord et à l'est. Son noyau géographique était donc terrien et les préoccupations de l'État étaient en priorité continentales.

Partant du constat que le littoral de la France se trouve partagé entre deux univers marins, celui de la Méditerranée et celui de l'Atlantique-mer du Nord, peut-on penser, avec F. Braudel, que la France a subi un handicap sérieux, celui des « deux mers » ? Ce handicap l'aurait obligée, en particulier, à diviser son effort naval en deux, les responsables de la politique maritime française hésitant de ce fait à concentrer leurs forces navales sur une façade plutôt que sur l'autre. Cette analyse ne manque pas de pertinence. Contentons-nous, pour le montrer, de poser quelques points de repère dans notre histoire maritime.

Les premières tentatives pour constituer une marine militaire en France remontent à Philippe le Bel qui fit acquisition à Gênes de trente galères en 1292, qu'il basa au *Clos des galées royales* à Rouen, le premier port de guerre français. Charles VII se laissa convaincre par son grand argentier, Jacques Cœur, de tenter d'avoir une influence maritime en Méditerranée afin de développer le commerce avec l'Orient, politique que reprit François Ier à qui revint également le mérite de créer le premier port de guerre français sur le littoral, celui du Havre.

Les guerres de religion conduisirent à la dislocation de la marine royale et ce n'est vraiment qu'avec Richelieu, au début du XVIIe siècle, que l'aventure maritime commence à prendre forme en France. Sa puissance navale accusait un retard considérable sur celle de l'Angleterre et de la Hollande lorsque Richelieu accède au pouvoir. Mais, en quelques décennies, lui-même, puis Mazarin, Colbert et son fils Seignelay appliquent avec continuité une politique qui va doter la France d'une marine de guerre avec des équipages, des services techniques (un premier service hydrographique) et des ports militaires, politique qui a manqué de peu de faire de la France de Louis XIV la première puissance maritime du monde.

Richelieu, qui était fasciné par les succès hollandais et qui n'admettait pas que les négociants français se trouvassent dans l'obligation d'avoir recours à des navires marchands étrangers, lança la construction de navires de guerre et de commerce et décida la création de quatre ports de guerre avec leurs arsenaux : Dunkerque, Brest, Rochefort et Toulon. Colbert, secrétaire d'État à la marine dès 1668, poursuivit le programme de Richelieu et, afin de résoudre le problème du recrutement des matelots pour la flotte de guerre, *la Royale*, il institua l'*Inscription maritime*. Tous les marins potentiels des régions du littoral étaient recensés dans des quartiers maritimes (une zone de la côte) et devaient faire obligatoirement un temps de service sur un navire du roi (un an sur trois ou sur quatre en principe). La grande pêche sur les bancs de Terre-Neuve fut d'ailleurs une école d'entraînement et un vivier de main-d'œuvre pour les grandes marines européennes. La création d'une *Caisse des invalides*, en 1673, pour les marins, compléta ce dispositif : cette caisse fut un véritable système de retraite avant l'heure.

À l'époque de Colbert, le commerce avec le Canada et les Antilles ainsi qu'avec l'Orient assurait déjà la fortune commerciale des grands ports français, Marseille, Bordeaux, La Rochelle, Rouen et Dunkerque. Le développement ultérieur de Lorient fut assuré, temporairement, par la Compagnie des Indes orientales, tandis que la traite des Noirs contribuera à l'essor de Nantes au XVIIIe siècle.

Construire, armer et entretenir une marine de guerre nécessitait un effort considérable, poursuivi avec continuité, ce qui supposait la ténacité d'un Colbert. Or, la

France, à la fin du XVIIe siècle et du règne de Louis XIV, était épuisée, et de fait, tout l'effort de Richelieu et de Colbert fut rapidement compromis après la mort de ce dernier. La suite est connue, l'abandon, sous le règne de Louis XV, du Canada et de l'Inde à la suite des défaites militaires rétrécit l'horizon maritime de la France. La Compagnie des Indes orientales fut ébranlée par la banqueroute de Law et ne survit pas à la perte des Indes. Lorient périclita et devint un arsenal.

La France du XVIIIe siècle est la grande absente de la révolution maritime qui vit l'expansion des flottes de commerce avec des vaisseaux de plus de mille tonnes. Le véritable sursaut que provoqua Choiseul en arrivant au pouvoir fut de courte durée : sa *Grande Ordonnance* de 1765, en planifiant la construction d'une nouvelle flotte, avait permis de contrebalancer, pour un temps, la puissance anglaise. Louis XVI poursuivit l'œuvre de Choiseul en appuyant de son autorité la résurrection de la marine française, au point que l'historien Alain Guillerm peut dire que son véritable hobby ne fut pas tant la serrurerie que la marine ! Il décida ainsi de créer le port militaire de Cherbourg qui était mieux situé en fait que Brest, sa position stratégique face à l'Angleterre étant bien meilleure et son accès plus aisé.

La participation victorieuse de la France à la guerre d'Indépendance des colonies anglaises d'Amérique du Nord, la nouvelle marine française défaisant la *Royal Navy* à la bataille de la Chesapeake, témoignait bien de l'efficacité de l'effort de redressement accompli.

La Révolution et l'Empire ne surent pas amplifier ce mouvement, alors que la France alignait quatre-vingts vaisseaux en 1791 et l'Angleterre cent quarante. Les défaites navales d'Aboukir et de Trafalgar, comme l'échec de l'opération navale que Napoléon avait prévue pour franchir le *Channel* et envahir l'Angleterre avec des troupes qu'il avait concentrées à Boulogne, illustrent bien ce handicap des deux mers. Ces échecs conduisirent Napoléon à se désintéresser de la marine, suivant ainsi très certainement son inclination personnelle.

La suprématie anglaise sur les mers ne fut dès lors plus contestée. Le Second Empire marqua une courte parenthèse dans cette longue désaffection pour les affaires de la mer, avec une nouvelle étape de la colonisation en Indochine, l'ouverture du canal de Suez, la construction de la première flotte européenne de cuirassés (la France ayant réussi à prendre de vitesse l'Angleterre dans l'introduction de cette nouvelle technique). La défaite de 1870 arrêta net cet effort car, après 1871, la priorité absolue fut plus que jamais la constitution d'une puissante force militaire terrestre.

Après la Première Guerre mondiale, bien qu'elle fût handicapée par l'accord naval de Washington (signé en 1922) qui limitait le tonnage des cuirassés et imposait des quotas aux flottes des grandes puissances, la France parvint à renforcer sa marine de guerre grâce à la ténacité de Georges Leygues qui occupa le poste de ministre de la Marine sur une très longue durée. En 1939, la flotte française était la plus puissante de Méditerranée, elle était en état de jouer un rôle décisif dans cette région si elle n'avait pas été neutralisée par l'armistice de 1940.

Il est certain que l'hypothèse de Fernand Braudel, le handicap géographique des deux mers, ne manque pas de poids. Celui-ci obligeait la France à construire et à équiper deux flottes de guerre, celles du Ponant et du Levant, et rendait plus difficile la concentration rapide des forces navales en cas de nécessité. Plusieurs désastres navals subis au cours de l'histoire l'ont bien montré : la défaite infligée par les Anglais à Tourville à la Hougue de 1692, les mésaventures navales de Napoléon. Ce handicap faisait perdre à la France tout espoir d'obtenir la suprématie navale.

L'Angleterre, elle, ne souffrait pas de cette dispersion géographique de ses forces, car elle avait l'avantage de bénéficier, en quelque sorte, de l'unité de son territoire maritime.

Le canal du Midi, ou *Canal des deux mers*, construit par Riquet à l'époque de Colbert, tentait de pallier en partie ce handicap pour le trafic commercial. Vauban avait d'ailleurs eu l'idée de le transformer en un canal praticable par les flottes de guerre, ce qui était totalement irréaliste. Les États-Unis ont connu le même dilemme avec leurs deux façades du Pacifique et de l'Atlantique, mais la construction du canal de Panama à grand gabarit a résolu leur problème, ainsi d'ailleurs que pour l'Allemagne la construction du canal de Kiel reliant la Baltique à la mer du Nord.

Il n'est donc pas évident que le problème des deux mers ait constitué un handicap réellement insurmontable pour la politique maritime française pendant les rares époques où elle avait une certaine consistance. Après tout, l'Angleterre, tout en concentrant ses forces autour de son territoire, n'a pas négligé pour autant la Méditerranée où elle tient Gibraltar depuis des siècles et où elle avait installé tout un réseau de bases, à Malte, Chypre et Alexandrie pour contrôler la route de Suez. Malgré leur supériorité numérique sur le papier, les forces navales italo-allemandes ont d'ailleurs été incapables de contrôler la Méditerranée pendant la Seconde Guerre mondiale ; ce qui montre, *a posteriori*, l'efficacité du dispositif britannique.

On pourrait affirmer *a contrario* que la présence de la France sur les deux grandes façades de l'Atlantique et de la Méditerranée est un atout considérable qu'il faut savoir utiliser aux plans politique, militaire et économique : c'est probablement une leçon de l'histoire. Pour simplifier, il faut éviter de privilégier Brest et Le Havre par rapport à Toulon et Marseille, et inversement.

En fait, si l'on revient à l'histoire de la construction, province par province, du territoire national, on doit bien constater que la France s'est opposée essentiellement dans son expansion territoriale, et pour la défense de ses frontières, à des puisssances continentales : l'Espagne, pays également maritime, mais qui tenait des futures provinces françaises à l'Est et au Nord, comme la Franche-Comté, les pays germaniques.

Pour reprendre la formule judicieuse de l'historien Alain Guillerm * dans la rivalité entre « la pierre et le vent », c'est-à-dire entre les fortifications et les navires de guerre, c'est le plus souvent la pierre qui l'a emporté, en particulier lorsque la France optait pour une stratégie défensive. Ainsi, à la fin du règne de Louis XIV, une fois Colbert disparu, l'effort considérable qui avait été consenti au profit de la flotte fut remis en cause. Louvois et Vauban ne croyaient pas à la possibilité pour la France de s'opposer sur mer à la suprématie anglo-hollandaise et de la contester avec des vaisseaux de haut bord qui étaient de véritables forteresses flottantes : une telle stratégie, pensaient-ils, était trop coûteuse et n'était plus à la portée de la France. La marine coûtait trop cher et n'était bonne qu'à garder les côtes. Vauban, le grand architecte des forteresses et des fortifications, l'emporta sur Colbert qui n'était plus là pour défendre la marine, et avec elle, la conception d'une politique maritime intégrant défense, économie et industrie, qui était le fer de lance du Colbertisme. La France, de Lille à Briançon, se couvrit de forteresses et de villes fortifiées.

Les guerres de la Révolution et de l'Empire, puis la défaite de 1870, ne firent que renforcer le tropisme continental de la politique française et de sa stratégie militaire. Après 1871, ce ne fut pas sans opposition que certains gouvernements français se lancèrent dans une nouvelle aventure coloniale, en particulier en Indochine. Jules Ferry et d'autres, qui jouèrent un rôle important dans cette politique, furent accusés de négliger la « ligne bleue des Vosges » en divertissant des ressources essentielles à

---

* Alain GUILLERM, *Fortifications et marine en Occident. La pierre et le vent*, Paris, L'Harmattan, 1994.

l'armée de terre qui faisait face à l'Allemagne : la pierre l'emportait une nouvelle fois sur le vent.

Il nous faut enfin prendre en compte un dernier élément dans cet inventaire des composantes d'une France possible. Le géographe Vidal de la Blache notait à propos de la France que « l'histoire d'un peuple est inséparable de la contrée qu'il habite [...] ; une contrée est un réservoir où dorment des énergies dont la nature a déposé le germe, mais dont l'emploi dépend de l'homme *. » À cet égard, Fernand Braudel et Mahan se rejoignent pour souligner que la France a été bien dotée par la nature et que son climat clément lui a permis de développer une agriculture riche assurant l'autosuffisance du pays. Une France de tradition rurale n'était pas portée naturellement à l'échange commercial avec l'étranger, contrairement à l'Angleterre qui, elle, moins bien lotie, a cherché avec son commerce et son industrie la voie de son développement.

Spéculant sur l'avenir de l'Europe, Régis Debray durcit quelque peu le trait d'une France au caractère rural : « Comparez le Gaulois au Génois, à l'Anglais, au Grec ou au Catalan. La terre le rassure, le ciel lui tombe sur la tête, la mer l'épouvante. Il sera donc inexpert au commerce, impropre aux grandes découvertes, malhabile aux trafics, peu porté à l'émigration, un désastre dans les langues étrangères. » Trempant sa plume dans le vitriol et l'encre de calamar, il ajoute : « Thésaurisation et fortification sont-elles les deux mamelles du gagne-petit, du cul-terreux, du ventre à choux qui préfère l'emprunt russe à l'aventure ?... L'exotisme du pauvre a Loti, non Conrad. Hanoï, non Hong Kong. L'Empire de l'anisette ne tenait pas la mer face à celui du whisky-soda **. » Tenter une aventure maritime et lancer des opérations commerciales

---

* Paul VIDAL DE LA BLACHE, *Tableau de la géographie de la France*, p. 8, cité par F. BRAUDEL, *L'Identité de la France*, p. 238.

** Régis Debray, *Tous azimuts*, Paris, Éd. Odile Jacob, 1989, p. 208-209.

outre-mer supposaient le goût du risque pour affronter la mer avec toutes les incertitudes inhérentes à la météorologie, les dangers que représentaient la piraterie et les épidémies à bord des navires (les « fortunes de mer »).

La France rurale et sa noblessse se méfiaient de la mer. Qui plus est, l'esprit d'épargne et le goût de l'économie des Français faisaient que les métiers du commerce et de l'industrie étaient moins prisés que dans d'autres pays. Il faudra une ordonnance de Louis XIV, inspirée par Colbert, pour autoriser les nobles à investir dans des navires de commerce sans déroger à leur noblesse. Le Colbertisme était d'ailleurs un moyen pour pallier par une intervention étatique les carences économiques de la société française. Une partie de la bourgeoisie et de la noblesse française se lancèrent certes dans l'aventure coloniale, mais avec le souci de se tailler quelques solides monopoles, en particulier aux Antilles, et de bâtir quelques confortables fortunes avec la traite des Noirs.

Enfin, il est probable que la perte d'une partie de l'empire colonial et la déconfiture financière de la Compagnie des Indes au XVIIIe siècle eurent un impact négatif sur l'opinion publique et les dirigeants dans la mesure où elles contribuaient à les dissuader d'investir dans le commerce maritime. Qu'il s'agisse d'un déterminisme géographique ou non, il est clair que le caractère profondément terrien du Français avec tous les réflexes que cela impliquait a fortement pesé pour l'éloigner de l'aventure maritime.

Il ne faut pas oublier, non plus, que contrairement aux cités maritimes italiennes et aux pays de l'Europe du Nord qui étaient, peu ou prou, des adeptes du libre-échange, la France a pendant longtemps adhéré au protectionnisme. Le poids des populations et des activités rurales, prédominant dans l'économie du pays, ne favorisait pas les tentatives d'ouverture sur l'extérieur.

Ce n'est qu'avec le traité de Rome, signé en 1957, et la création du Marché commun, que la France, non sans résistances d'ailleurs, a joué la carte du développement de son commerce à l'échelle mondiale. Le monde maritime étant, pour ainsi dire par essence, un monde où les échanges commerciaux jouent un rôle considérable, l'attitude traditionnellement protectionniste des entreprises françaises ne pouvait pas rester sans influence sur l'opinion publique et notamment les élites à cet égard.

L'histoire maritime de la France est riche en événements et en personnages qui l'ont marquée de leur empreinte en tentant de faire, d'un pays de terriens, une puissance maritime. Colbert, Tourville, Jean Bart, Surcouf, de Grasse, La Pérouse et Bougainville et quelques autres figurent dans cette galerie des portraits. Malheureusement, l'opinion publique et les hommes politiques sont frappés d'amnésie lorsqu'il s'agit de cette histoire.

S'il y a un enseignement à tirer de cette longue histoire à éclipses, c'est sans doute ce fait majeur que la prise en compte de la dimension maritime dans la conduite des affaires du pays n'est jamais allée de soi en France. La politique française a été guidée en priorité par des intérêts continentaux qui conduisirent à accorder la priorité à la « pierre sur le vent ». Il a fallu toute l'autorité et la ténacité d'un Richelieu, d'un Colbert et d'un Choiseul et, plus récemment, la persévérance d'un G. Leygues sous la Troisième République, pour imposer la prise en compte de l'impératif maritime.

Vingt mille lieues à travers notre imaginaire

La mer n'est pas seulement un acteur de l'histoire des peuples, elle est aussi présente dans leur culture à travers l'art, la littérature et aujourd'hui le cinéma. C'est par l'écrit et par l'image qu'elle marque notre imaginaire.

Le cinéma a ajouté le mouvement à l'image autour d'une fiction dont le scénario, très souvent emprunté à la littérature, met en scène tous les aspects du monde de l'océan. Il n'est donc pas inutile de faire un bref détour par la littérature, la peinture et le cinéma pour faire l'inventaire de ce que renferme ce musée de l'imaginaire.

Les thèmes à résonance maritime sont bien présents dans la littérature de toutes les époques mais avec des connotations très contrastées : une vision optimiste des situations et des éléments marins cohabite avec un point de vue pessimiste, voire catastrophiste.

La mer n'a pris, en revanche, une place que plus tardivement dans la peinture, car l'on peut dire que les peintres de la Renaissance n'ont vu la mer que de loin. Celle-ci illustrait essentiellement des scènes religieuses, comme l'arrivée de Marie-Madeleine à Marseille peinte par Giotto dans une fresque de la basilique Saint-François-d'Assise.

Quant au cinéma, il a transformé en fictions pratiquement toutes les activités dont la mer constitue le théâtre ou l'enjeu : la guerre, la pêche, le commerce, les explorations, etc. Tous ces thèmes ont retenu l'attention des plus grands cinéastes : Fritz Lang, Orson Welles, Fellini, Rossellini... et le premier d'entre eux, Louis Lumière. L'inventeur du cinéma a, en effet, mis en scène dans ses tout premiers films, en 1895, la mer avec le jeu des barques filmées sur les vagues.

Le thème de la tempête avec les éléments marins déchaînés que doivent affronter les hommes, est celui que l'on retrouve depuis les origines de la littérature jusqu'au cinéma contemporain. Déjà, le Déluge de la Bible, même s'il ne fait pas intervenir directement la mer, est une allusion claire au caractère purificateur des eaux qui créent le nouvel ordre du monde.

De fait, beaucoup d'aventures humaines rapportées par des grands textes commencent en mettant en scène l'élément marin. On se rappelle que Moïse emmène son peuple hors d'Égypte en traversant la mer Rouge qui engloutit les Égyptiens. Cet épisode figure également dans le Coran. Nous connaissons le contraste entre la crainte des Hébreux pour l'élément marin et les peuples de la mer, les Philistins notamment, décrite dans la Bible, avec la vision plus optimiste de nombreux récits évangéliques que l'on trouve dans le Nouveau Testament : la pêche miraculeuse qui symbolise la mer nourricière, le Christ calmant la tempête, etc. L'Église naissante y est représentée soit comme une nef qui a son pilote, soit comme un chalut dont les mailles doivent être très solides pour pouvoir contenir tous les peuples de la Terre que saint Jean compare aux cent cinquante-trois espèces de poissons connues à l'époque du Christ ; ce qui est encore, peut-être, une image symbolique de l'origine de la vie...

Nous gardons tous les souvenirs des classiques grecs et latins avec les aventures d'Ulysse et son naufrage, narrés par Homère dans l'*Odyssée* et celle de l'*Énéide* de Virgile. Celui-ci voulait montrer la filiation entre Rome et les Troyens, et son interprétation de l'histoire commence par un naufrage : Énée et ses Troyens pensent atteindre l'Italie et sont rejetés sur les côtes d'Afrique par une violente tempête. Les Actes des Apôtres nous racontent que saint Paul essuie, lui aussi, une tempête et fait naufrage sur la route de l'Italie alors qu'il va lancer la grande aventure du christianisme en Occident. La mer, source de la vie et élément fondateur de l'humanité, est ainsi présente avec sa violence qui frappe nos imaginations.

Ces impressions fortes que laissent les naufrages et les tempêtes, on les retrouve dans de grands chefs-d'œuvre de la littérature. Ainsi pour Érasme, la description des affres d'une traversée en mer dans *Le Naufrage*, l'un de ses Colloques, est-elle l'occasion de décrire l'attitude, digne ou hypocrite, de l'homme face au danger et à la mort. Shakespeare dépeint avec réalisme un naufrage dans *La Tempête*, Michelet exprime sa crainte et son malaise devant « la mer, inconnue et ténébreuse dans sa profonde épaisseur » ; Victor Hugo évoque, dans *Oceano Nox*, de façon sinistre, le triste sort des marins et des capitaines

« sous l'aveugle océan à jamais enfouis ». Plus récemment, Joseph Conrad dans *Typhon* décrit, pour reprendre l'expression de Charles Baudelaire, « toutes les passions d'un vaisseau qui souffre ».

Ce thème de la tempête est aussi très présent dans la peinture. Parmi tous les tableaux représentant la mer, c'est sans doute *Le Radeau de la Méduse*, peint en 1819 par Théodore Géricault, qui frappe le plus l'imagination. Avec ce naufrage, survenu sur la côte de Mauritanie, on retrouve la vision pessimiste ou catastrophiste de beaucoup d'œuvres littéraires. Ce tableau eut un grand succès à son époque, et Louis XVIII, qui ne passait pas pour donner dans la subtilité, avait déclaré à l'artiste en découvrant son œuvre : « Voilà, monsieur Géricault, un naufrage qui ne fera pas celui de l'artiste qui l'a peint. » Turner, dans son *Navire en feu dans la tempête,* a su jouer du contraste des couleurs, de l'ombre et de la lumière pour représenter la mer.

Pour le cinéma mettant en scène toutes les passions humaines, la mer est souvent un décor où s'inscrit une action qui révèle les caractères et les conflits de sentiments dans ce lieu clos qu'est le navire. Les tempêtes, les naufrages et les mutineries sont donc un filon très exploité par le cinéma, comme dans *Moby Dick* de John Huston ou *Les Pirates* de Roman Polanski. Le naufrage du *Titanic*, l'une des grandes catastrophes de ce siècle avec toute la mythologie qui l'a entouré, a fourni le scénario de plusieurs films dont *A Night to Remember* de Roy Baker. De façon générale, la mer est l'un des théâtres où se joue l'aventure de l'homme et où s'expriment tous les sentiments de l'âme humaine. La mer est ainsi présente dans la littérature et le cinéma avec ses difficultés, ses rigueurs (la lutte contre l'adversité), mais aussi avec ses côtés encourageants et optimistes (l'appel au rêve et à l'aventure). Pierre Loti nous a fait découvrir la vie difficile des marins-pêcheurs dans *Pêcheurs d'Islande* et nous gardons l'image de la lutte contre l'adversité avec *Le Vieil Homme et la Mer* d'Ernest Hemingway.

Avec Charles Baudelaire, c'est une évocation plutôt optimiste de la mer que nous retenons de *L'Homme et la Mer* : « Homme libre, toujours tu chériras la mer ! » C'est aussi l'invitation au voyage et à l'aventure que l'on trouve dans *Robinson Crusoé* de Daniel de Foe, dans *Paul et Virginie*, de Bernardin de Saint-Pierre, mais aussi.... dans *Les Mille et Une Nuits* avec les pérégrinations de Sindbad le marin qui ont été reprises dans bien des livres pour enfants. C'est encore à l'aventure, avec une bonne dose de science-fiction, que nous invitent les héros de Jules Verne comme le capitaine Némo dans *Vingt mille lieues sous les mers*.

On trouve l'évocation poétique, en quelque sorte, de la puissance maritime dans le poème *Les Conquérants* de José-Maria de Heredia : « De Palos de Moguer, routiers et capitaines partaient, ivres d'un rêve héroïque et brutal... » La liste est longue, des poètes et romanciers qui ont pris la mer comme acteur ou comme théâtre : Arthur Rimbaud, Paul Verlaine, Alfred de Vigny, Paul Claudel, Saint-John Perse et bien d'autres encore pour la littérature française.

On retrouve le thème de la mer nourricière au cinéma, dans la tradition de Pierre Loti : c'est la veine de films comme *Pêcheurs d'Islande* ou *Moby Dick*. Les ports, les docks et les navires sont souvent des lieux de prédilection pour les cinéastes, car leur atmosphère est propice au déroulement d'un drame comme dans *Quai des brumes* de Marcel Carné, *Ouragan sur le Caine* d'Edward Dmytryk. Avec *Marius* qui se déroule dans un port au voisinage immédiat des bateaux, c'est le thème de l'attrait du grand large et de l'aventure qui est le prétexte à exposer un conflit de sentiments. Le cinéma rend bien compte dans ce film, avec l'atmosphère du port, de la dualité entre le monde marin et le continent, de leur opposition et de leur complémentarité (le voyage en mer est en quelque sorte une rupture avec tout ce que représente la terre ferme), qui sont bien présentes dans notre imaginaire.

Les navires et les ports sont aussi les acteurs d'une activité économique qui a fait la force de l'Europe des marchands et que l'on retrouve dans la littérature et la peinture. *Le Marchand de Venise* de Shakespeare nous restitue une atmosphère de la vie dans un port avec ses intrigues.

Dans la peinture, les « marines » sont le genre avec lequel nous sommes les plus familiers. C'est le domaine d'excellence des Hollandais. Au début du XVIe siècle, sous le règne de Charles Quint, les Hollandais ont peint les premières marines : une mise en scène d'un événement historique de nature maritime, une représentation des éléments marins comme, par exemple, une mer agitée sous un ciel menaçant. Les peintres hollandais et flamands (van Dyck, van de Velde, Vermeer, Ruisdael et bien d'autres), ont marqué de leur style cette peinture où dominent les vues de navires et de ports avec un grand luxe de détails.

On retrouve cette inspiration chez des peintres vénitiens comme Canaletto. Autrement dit, ces marines que l'on trouve dans beaucoup de musées européens sont le point de rencontre d'une tradition artistique brillante et de la vocation maritime d'une nation, la Hollande, et d'une cité-État, la République de Venise. Elles fixent par l'image une conception de l'aventure maritime centrée sur l'activité portuaire et le commerce.

On retrouve en France ce style et cette évocation imagée du monde maritime dans les quinze tableaux représentant les ports de France peints par Joseph Vernet au XVIIIe siècle. Ils lui avaient été commandés entre 1753 et 1762, par le marquis de Marigny, frère de Madame de Pompadour et directeur général des Bâtiments du Roi. Ces tableaux, exposés aujourd'hui pour la plupart au musée de la Marine à Paris, étaient en quelque sorte une œuvre de propagande : il s'agissait de mettre en évidence le développement du royaume et la prospérité de ses ports qui participaient à la fois à la vie économique et à la vie militaire du pays. Avec toutes ces peintures marines classiques, nous gardons à l'esprit une image économique ou militaire de la mer.

Les vues du littoral nous donnent en général des images plutôt paisibles de l'univers marin : bateaux dans les ports, plages, jetées, falaises d'Étretat, etc., que l'on trouve dans les marines de Boudin, par exemple *La Plage à Trouville*, dans *Les Baigneuses* de Gauguin, puis chez les impressionnistes (Braque, Dufy, Monet, Pissarro par exemple). Visions que l'on a aussi dans les nouvelles de Maupassant qui ont pour cadre les plages de Normandie.

La mer est, en revanche, relativement moins présente dans l'œuvre des peintres plus récents que dans celle des romanciers et poètes du XXe siècle : quelques vues de navires chez Klee sont peut-être les seules œuvres de premier plan que l'on puisse citer.

Le côté paisible et plaisant du littoral, où le citadin vient se détendre pour s'abstraire du stress de la vie citadine, est souvent présent au cinéma. Jacques Tati a jeté ainsi un regard gentiment ironique sur les citadins à la mer dans *Les Vacances de monsieur Hulot*. La mer à travers ces vues d'artistes et de cinéastes évoque les loisirs et les vacances et, d'une certaine façon, le rêve de l'évasion qui fait aussi partie de notre imaginaire.

Plus récemment, avec *Les Dents de la mer*, film sorti en 1975, puis *Le Grand Bleu* sorti en 1987, l'univers de l'océanographie s'inscrit sur l'écran. Avec ce cinéma, qui doit beaucoup au commandant Cousteau et à son *Monde du silence*, le regard du cinéaste se fait plus scientifique. Il nous montre un monde à explorer, avec des images souvent très fortes des fonds marins et de la vie dans les profondeurs, et où la découverte donne une autre dimension à l'aventure.

Ces films à la limite de la fiction et du documentaire ont fait beaucoup, grâce à la télévision, pour renouveler le musée de notre imaginaire et ils ont contribué à donner une vision moins passéiste du monde de la mer. Jules Verne y prend le dessus sur Pierre Loti. On retrouve avec eux une autre vision du monde de la mer, celle que nous apportent les scientifiques et, avant eux, les explorateurs.

Une autre vision du monde : des grandes découvertes à l'océanographie

Les grandes découvertes que l'on doit, à partir du XIVᵉ siècle, aux navigateurs comme Christophe Colomb, Magellan, Vasco de Gama, Jacques Cartier et bien d'autres, ont apporté aux Européens une autre vision du monde : ils se lancent à la découverte de nouveaux espaces maritimes et de nouveaux continents qui changent complètement leur horizon. Ces découvertes seront à l'origine de nouvelles activités commerciales et permettront à certaines puissances européennes, le Portugal et l'Espagne les premières, de se bâtir des empires et de tenter d'asseoir leur influence politique à l'échelle de la planète.

Ce n'est qu'à partir du XVIIIᵉ siècle que les expéditions maritimes commenceront à avoir une assise et des objectifs scientifiques. Une campagne organisée par la Russie et commandée par Behring, à l'époque de Pierre Iᵉʳ, permet ainsi de découvrir le détroit intercontinental entre l'Asie et le Pacifique qui porte son nom et d'en explorer les parages. Benjamin Franklin publie une première carte du *Gulf Stream* en 1770.

Puis ce fut l'engouement pour le Pacifique, avec les expéditions de Cook dans le Pacifique Sud, le premier voyage de circumnavigation de Bougainville (1766-1768) et celui de La Pérouse qui se termine tragiquement. En France, ce regain d'intérêt pour les grandes explorations coïncide avec la relance de la politique maritime à l'époque de Choiseul et sous le règne de Louis XVI. Il correspond aussi à une certaine vision de l'homme et de la nature héritée des conceptions de Jean-Jacques Rousseau : Bougainville va aussi chercher l'homme à l'état de nature dans le Pacifique. Il croit le trouver à Tahiti avec une société sans droit de propriété et peu de contraintes, en particulier par le travail...

La campagne du navire anglais *Beagle,* à laquelle participa Charles Darwin de 1831 à 1835, et qui avait pour objectif de faire des observations systématiques de la faune et de la flore d'Amérique du Sud, de l'Australie et surtout des Galapagos, marqua un véritable tournant des expéditions maritimes à finalité scientifique. Charles Darwin devait en ramener les matériaux pour sa théorie de l'évolution qui bouleversa la biologie.

L'exploration systématique des fonds marins commença au XIXe siècle alors que pratiquement personne n'admettait la présence de la vie dans les eaux profondes au-delà de deux mille mètres. Une véritable recherche scientifique s'organise à la fois pour cartographier la surface des océans (étudier les courants marins, mesurer la température et la salinité des eaux, etc.) et explorer les profondeurs. Le début des télécommunications sous-marines, après 1850, a contribué à stimuler cette activité scientifique, car la pose des câbles ainsi que leur réparation rendaient nécessaires des campagnes de sondage. Les Britanniques, dans ce domaine comme dans beaucoup d'autres, furent à la pointe des recherches. Ils lancèrent en particulier une grande expédition scientifique avec le *Challenger,* qui accomplit un périple de soixante-dix mille milles autour du monde, de 1872 à 1876.

L'océanographie devient peu à peu une science qui allie l'observation systématique à la mesure de paramètres physiques ou chimiques. Ses débuts en Europe sont marqués, à la fin du siècle et avant la Première Guerre mondiale, par la personnalité du prince Albert Ier de Monaco qui arme des navires océanographiques, *L'Hirondelle* et *La Princesse Alice,* et entreprend des campagnes dans pratiquement toutes les mers d'Europe. Il crée le musée océanographique de Monaco en 1900 et l'Institut océanographique en 1911, qui complètent le réseau des stations océanographiques qui s'étaient créées un peu partout sur les côtes d'Europe, à Concarneau et Roscoff en Bretagne, à Banyuls, Endoume et Villefranche sur la Méditerranée, etc. L'océanographie s'organise peu à peu pour explorer la planète mer avec les méthodes et les outils de la science.

La technologie a suivi une évolution parallèle à celle de la science océanographique. Les techniques de navigation, les nouveaux modes de propulsion avec l'introduction de la vapeur et de l'hélice, ont transformé progressivement les marines. Déjà, l'*Encyclopédie* de Diderot avait accordé une large place aux techniques maritimes. Les progrès de la technologie sous-marine, l'introduction des techniques ultrasonores vont rendre possible au XXe siècle l'exploration des grandes profondeurs. Les Américains Beebe et Barton atteignent ainsi 900 m en plongeant avec un bathyscaphe au large des Bermudes dans les années trente. Les travaux du professeur Jacques Piccard repoussent la limite de plongée des bathyscaphes avec la série des engins FNRS *. Le *Trieste* de la marine américaine atteint, en 1960, la profondeur record de 10 916 m dans le Pacifique.

L'arrivée des satellites d'observation de la Terre dans les années soixante-dix et l'expansion rapide, en vingt ans, de leur utilisation, ont permis d'étendre considérablement le champ d'observation de la surface des océans. Il est possible, désormais, d'effectuer des mesures globales et répétitives sur une partie importante de la surface océanique avec une précision croissante (on détermine le niveau de la mer avec une précision de quelques centimètres).

---

* Fonds national de la recherche scientifique, l'organisme belge qui finançait ses travaux.

La recherche scientifique et la technologie, et avec elles l'esprit de découverte, ont changé peu à peu la conception que nous avions de l'océan. Il nous apparaît comme un univers en soi avec sa vie, ses ressources, son relief, un milieu que l'on peut explorer comme le reste de la planète. La théorie de l'évolution, dont on a dit ce qu'elle devait à une expédition maritime, en mettant en évidence le rôle qu'a joué le milieu marin dans le développement de la vie sur terre a, elle aussi, contribué à modifier notre vision du monde marin.

On trouve aujourd'hui dans l'océan, rappelons-le, avec les *archaebacteries*, les traces d'une vie primitive, et l'on pense que les premiers animaux pluricellulaires seraient apparus dans le milieu marin il y a plus de sept cents millions d'années. Nous avons donc, peut-être, l'idée inconsciente que la mer est la source de notre vie, ce qui relativise certaines craintes qu'elle inspire et qui peuplent encore notre imaginaire.

Cet élargissement de notre champ de vision doit beaucoup au cinéma scientifique et en particulier au talent de vulgarisateur du commandant Jacques-Yves Cousteau, avec ses films pris en plongée sous-marine à l'occasion des campagnes de la *Calypso* et dont *Le Monde du silence* est le plus fameux. Ses films diffusés dans le monde entier, repris par la télévision, ont apporté au public une part de rêve écologique qui prenait le relais de la curiosité interrogative à l'égard du monde marin qu'inspirèrent les grandes découvertes de jadis ; plus récemment, les films scientifiques réalisés par l'IFREMER sont allés dans le même sens.

La télévision a fait beaucoup aussi, à partir des années quatre-vingt, pour apporter cette part de rêve que nous donne la découverte de rivages inconnus, celle aussi d'épaves enfouies avec leurs secrets (des navires romains chargés d'amphores, des galions, le *Titanic*, etc.). Le succès d'une émission de télévision comme *Thalassa*, en France, mesuré par sa longévité et son audience, s'explique par cette part de rêve que nous procure la mer.

Les grandes courses à la voile nous font aussi rentrer dans cet univers du rêve dans la mesure où elles associent aux yeux du public la compétition sportive à l'esprit d'aventure. Les navigateurs du XXe siècle ne découvrent plus de nouvelles terres et n'ouvrent pas de nouvelles voies maritimes, mais ils prennent, dans une certaine mesure, le relais des explorateurs de jadis.

Les courses et les régates ont fait leur apparition au XIXe siècle avec la création des premiers yacht-clubs et les innovations apportées par les architectes navals dans la construction des bateaux de compétition. L'*America's cup* est certainement la plus prestigieuse des courses à la voile et elle est, en quelque sorte, le symbole de la suprématie nautique d'une nation. Courue pour la première fois en 1851, c'est une compétition entre équipages et entre yacht-clubs qui a été longtemps dominée par les États-Unis.

D'autres épreuves prestigieuses ont été organisées depuis le lancement de la coupe de l'America : la Transatlantique en solitaire inaugurée en 1891, la course du Fastnet (Plymouth-le Fastnet, au sud-ouest de l'Irlande, et retour), la course Sydney-Hobart, l'une des épreuves nautiques les plus difficiles du monde car elle se termine dans la zone des Quarantièmes rugissants, les quatre régates de l'*Admiral's cup*, la Route du rhum, la course autour du monde (la *Whitebread*) lancée en 1973, la course du *Figaro*, etc.

Dans la plupart de ces épreuves, les qualités techniques du navire et le savoir-faire ainsi que l'endurance des navigateurs sont des atouts décisifs. Ainsi, dans la Route du rhum, qui se déroule tous les quatre ans entre Saint-Malo et Pointe-à-Pitre sur un parcours de quatre mille milles, le choix de la route du bateau est un élément tactique important : la route du nord est la plus courte mais elle est moins bien exposée au vent alors que la route du sud, plus longue, permet en revanche d'aller plus vite grâce aux alizés.

En France, un nouveau type de héros sportif est apparu avec Éric Tabarly, Olivier de Kersauson, Isabelle Autissier, Florence Arthaud entre autres. Celui-ci allie qualité du navigateur, esprit de compétition et goût de l'aventure. La presse et la télévision ont popularisé les courses à la voile, contribuant à l'engouement pour les sports nautiques en France, une activité qui compte trois millions de licenciés.

Là encore, c'est une part supplémentaire de rêve qui est offerte au grand public avec ces grandes aventures que sont les épreuves nautiques et les héros qui les personnifient. Toute leur force d'impact provient, il faut le noter, de l'image télévisée, puisque la plupart de ces courses se déroulent loin de nos rivages et de la vue des spectateurs.

La France est-elle insoluble dans l'eau de mer ?

Au terme de ce voyage à travers le passé de l'Europe et de la France, comme de cette visite du musée de notre imaginaire, quel enseignement peut-on en tirer pour l'avenir ?

La mer, on ne le répétera jamais assez, est un héritage commun à tous les pays de l'Europe. Actrice de leur histoire, présente dans la culture et le droit, elle a été un facteur de cohésion malgré la diversité des apports méditerranéens, britanniques, scandinaves, germaniques et français. C'est d'ailleurs cette diversité des apports culturels et politiques des civilisations maritimes qui fait la richesse de l'Europe et qui a contribué à forger son identité. Cet héritage, qui est une synthèse de politique, de social, d'économique et de culture avec les valeurs qui leur sont associées, n'est pas exempt de contradiction. Il est, le plus souvent, méconnu voire refusé.

Ainsi la thalassocratie, dont Athènes fut le modèle dans l'Antiquité, était-elle l'objet de critiques très sévères de la part du philosophe Platon, pour qui la cité idéale n'était pas, loin de là, la cité maritime. Il considérait, en effet, que « la proximité de la mer, pour un pays, agrémente la vie de tous les jours, mais au fond, c'est un voisinage bien saumâtre et dissolvant ; en l'infectant de commerce et de trafic au détail, en implantant dans les âmes des mœurs instables et malhonnêtes, elle enlève à la cité la confiance amicale en elle-même et dans les autres également *... »

Cicéron, dans sa *République* (II, 79-80), porte des critiques identiques. Il estime, en effet, que « les villes maritimes ont même pour caractère une sorte de dégradation et de métamorphose des mœurs : car elles se mélangent à des langues et cultures ignorées, et, non content d'importer de l'étranger des marchandises, on en importe les mœurs, de sorte que rien dans les traditions nationales ne peut demeurer intact. »

À ces jugements plutôt négatifs de caractère philosophique ou sociologique, s'ajoutent souvent des considérations sur les risques inhérents aux voyages en mer. Ainsi, Érasme (un Hollandais pourtant) fait dire à l'un de ses personnages du *Naufrage*, après le récit d'une traversée : « Épouvantables récits ! Est-ce là naviguer ? Dieu me garde que l'idée ne m'en vienne jamais à l'esprit ! » Fernand Braudel rapporte aussi que Charles Darwin (un Anglais et un voyageur) assurait que « l'on ne va sur mer que contraint et forcé ».

Cette méfiance à l'égard du monde maritime, de ses populations, de ses activités et de ses mœurs, refera surface périodiquement à travers des jugements et des préjugés

---

* PLATON, *Lois*, 705 a-c. Cité par Jean Pagès dans Hervé COUTAU-BÉGARIE, *La Pensée géopolitique navale*, Paris, Economica, 1995.

exprimés par de nombreux observateurs de la société (écrivains, hommes politiques, ecclésiastiques, etc.), en particulier en France. Ces critiques avaient d'autant plus de portée, en France, que la tradition rurale, avec la dose de conservatisme qu'elle impliquait, était forte.

La mer engendre, en effet, une société et une culture propres souvent mal perçues dans les villes de l'intérieur et les campagnes, soupçonneuses à l'égard des ports et de leurs populations de marins, dont on critiquait les mœurs, mais aussi, peut-être, envieuses de leur dynamisme commercial. Les modes de vie et les métiers des « gens de mer », souvent éloignés de leurs familles et absents de leur domicile, provoquaient la suspicion et les critiques de la part de certaines couches de la population de l'intérieur.

Chateaubriand, dans ses *Mémoires d'outre-tombe*, souligne ainsi que « la langue des matelots n'est pas la langue ordinaire. C'est une langue telle que la parlent l'océan et le ciel, le calme et la tempête. Vous habitez un univers d'eau parmi des créatures dont les vêtements, les goûts, les manières, le visage ne ressemblent point aux peuples autochtones *. » On trouve quantité d'apppréciations critiques, parfois sournoises et blessantes, sur les populations du littoral et les marins sous la plume d'écrivains français. On faisait ainsi une réputation d'alcoolisme et de libertinage aux marins et aux populations des ports. Madame de Sévigné déplorait, par exemple, dans l'une de ses lettres, « qu'il passe autant de vin dans le corps de nos Bretons que d'eau sous les ponts ».

Plus sérieux, en revanche, pouvait être l'impact sur l'opinion de la grande peste de Marseille qui fit près de cent mille victimes en 1720 et de l'épidémie de typhus qui fit dix mille morts à Brest en 1757. La première avait très probablement été importée par un navire qui n'avait

---

* F.-R CHATEAUBRIAND, *Mémoires d'outre-tombe*, t. I, p. 249, cité par Alain CABANTOUS, *Les Citoyens du large*, Paris, Aubier, 1995.

pas respecté la quarantaine. En fait, la « France profonde » redoutait l'ouverture du littoral et de ses villes portuaires au grand large, et donc à l'influence d'autres pays et d'autres civilisations. Les ports avec leurs étrangers, notamment ceux venant des pays méditerranéens, les risques d'importation d'épidémies, étaient sans doute considérés comme des portes ouvertes sur beaucoup de dangers. On trouve d'ailleurs dans la France contemporaine des résonances dans l'attitude à l'égard des immigrés. Autrement dit, la vision du monde marin qu'ont pu avoir au cours de l'histoire les Européens n'était pas dépourvue d'ambiguïté et, chez les Français, elle a pris une tonalité négative qui ne fut évidemment pas sans influence sur le comportement collectif à son égard.

En fin de compte, si aujourd'hui le Royaume-Uni et des pays scandinaves comme la Norvège et le Danemark ont encore cette conscience de l'importance de la mer pour la conduite de leurs affaires, c'est beaucoup moins vrai pour la France. L'historien Michel Mollat du Jourdin rappelle que Jean Monnet, considéré comme le père de l'Europe, est fort peu bavard dans ses *Mémoires* sur les problèmes maritimes et que le traité de Rome n'avait pas prévu de dispositions spécifiques s'appliquant aux eaux communautaires *. Ce silence est étonnant quand on sait que Jean Monnet avait eu la responsabilité pendant la Première Guerre mondiale d'organiser le transport de l'aide américaine qui empruntait nécessairement la voie maritime. Il est peut-être révélateur de l'amnésie qui frappe une très large majorité de l'opinion et des élites lorsqu'il s'agit de prendre en compte les questions maritimes.

De fait, rares sont les hommes politiques qui, en France, dans une période récente, ont considéré que ces questions constituaient un enjeu important. Elles sont

---

* Michel MOLLAT DU JOURDIN, *L'Europe de la mer*, Paris, Éd. du Seuil, 1992, p. 231.

d'ailleurs très peu évoquées dans l'abondante littérature politique consacrée à l'Europe. On doit aussi constater la rareté des travaux universitaires de sciences sociales et humaines consacrés aux problèmes maritimes : des fresques historiques à la Fernand Braudel, où la mer tient toute sa place, ainsi que les travaux plus spécialisés d'historiens, d'économistes et de géographes sur des thèmes maritimes sont plutôt l'exception. De même, les problèmes économiques, sociaux et politiques du monde de la mer, ont peu de place dans les ouvrages scolaires. La mer ne fait pas vraiment partie de l'univers culturel des Français.

Pour s'en tenir toujours à la France, on doit également constater que les difficultés très sérieuses rencontrées par la pêche, les chantiers navals, les entreprises de transport maritime et les ports, tiennent souvent le devant de la scène et tendent à masquer aux yeux du public l'importance relative des enjeux économiques et politiques. Ainsi, la crise de la pêche, avec les incidents qui l'accompagnent, et les difficultés de la construction navale, occulte-t-elle les succès français dans le secteur de *l'off-shore* pétrolier et la qualité technique comme l'importance stratégique de la force de dissuasion océanique. L'engouement pour les courses à la voile laisse dans l'ombre les réalisations de la recherche marine française qui a atteint l'excellence internationale dans de nombreux domaines, etc.

On pourrait même penser, paradoxalement, que l'importance prise par le tourisme littoral et l'intérêt que suscitent les épreuves nautiques ne sont pas dépourvus d'ambiguïté dans la mesure où le monde de la mer est associé dans l'esprit du public au loisir et au rêve (une alliance objective entre Jacques Tati et Éric Tabarly, en quelque sorte), qui ont certes leur importance, mais qui ne sont pas suffisamment mobilisateurs à l'échelle d'un pays comme la France. L'opinion, mais aussi les hommes politiques, manquent de points de repère et d'un recul historique leur permettant de prendre en charge l'héritage maritime du pays et de le valoriser.

Montesquieu soulignait non sans raison que « l'empire de la mer a toujours donné aux peuples qui l'ont possédé une fierté naturelle ». L'histoire de la relation de la France avec la « mer, atteinte sans hâte, jamais maîtrisée * » est faite de flux et de reflux, de tentations et de refus d'exercer un droit de possession durable sur cet empire. Pour prendre une image physique, on peut considérer que la France est insoluble dans l'eau de mer, mais qu'elle a confusément conscience que la mer fait partie d'un héritage qu'elle ne peut rejeter car il se rappelle à elle périodiquement. Reste à savoir si, à une époque marquée par la mondialisation des relations internationales et la marinisation des échanges économiques, elle aura la volonté de définir avec ses partenaires une stratégie à l'échelle qui s'impose : celle de l'Europe. C'est une question qui sera au cœur du dernier chapitre de cet ouvrage.

---

* Fernand BRAUDEL, *L'Identité de la France*, Paris, Arthaud-Flammarion, t. I, 1986, p. 292.

CHAPITRE CINQUIÈME

Espaces et sociétés : à la recherche d'une identité maritime

L'impression visuelle que l'on peut avoir aujourd'hui en visitant des grands ports comme Marseille, Rotterdam ou Anvers, offre un contraste tout à fait saisissant par rapport à celle que l'on retire de tableaux du XVIIIe siècle ou de photographies de villes portuaires datant de la fin du siècle dernier.

Naguère, le port et la ville ne faisaient qu'un. L'activité autour des navires était en effet concentrée sur un espace restreint, alors qu'aujourd'hui les terminaux pour l'accostage des bateaux et les aires de chargement et de stockage des conteneurs s'étendent sur plusieurs kilomètres.

Il n'est que de parcourir Marseille et ses faubourgs pour percevoir ce contraste. Ainsi, en arrivant de l'ouest par l'autoroute, ou en approchant de Marignane par avion, on aperçoit les zones industrielles autour de l'étang de Berre et le port de Fos-sur-Mer. À quelques dizaines de kilomètres de là, après avoir contourné les bassins de l'Estaque, on entre dans l'agglomération par l'autoroute urbaine qui surplombe les vastes installations du port de la Joliette avec la gare maritime, les docks et les installations de réparation navale, mais où l'activité semble ralentie. Cette partie du port, qui date de la seconde moitié du XIXe siècle, est un vaste ensemble de bâtiments qui fait en quelque sorte écran entre la ville et la mer. Au centre ville enfin, on retrouve le vieux port, noyau initial de la cité phocéenne.

En quarante kilomètres, on a parcouru en accéléré près de deux millénaires d'histoire d'une ville-port et aussi d'une évolution de la fonction portuaire que l'on retrouverait dans beaucoup d'autres grands ports de la planète.

Ce changement d'échelle de l'espace portuaire traduit aussi de profonds bouleversements des métiers maritimes, des organisations sociales, en bref d'une société. Ce sont ces changements qu'il nous faut repérer et avec eux les points forts et les caractéristiques d'une identité maritime pour autant que celle-ci ait encore un sens.

Les « gens de mer » : des citoyens du large

Lorsque, mettant en évidence comme nous l'avons fait les grands enjeux économiques de la mer, on cherche à identifier les professions du monde maritime qui en ont la charge, c'est aux marins, ceux de la marine du commerce et de la pêche que l'on pense immédiatement, même si cette profession connaît une crise profonde. Ce sont les marins qui, en effet, personnifient en quelque sorte le monde de la mer et qui contribuent à donner aux populations littorales, dont ils sont pour la plupart issus, une identité maritime : selon la terminologie consacrée, ce sont les « gens de mer ».

Comme le souligne l'historien Alain Cabantous, « en faisant de leur principal instrument de travail, le bateau, un lieu de travail et un lieu de labeur, un lieu d'existence [...], les gens de mer étaient les seuls à entretenir une relation particulière et indispensable avec un espace que les autres ignoraient ou voulaient ignorer * ». C'est

* Alain CABANTOUS, *Les Citoyens du large*, Paris, Aubier, 1995, p. 193.

le travail en mer sur un navire qui donne un sens à cette notion d'identité maritime que l'on met en avant pour souligner le caractère spécifique des métiers de la mer, mais aussi, par une extension abusive, celui des populations littorales. Il est donc utile que nous examinions quelques instants les caractéristiques de cette catégorie socioprofessionnelle que constituent les gens de mer.

Ce qualificatif recouvre, il faut le noter, des métiers différents : celui des marins pêcheurs, qui pratiquent la pêche côtière et la pêche hauturière ou celui des marins et des officiers de la flotte de commerce. Les modes de vie et les origines sociales de ces marins sont également loin d'être identiques : les marins pêcheurs vivent le plus souvent au sein de communautés littorales au voisinage des ports de pêche, alors que les marins de commerce et les officiers ont des provenances très diverses, en particulier citadines aujourd'hui. Enfin, il faut noter que quantitativement, la population des gens de mer a connu une réduction drastique de ses effectifs qui sont passés de 116 000 en 1938 à 30 000 en 1993.

Cette réduction relativement rapide des effectifs de marins n'est évidemment pas sans conséquence pour les sociétés où ils vivent. Elle a contribué en particulier à minorer considérablement la composante maritime de l'activité de villes du littoral tributaire, par exemple, de la prospérité d'un port de pêche ou d'un port de commerce voisins. Par contrecoup, elle a pu modifier la géographie et la physionomie d'une ville.

Le travail en mer a façonné l'organisation des professions de marins et leur identité culturelle. Ceux-ci forment une microsociété, tournée vers la mer, qui a longtemps constitué une des ressources principales des zones côtières.

Le métier de marin a longtemps été difficile, car le travail à bord des navires impose des sujétions importantes. La majorité des pêcheurs pratiquent la pêche côtière ; ils naviguent seuls ou avec quelques matelots.

Ils partent au maximum trois ou quatre jours et leur activité est restée artisanale avec une structure familiale. Les marins de la marine marchande et de la pêche hauturière sont, quant à eux, en grande partie à l'écart de la société, car ils sont absents pendant de longues périodes. Ils sont coupés, d'abord, de leurs familles mais aussi de tout le réseau de relations sociales terriennes.

Cette coupure avec la société, qu'impose le métier, était beaucoup plus marquée autrefois. Si les milieux de la mer étaient pratiquement exclusivement masculins, le rôle des femmes dans la famille était prédominant. La proportion de veuves était d'ailleurs relativement élevée dans les familles de marins. Aujourd'hui, le progrès technique aidant, l'organisation du travail à bord des navires de commerce permet une rotation plus rapide des équipages et le système des congés groupés ménage aux marins de longues périodes de temps libre à terre.

Si les conditions de travail ont puissamment contribué à façonner les mentalités des marins, elles ne sont pas les seules à l'avoir fait. En effet, dans la mesure où l'exercice de la puissance maritime était une décision politique, en France comme dans d'autres pays européens, l'État a eu la volonté d'organiser la profession des marins et en particulier ceux de la marine de commerce.

Trouver un mode de recrutement des marins au service du roi était la préoccupation majeure des responsables de la marine depuis l'époque de Colbert. C'est l'origine du système de l'*Inscription maritime*, imaginé par Colbert, qui était en fait un véritable enrôlement forcé des gens de mer avec un système de classes. En contrepartie de l'obligation de servir sur les navires militaires en temps de paix, puis seulement en temps de guerre, l'État a accordé à la population maritime le monopole de l'emploi sur les navires de pêche et de commerce français ainsi qu'un régime spécial de pensions.

La profession de marin est donc devenue progressivement une profession administrée dotée d'un quasi-statut.

L'Établissement national des invalides de la marine (ENIM) est resté aujourd'hui l'institution phare de l'administration maritime dont elle illustre bien la singularité. L'ENIM fut fondé en 1673, d'abord sous la forme d'une caisse des invalides des gens de mer qui accordait une pension aux estropiés et mutilés de la marine de guerre à la faveur d'un prélèvement de 2 % sur les soldes des marins. Transformé en Établissement des invalides en 1709, ses bénéfices furent étendus progressivement aux corsaires, puis aux marins de la marine de commerce et à leurs veuves.

Certaines de ces structures ont résisté à l'épreuve du temps et ont donc marqué profondément les mentalités et les comportements des gens de mer. L'*Inscription maritime*, héritage du Colbertisme, a été supprimée en tant que telle en 1967, mais le monopole d'embauche des marins français à bord des navires battant pavillon français a été maintenu dans son principe. Celui-ci souffre plusieurs exceptions, en particulier au bénéfice des marins et officiers originaires de pays de l'Union européenne. Ces règles d'accès à la profession dérogent donc par rapport au droit commun.

L'ENIM, un autre héritage du passé, subsiste quant à lui dans sa fonction sociale : il est chargé de la protection sociale des marins. Ceux-ci ont donc, en quelque sorte, un régime particulier de Sécurité sociale et de retraite qui les distingue encore des autres professions. L'âge de la retraite est ainsi fixé, par exemple, à cinquante-cinq ans. Ce double système d'encadrement de la profession, l'*Inscription maritime*, supprimée aujourd'hui, et la prévoyance sociale assurée par l'ENIM, a créé une véritable mentalité collective dont on perçoit encore très nettement les traces. Ainsi, à bord de certains navires, comme les navires océanographiques qui embarquent en permanence des équipages de marins et de techniciens chargés de l'entretien et de la mise en œuvre d'équipements sophistiqués, on constate que les deux mondes, ceux des

« inscrits maritimes » et ceux des techniciens dits « sédentaires » ne se mélangent pas.

Ce système d'administration, d'essence étatique, a sécrété au fil du temps une mentalité de dépendance et de passivité à l'égard de l'État que l'on retrouve d'ailleurs dans toute la profession, des marins aux armateurs. Il a fortement contribué à isoler les marins et à en faire une microsociété à part dans le monde des professions. Ils sont restés attachés à un statut qui leur conférait un certain nombre d'avantages qui, s'ils étaient pleinement justifiés dans le passé, ne le sont plus aujourd'hui.

Bien entendu, ces propos doivent être nuancés en tenant compte des fortes différences entre les métiers mêmes, ceux de la pêche et ceux de la marine marchande. Les pêcheurs qui pratiquent leur métier dans la zone côtière sont pour la plupart des artisans. Ils ont aussi une fonction commerciale dont on a vu d'ailleurs l'inadaptation dans un monde où le commerce a changé de dimension avec l'avènement des supermarchés.

Là encore, on peut identifier des singularités de la profession, où subsiste le mode de rémunération à la part pour les matelots embarqués sur un navire de pêche artisanale. Certains ne touchent pas un salaire régulier, mais sont rémunérés par une fraction du revenu retiré de la vente de la cargaison de poisson pêché.

Les mentalités et les préoccupations des marins pêcheurs et des marins de commerce sont donc loin de se confondre et, de ce fait, il est difficile d'affirmer qu'ils ont une forte identité commune.

On retrouve avec les dockers une situation assez proche de celle des marins, toutes proportions gardées, dans la mesure où ils constituent, eux aussi on l'a vu, une profession protégée avec une identité culturelle très forte. Ils forment un groupe professionnel fermé avec une forte solidarité face aux risques de chômage et d'accidents de travail.

Les ouvriers dockers devaient faire face à une certaine

injustice dans les ports étant donnée l'incertitude du travail due à l'imprévisibilité de l'arrivée des navires. Leur organisation syndicale a donc joué le rôle d'intermédiaire pour répartir elle-même le travail de façon plus égalitaire.

Après la guerre, l'État s'est placé en position de tuteur et d'arbitre au cœur du dispositif de gestion de la profession portuaire, en accordant un statut particulier aux dockers codifié dans un texte de loi en 1947. Le syndicat s'est vu attribuer un monopole de fait de l'embauche, l'État veillant à la distribution et au retrait des cartes professionnelles de dockers. Ceux-ci ne considéraient d'ailleurs pas les entrepreneurs de la manutention portuaire comme de véritables employeurs.

On a décrit les conséquences économiques d'un tel système qui a fortement handicapé les ports français jusqu'à l'application de la nouvelle loi votée en 1992. Dans tous les pays maritimes, l'idée que les entreprises portuaires sont responsables de leurs décisions économiques et sociales s'est imposée au détriment des systèmes étatiques de gestion de la profession. L'Allemagne et les Pays-Bas ont d'abord donné l'exemple, suivis par le Royaume-Uni et l'Italie.

La France, avec l'Espagne, est le dernier pays à avoir maintenu un système étatique aux nombreux inconvénients, qui revenait à faire prendre en charge par la collectivité nationale une partie importante du surcoût du système portuaire.

Aux professions maritimes dont le travail est lié directement à l'utilisation des navires, pêcheurs, marins du commerce, dockers, sont associés des métiers connexes sur le littoral : entretien et réparation des navires, entreprises de mareyage ou de transformation des produits de la mer, ostréiculteurs, qui contribuent à l'animation des villes et des villages sur la côte.

Les chantiers navals ont bien entendu fortement contribué à structurer autour de leurs activités des communautés et des villes portuaires. Leurs ouvriers ont toujours eu, eux aussi, une forte identité propre mais leur solidarité avec le monde maritime est très faible, elle est bien davantage tournée vers celui de la métallurgie auquel ils appartiennent.

La diversité des professions qui vivent, directement ou indirectement, de l'exploitation de la mer est telle que l'on peut s'interroger sur la réalité d'une identité maritime. Celle-ci reposerait sur la notion d'appartenance à un groupe social qui partage des valeurs communes et qui possède un minimum d'objectifs collectifs en relation avec le monde de la mer. C'était le cas des marins, qu'ils soient à la pêche ou au commerce. En effet, le marin à la mer a le contact avec le milieu naturel dont il subit les brusques changements, il doit se soucier de la météorologie et assurer la sécurité du navire avec le reste de l'équipage. Il doit donc respecter une discipline à bord et obéir à son capitaine : c'est l'intérêt général qui l'exige. On trouve donc chez lui un respect de l'autorité et un sens de la solidarité face au danger en sachant faire preuve de courage. Par contraste, on assistait de temps en temps, autrefois, à des poussées de fièvre, à des mouvements anarchiques qui pouvaient se traduire par des violences en mer mais surtout à terre : mutineries, rixes au cours de bordées dans les ports. Les incidents violents survenus à Rennes lors de manifestations de pêcheurs en février 1994, en pleine crise de la pêche, étaient une réminiscence de ces dysfonctionnements.

Les marins ont, par ailleurs, une notion de l'espace et du temps qui diffère de celle des terriens et qui leur est imposée par leur travail. Leur navire est, en effet, un lieu clos qui les isole du reste de l'organisation sociale et d'une certaine manière de la réalité terrestre. Par ailleurs une grande partie de leur vie est rythmée par la mer. Les pêcheurs partent pour une saison ou une marée de plusieurs jours. Autrefois les marins des navires de commerce partaient en voyage pour des mois. Aujourd'hui, la technique a réduit la période de ces rythmes, mais l'alternance des temps de présence à terre et en mer subsiste.

Autrement dit, les marins vivaient et vivent encore avec un temps et un espace différents de ceux des terriens. Inéluctablement, ils tendent à échapper au moule social des terriens et à rejeter les contraintes économiques et sociales d'une société qui ne vit pas au même rythme qu'eux. D'où la difficulté qu'ils éprouvent face aux changements économiques profonds de ces dernières décennies qui ont touché leurs métiers.

Ces contraintes ne suffisent pas, toutefois, à rapprocher pêcheurs et marins du commerce que la technologie a probablement éloignés : quoi de plus différents, aujourd'hui en effet, que le travail d'un marin sur un navire porte-conteneurs fortement automatisé et celui sur un chalutier !

Les ouvriers des chantiers navals et les dockers, les marins et les officiers de la marine marchande ainsi que les pêcheurs ont certes une référence commune qui est le navire, mais peut-on pour autant affirmer qu'ils ont une identité commune ? Certainement pas. Il reste à savoir si la géographie qui met en relation avec la mer les populations qui vivent sur le littoral est un facteur qui contribue plus fortement que les métiers à façonner une identité maritime.

Les ports : le cœur de l'espace maritime

Tous les littoraux d'Europe ont été fréquentés depuis l'Antiquité et des populations s'y sont fixées pour pratiquer la pêche puis le commerce, dès qu'elles en eurent la possibilité matérielle, c'est-à-dire qu'elles surent construire des navires solides, capables d'entreprendre des voyages lointains.

Les ports de pêche et les ports de commerce ont été

établis sur les côtes dans les sites qui étaient les plus propices pour des raisons géographiques (présence d'un estuaire, d'une baie, d'un accès protégé, etc.). L'implantation des ports militaires a également tenu compte des contraintes stratégiques et des possibilités d'en maîtriser aisément l'accès. Autrement dit, les ports, dans la mesure où ils étaient des zones d'interface entre les activités terrestres et maritimes, et en particulier entre deux domaines de circulation, la terre et la mer, ont constitué de tout temps l'interface économique et sociale naturelle du monde maritime et du monde terrestre.

Les ports sont d'abord des villes avec leur société, où l'on retrouve traditionnellement toutes les professions de la mer, de la construction navale à la pêche, du moins pour les plus importants d'entre eux. Les villes-ports sont donc les lieux symboliques de l'activité maritime dont elles sont le reflet. *A contrario,* comme on le verra plus loin, l'inactivité et le délabrement des installations de certains ports, quasiment délaissés par les navires, sont des symptômes qui ne trompent pas sur l'état de crise dans laquelle est plongée l'activité maritime dans certaines régions en France et en Europe.

Les ports ont subi des évolutions considérables qui ont marqué leur espace géographique en un peu plus d'un siècle, comme le montre l'exemple de Marseille que nous décrivions au début de ce chapitre. Ces évolutions, quasiment universelles, sont lourdes de conséquences et il est utile que nous les évoquions à grands traits car elles déterminent aujourd'hui les politiques maritimes.

Jusqu'au milieu du XIXe siècle, le port et sa ville formaient un couple indissociable, rassemblant un ensemble d'activités plus ou moins cohérentes autour des navires, des cargaisons qu'ils transportent (marchandises, poissons, etc.) au voisinage desquels s'activait toute une foule.

Les tableaux de Joseph Vernet donnent une idée très précise de ce qu'était l'activité de ces villes-ports, en

France tout au moins. Il a peint l'animation du port de Marseille, le vieux port d'aujourd'hui, avec l'affluence des matelots, des ouvriers et des portefaix mais aussi des badauds qui s'affairent autour des navires dont certains sont entre les mains de charpentiers qui les réparent. Des personnages colorés et richement costumés, dont on devine l'origine orientale, montrent que Marseille est un port ouvert au commerce avec le Levant. Dans son tableau du port de Bordeaux, où l'activité semble moins fébrile qu'à Marseille, il nous montre la dimension fluviale et maritime du port. Il rend bien l'atmosphère de port de pêche de Dieppe où il a peint des poissonniers qui s'affairent sur les quais le long desquels sont amarrés barques et voiliers de pêche.

L'arrivée du chemin de fer fut une première révolution, car il fallut aménager les espaces portuaires pour faciliter le transfert entre les navires et les trains, stocker les marchandises et le matériel. L'Angleterre, au début du XIXe siècle, avait déjà inventé l'espace portuaire moderne. Stimulées par l'expansion du commerce maritime, les grandes sociétés de commerce anglaises avaient en effet construit des docks-entrepôts pour rationaliser la réception, l'expédition et le stockage des marchandises.

Ces docks, dont les premiers furent construits à Londres et Liverpool, étaient des espaces clos avec leurs bassins et leurs quais, séparés de la ville comme l'étaient les arsenaux construits dans tous les ports de guerre (l'arsenal de Venise est sans doute l'exemple architectural le mieux conservé). On assiste donc, dès cette époque, à un premier découplage entre la ville et le port qui va être considérablement amplifié par le chemin de fer et, pratiquement en même temps, par la navigation à vapeur (il faudra stocker du charbon pour les bateaux). C'est en effet avec le train que naît le concept moderne de chaîne de transport.

Marseille s'est lancée dans cette révolution vers 1860 en construisant les premiers docks d'Europe continentale dans le quartier de la Joliette. Un ingénieur des Ponts et Chaussées, Paulin Talabot, entrepreneur et industriel, l'un des promoteurs du PLM, marqué par l'influence du saint-simonisme à son apogée sous le Second Empire, a joué un rôle déterminant dans la création du nouveau port avec des capitaux parisiens. Ce projet rencontra l'hostilité des Marseillais car il marquait le déclin des négociants traditionnels. Il devait néanmoins puissamment contribuer à transformer l'activité du port de Marseille stimulé par un trafic colonial qui sera à son apogée en 1914. Ce modèle de port, venu d'Angleterre, avec un espace séparé de la ville, s'imposera partout en Europe.

Les évolutions techniques allaient accélérer cette dissociation du port et de la ville au XXe siècle. La technologie du transport maritime connaît une profonde mutation avec la généralisation du trafic des porte-conteneurs, les techniques de manutention et de stockage des marchandises deviennent plus complexes et s'automatisent. Par ailleurs, de nouvelles industries s'installent dans les zones portuaires : raffineries de pétrole et pétrochimie, entreprises métallurgiques utilisant directement les matières premières importées par voie maritime.

La fonction de port-entrepôt disparaît puisque les marchandises doivent y séjourner le moins longtemps possible et être transportées très vite par la route ou le rail vers l'intérieur du pays. Quant au transport des passagers à longue distance, il s'effondrait dans les années cinquante sous la concurrence de la voie aérienne ; la pêche devenait, elle, une activité marginale dans les grands ports.

Toutes ces évolutions ont bouleversé la géographie des ports. Ceux-ci ont besoin de vastes terrains pour organiser le transit des marchandises, la liaison avec les autoroutes et le réseau ferroviaire, et surtout pour aménager des zones industrielles où peuvent s'implanter des industries lourdes. Les industries de transformation, qui avaient contribué à animer l'activité des villes portuaires, migrent à l'extérieur ou disparaissent.

On construit des avant-ports, Le Verdon pour Bordeaux, New-Rotterdam pour Rotterdam, Antifer pour Le Havre, Montoir pour Nantes, Lavéra puis le complexe de Fos pour Marseille. La création du complexe portuaire de Fos-sur-Mer, au début des années soixante, était un acte volontariste d'aménagement du territoire par l'État. Elle avait été précédée d'une première implantation des quais de Caronte, dans la même zone, par la chambre de commerce de Marseille dès 1919. Cependant, l'entreprise de Fos échappa presque totalement au contrôle de la ville (les capitaux étaient essentiellement nationaux ou étrangers) qui assista en spectatrice à l'émergence d'une sidérurgie dite les « pieds dans l'eau » et, avec elle, d'un nouveau territoire portuaire qui formait avec la ville une véritable aire métropolitaine. Il est vrai que ce nouveau port relançait l'activité portuaire après l'effondrement du trafic colonial au début des années soixante, mais dans des conditions tout à fait nouvelles. Il a permis à Marseille de conserver la place de troisième port européen *.

Le schéma marseillais de la séparation spatiale de la ville et du port s'est reproduit peu ou prou dans la plupart des grands ports européens, selon des modalités et avec des conséquences très variables. À Marseille, on peut dire que le cœur de l'activité maritime a été délocalisé hors de la ville qui a laissé échapper son port et qui récupère aujourd'hui les terrains de la Joliette pour y construire le centre d'affaires « Euroméditerranée ». À Boston et à Liverpool, le port a complètement disparu de la ville et les terrains ont été réaménagés de fond en comble.

La désindustrialisation, liée notamment en Europe à la disparition de bon nombre de chantiers navals, a

---

* Voir l'étude de René BORRUEY, « Le Port échappé, le Port moderne et l'Espace de la ville : l'histoire de Marseille » dans Michèle COLLIN, *Ville et port XVIIIe-XXe siècle*, Paris, L'Harmattan, 1994.

contribué à déstructurer le tissu urbain où sont apparues des friches industrielles, comme à la Seyne-sur-Mer, à La Ciotat, partiellement à Dunkerque, à Glasgow, à Malmœ, etc.

Dans certaines villes, une activité tertiaire maritime s'est substituée au port : centres de recherche, bases de loisirs, centres d'affaires. C'est le cas en particulier à Kiel et à Southampton, où ont été construits d'importants centres de recherche océanographiques dans les anciens docks de commerce. En France, à Boulogne-sur-mer et à Brest, les centres d'exposition dédiés à la mer (*Nausicaa* et *Oceanopolis*), comme à Gênes, jouent ce rôle. Cette déstructuration de l'aménagement urbain de la ville maritime n'est pas neutre, il contribue à accélérer la perte de l'identité maritime.

Le rapport d'une ville à la mer est en effet inscrit dans un style architectural et un urbanisme qui ont organisé la vie de la ville autour de son port et de son accès à la mer. C'est visible à Marseille autour du vieux port, à Bordeaux dans les quartiers qui jouxtent le fleuve et dans beaucoup de villes européennes, à Venise bien sûr, mais aussi à Trieste, Hambourg, Anvers et bien d'autres.

La ville du Havre, qui fut presque totalement détruite à la Libération, a perdu, en revanche, beaucoup de son caractère, son architecture ayant été complètement massacrée lors de la reconstruction de la ville. Quant à Nantes, les travaux d'aménagement et d'urbanisme importants qui y sont réalisés ne se sont pas appuyés, pour l'instant, sur les quais de la Loire, certains chenaux ont même été comblés entre les deux guerres. La ville oublie son passé maritime et notamment celui de grand port colonial.

Pour beaucoup de villes maritimes, la dissociation spatiale de la ville et du port, la désindustrialisation de la cité elle-même, la dislocation d'une partie du tissu urbain par un urbanisme qui prend rarement en compte l'activité maritime, ont conduit irrémédiablement à la rupture du lien avec la mer et donc à la perte de l'identité maritime de la ville. La ville devient une cité au bord de la mer, de la même façon que Genève est au bord du lac Léman.

La ville veut d'ailleurs le plus souvent récupérer les terrains portuaires pour avoir une « vue sur mer » avec des *marinas* et des fronts de mer, les *water fronts,* attirant un tourisme saisonnier. Il faut cependant souligner que dans les très grands ports qui n'ont pas pu échapper à cette extension de leur espace portuaire, la ville (sa municipalité, sa chambre de commerce, ses industriels, etc.) a su garder le contrôle des aménagements portuaires, attirer les capitaux nécessaires, contribuer à organiser les réseaux de transport, etc.

C'est la politique qu'ont menée des villes-ports comme Rotterdam, Anvers et Hambourg notamment. Ainsi à Rotterdam, le port est presque totalement sous la responsabilité de la municipalité. Un échevin, un adjoint du bourgmestre, est désigné par le conseil municipal pour s'occuper de sa gestion. La ville en possède les terrains, planifie les investissements pour les équipements et les finances, et elle accorde les concessions portuaires et industrielles aux entreprises. Elle prévoit d'investir près de sept cents millions de francs au cours des prochaines années pour agrandir les installations portuaires sur de nouveaux terrains. L'État hollandais, lui, est propriétaire des bords de mer et des rives du fleuve et il finance, notamment, l'entretien des chenaux. Toutes ces villes-ports ont conservé leur identification au milieu maritime et leur identité tout court.

À une échelle plus modeste, des petits ports sont parvenus à conserver une activité liée à la mer, grâce en particulier à la pêche et aux professions associées (réparation et construction navales, mareyage, industries de transformation notamment), malgré la crise ! C'est le cas de Boulogne, de Douarnenez, de Concarneau, de Lorient et de Sète qui sont autant de points de fixation d'une activité maritime sur le littoral évitant la désertification et la perte d'identité maritime des régions où ils sont implantés. Il en va de même à Vigo en Espagne, à Ancône et sur les ports de la lagune de Venise.

Il est clair aussi que l'espace maritime, où se développe l'activité portuaire, n'est pas limité à la vaste agglomération que constituent ses terminaux pétroliers, ses quais, ses aires de stockage et de transit des marchandises et ses zones industrielles. Il doit être relié à son arrière-pays, son *hinterland*, qu'il irrigue en matières premières et en produits transformés sur place ou importés et qui lui fournit un fret pour les navires.

Aucun port n'a pu se développer raisonnablement sans disposer d'un *hinterland*. C'est la force aujourd'hui des ports d'Europe du Nord, Rotterdam, Anvers et Hambourg et dans une certaine mesure de Marseille et du Havre. Anvers et Rotterdam ont de fait un *hinterland* très étendu puisque, par l'Escaut et le Rhin, il comprend une bonne partie de l'Allemagne, le Benelux et la Suisse. Très récemment, l'échevin du port de Rotterdam estimait que chaque emploi créé sur le port en induisait la création de cinq autres en Hollande.

Marseille, qui est située au débouché du couloir rhodanien, a aussi, en principe, un vaste *hinterland* avec le sud-est de la France et une partie de la Suisse. Mais les conflits permanents qu'a connus le port ont provoqué des détournements de trafic au profit des ports du nord de l'Europe et d'Anvers en particulier. Quant au Havre, il est avec Rouen en communication directe par la vallée de la Seine avec le pôle économique que constitue la région parisienne.

Il est évidemment difficile d'évaluer avec précision les pertes globales du trafic pour des ports comme Marseille ou Le Havre dont profitent les autres ports européens. Pour l'ensemble des ports français, ces évasions de trafic, on l'a vu, sont chiffrées à environ 20 % en tonnage, au détriment surtout du Havre et de Marseille. Le trafic des conteneurs est particulièrement sensible au climat social d'un port, c'est, en quelque sorte, un indicateur de sa santé car il exige de la manutention et il est à forte valeur ajoutée.

On doit noter que pour le bassin méditerranéen, le trafic des conteneurs est en hausse continue depuis 1986. Ainsi, des ports comme La Spezia et Barcelone ont connu une croissance continue en dix ans : près de 60 % pour La Spezia et 380 % pour Barcelone... alors que le trafic de Marseille-Fos pour les conteneurs régressait de près de 8 % sur la même période. Le trafic total du port de Marseille a pratiquement stagné entre 1985 et 1994 alors que celui de tous les ports méditerranéens, d'Algésiras à Livourne, était en forte croissance *. On peut donc penser que certains d'entre eux, tout comme celui d'Anvers, ont tondu la laine sur son dos.

L'association d'un port et d'un fleuve est un atout considérable pour l'activité portuaire. Le trafic maritime peut passer le relais à ce qu'on appelle le trafic fluvio-maritime, lequel atteint, par les rivières navigables et les canaux, les centres économiques éloignés de la mer.

C'est ainsi que le Rhin constitue un axe névralgique emprunté par des navires de tonnage moyen et des trains de barges jusqu'à Bâle. Le port fluvial de Strasbourg a un trafic de onze millions de tonnes, supérieur à celui de Bordeaux (neuf millions de tonnes). Qui plus est, l'axe rhénan se prolonge par le Main vers le Danube, assurant une liaison Rotterdam-Constantza sur la mer Noire de trois mille cent kilomètres de long. Au total, le Rhin assurait un trafic de deux cent quatre-vingt-onze millions de tonnes en 1991, équivalent à celui de l'ensemble des ports français. Le transport fluvial permet aussi de décongestionner les routes, puisqu'un seul convoi poussé de

---

* Près de 60 % pour Algésiras, 18 % pour Barcelone, 34 % pour La Spezia, 65 % pour Livourne, mais seulement 5,5 % pour Gênes et 2 % pour Marseille.

quatre mille tonnes est équivalent à la charge véhiculée par deux cents camions de vingt tonnes.

L'espace dans lequel s'inscrit l'activité maritime ne peut donc plus être limité à une portion du littoral où sont implantées les installations portuaires. Le transport maritime est un élément d'une chaîne associant les navires (de haute mer, de cabotage pour le trafic fluvio-maritime), les réseaux routiers et ferroviaires, les fleuves et les canaux. Les ports actifs et dynamiques sont des nœuds de ce réseau de transport multimodal. L'activité industrielle se fixe sur les points nodaux les mieux placés et les plus compétitifs, évitant que les ports ne soient que de simples tapis roulants apportant et enlevant les marchandises déversées par les navires.

L'évolution des techniques de navigation et de manutention ainsi que la marinisation de l'économie mondiale ont considérablement dilaté l'échelle des espaces maritimes, laquelle est aujourd'hui européenne. Cela n'est pas sans conséquences pour une politique d'aménagement du territoire.

Les ports qui n'ont pas su, ou n'ont pas pu fixer une activité industrielle dans leur zone portuaire, doivent inventer une nouvelle activité tertiaire en relation avec la mer : gestion et marketing des transports maritimes, logistiques à base de télématique, activités de service à la mer, recherche scientifique et technique en relation avec les ports, les aménagements et l'environnement littoraux, etc. Des villes comme Gênes, Venise, Southampton, ainsi que Brest et la Seyne-sur-Mer tentent d'implanter et de développer ces activités. C'est, à Marseille, le projet de centre d'affaires « Euroméditerranée ».

Des professions et des espaces suradministrés

Ce sont, nous l'avons rappelé, des impératifs militaires qui ont poussé initialement l'État à organiser et administrer la profession des gens de mer qui a vécu jusqu'à nos jours dans son ombre. Les dockers, on l'a vu, se sont rattachés après la Seconde Guerre mondiale à ce dispositif administratif en gardant un statut spécifique.

Il existe donc une structure administrative propre à la pêche et à la marine marchande, chargée de la gestion sociale des marins. C'est l'Établissement national des invalides de la marine (ENIM) qui a la responsabilité de la protection sociale des marins assurée par deux caisses principales : une caisse de prévoyance qui gère le risque maladie et les accidents de travail et une caisse de retraite qui gère les pensions de vieillesse. L'ENIM a une nature juridique qui est ambiguë : c'est à la fois une direction centrale du ministère chargé de la mer et un établissement public à vocation sociale.

L'administration a donc la charge de la protection sociale des marins qui ont leur propre système d'assurance maladie et de retraite distinct du régime général. En particulier leur retraite est fixée à cinquante-cinq ans. Ce particularisme a un coût puisque, si son budget est d'environ huit milliards de francs, il n'est couvert que partiellement par les cotisations, et c'est en fait l'État, et donc la collectivité, qui en subventionne près de 60 %.

Les relations entre les armateurs et les navigants, juridiquement de droit privé, sont organisées par des conventions collectives de branche ou d'entreprise et encadrées par un code du travail maritime. Ces textes prévoient toute une série de mécanismes pour l'affectation des postes de travail, les remplacements, les promotions, les licenciements, etc.

Ces mesures forment un ensemble rigide qui s'apparente à un statut du type de la fonction publique. La CGM et la Société nationale corse Méditerranée (SNCM), qui sont encore des entreprises nationales, ont un statut propre pour leurs personnels fixé par décret.

En bref, l'encadrement administratif de la profession de marin, tout comme celle de docker, a laissé peu de place aux politiques d'entreprise qui sont des facteurs de dynamisme lorsqu'un dialogue constructif, même parfois conflictuel, peut s'établir entre le patronat et les syndicats. La comparaison de ce point de vue entre deux entreprises nationales (toutes deux sur la voie de la privatisation) Renault et la CGM, est éloquente : Renault a su s'imposer comme grand constructeur automobile tandis que la CGM est au bord du naufrage.

L'État assure aussi la responsabilité de la formation des marins et des officiers. C'est une fonction étatique qui n'est pas propre à la profession maritime : quatre écoles nationales de la marine marchande forment les officiers * tandis que l'École navale de Brest demeure le haut lieu de formation des officiers de la marine nationale. Des Écoles maritimes et aquacoles (EMA) et des collèges d'enseignement technique maritime forment les marins ; leur financement est assuré par l'État, les collectivités locales et des taxes parafiscales. La formation des officiers, aujourd'hui largement polyvalente, comme celle des marins, est considérée comme de bon niveau Elle a assuré une compétence technique indéniable aux équipages de la marine marchande et des flottes de pêche.

L'administration nationale des professions a aussi son quadrillage territorial assuré par l'Administration des affaires maritimes qui a remplacé l'*Inscription maritime* supprimée en 1967. Son personnel a un statut militaire avec un corps d'administrateurs et un corps technique d'officiers.

L'Administration des affaires maritimes assure un contact étroit avec la population des gens de mer sur le littoral à travers un maillage territorial très fin : directions régionales et départementales, quartier des affaires maritimes dans les principaux ports. Ses services assurent une fonction polyvalente. Ils sont l'interlocuteur des marins pour les questions relatives à leur régime social pris en

---

* Elles sont situées au Havre, à Marseille, Nantes et Saint-Malo.

charge par l'ENIM. Ils exercent une mission de contrôle des normes de sécurité sur les navires et une police de la pêche. Enfin, depuis quelques années, ils ont un rôle économique auprès des pêcheurs et des aquaculteurs. Ils sont chargés en particulier d'encadrer la politique d'aide et de subvention à la pêche et à l'aquaculture, mise en place tant au plan national qu'à celui de l'Union européenne.

L'Administration des affaires maritimes est donc, en tant que représentant de l'État, au cœur de la crise de la pêche qui perturbe le littoral français depuis le début des années quatre-vingt-dix. Les Affaires maritimes assurent donc à la fois l'administration d'une profession et la gestion déconcentrée d'une activité économique. Elle projette en quelque sorte l'ombre tutélaire de l'État et n'évite pas un certain paternalisme.

Le littoral français est une propriété publique, il constitue ce qu'on appelle le « domaine public maritime » géré par l'État. Celui-ci peut en attribuer la concession temporaire à une entreprise ou à un groupe d'entreprises (aquaculture, construction navale, activité portuaire, etc.).

Les ports maritimes sont les points focaux de l'activité économique sur le littoral. Leurs installations sur les terrains du domaine public maritime constituent des équipements lourds et représentent donc des investissements importants. Il existe toute une hiérarchie de ports sur le littoral français, depuis les ports privés jusqu'aux ports d'État que sont les ports de guerre.

La France s'est engagée progressivement dans une politique fondée sur la distinction de deux grandes catégories de ports de commerce : les vingt-quatre ports moyens dits d'« intérêt national » qui sont indépendants de l'État et les six grands ports dits « autonomes » qui sont sous la tutelle de l'État. Ces derniers, qui assurent 80 % du trafic portuaire, ont été créés par une loi de 1965 sur le modèle des *trust ports* anglais. Ils reçoivent l'essentiel du trafic international. Du nord au sud, ce sont Dunkerque, Le Havre, Rouen, Nantes-Saint-Nazaire,

Bordeaux et Marseille. Les deux ports fluviaux de Paris et de Strasbourg ont aussi ce statut.

Un port autonome est un établissement public industriel et commercial dirigé par un Conseil d'administration où siègent des représentants de l'État, des collectivités locales, des usagers désignés par les chambres de commerce et d'industrie et des représentants des personnels. Le directeur est désigné par l'État et il assure la responsabilité de la gestion du port. Les ingénieurs du Corps des ponts-et-chaussées ont eu une influence prédominante dans la direction des ports, qui s'explique par l'importance des investissements de caractère technique à réaliser, l'État en assurant pratiquement 80 % et la totalité des frais d'entretien des infrastructures lourdes. Pour faire face à leurs charges, ils perçoivent des taxes sur les usagers ainsi que des droits de port.

Les engagements de l'État à l'égard des ports moyens dits d'« intérêt national » sont beaucoup moins importants, et ce sont essentiellement les collectivités locales et les chambres de commerce qui en supportent les charges de fonctionnement et d'équipement.

La création des ports autonomes sous la tutelle de l'État participait d'une logique interventionniste. Ils contribuaient largement à l'approvisionnement énergétique du pays par les importations de pétrole et ils pouvaient accueillir de nouvelles industries (pétrochimie, sidérurgie les « pieds dans l'eau » à Fos et à Dunkerque).

La fonction de négoce, traditionnelle et essentielle dans les ports, passait ainsi au second plan dans des préoccupations de l'État qui privilégiait l'industie lourde. Des investissements relativement importants allaient être réalisés dans les ports au cours des années soixante et soixante-dix, à une époque où la conception gaullienne d'une planification nationale et d'une politique dynamique d'aménagement du territoire, impulsée par la DATAR, prévalait encore. À partir de la fin des années soixante-dix, l'État a eu tendance à se désengager du financement des ports, les régions prenant partiellement et incomplètement le relais.

Aujourd'hui, bon an mal an, l'État finance les investissements dans l'ensemble des ports à hauteur de deux cents millions de francs par an, une somme qui représente tout juste le financement d'un kilomètre d'autoroute urbaine...

Le soutien de l'activité portuaire par l'État se justifie pleinement dans le cadre d'une politique d'aménagement du territoire et des transports. Une grande ville portuaire ne saurait s'en passer, en particulier dans un pays comme la France où les régions n'ont pas la puissance politique et économique de celles des États voisins. Hambourg est en effet une ville-État et la Flandre belge, une région aux pouvoirs étendus à côté de laquelle celle du Nord-Pas-de-Calais fait pâle figure.

Alors que la compétitivité des ports passe par une coordination des transports maritime et terrestre (fluvial, ferroviaire et routier), l'État n'a pas été capable d'effectuer cette coordination. Qui plus est, son interventionnisme et son mode de gestion des ports autonomes ont eu leur revers : ils ont contribué à accentuer la coupure politique et administrative entre le port et la ville. Les communautés urbaines se sont senties dessaisies de la gestion des ports au profit d'un établissement public où les usagers sont minoritaires. Les bourgeoisies locales dans leurs chambres de commerce ont boudé l'administration des ports autonomes.

C'est à Marseille que cet état d'esprit était le plus manifeste et la Ville n'a pas su, ou n'a pas pu, constituer avec les communes avoisinantes autour de l'étang de Berre et de Fos une véritable communauté urbaine capable de travailler en synergie avec le Port autonome de Marseille. L'État a pu constater, là comme ailleurs, qu'il n'est pas facile de faire le bonheur des gens malgré eux...

Dans un rapport sur la réforme portuaire, remis au gouvernement à l'automne 1995, le président du Conseil national des communautés portuaires, Jacques Dupuybaudy, a d'ailleurs plaidé vigoureusement pour une évolution de la structure de chacun des ports qui leur permette de mieux assumer leurs ambitions propres ; ce qui implique une révision de leur statut.

Le littoral ne se limite pas aux espaces portuaires, et l'État a pris conscience, au début des années soixante-dix, qu'un effort d'encadrement de son aménagement s'imposait. Face au développement d'un urbanisme anarchique, les pouvoirs publics ont pris une série d'initiatives.

La première fut la création d'un Conservatoire du littoral en 1975 qui a reçu la mission d'acheter des terrains en bord de mer afin de les protéger. En second lieu, l'élaboration des schémas d'aménagement du littoral a été codifiée par la loi « littoral » de 1986 relative à l'aménagement, la protection et la mise en valeur du littoral. Cette loi a remplacé les schémas d'aménagement par des Schémas de mise en valeur de la mer (SMVM) et elle donne une force législative à la politique spatiale du littoral, avec le souci prioritaire de le protéger contre les dégâts d'une urbanisation incontrôlée.

Les SMVM sont des documents d'État résultant d'une concertation entre les collectivités territoriales et les services de l'État, c'est-à-dire les services locaux de l'Équipement, même si le ministère de l'Environnement en assume la responsabilité ultime. En fait, aucun SMVM n'a jusqu'à présent été approuvé et mis en application, ce qui met en évidence la difficulté de l'exercice.

Au-delà du littoral proprement dit, les tâches d'administration de l'État ne sont plus les mêmes, elles s'apparentent à une fonction de contrôle et de police des trafics dans tous les sens du terme. L'action de l'État en mer ne repose pas sur un service unique en France puisqu'il n'existe pas de corps des gardes-côtes comme aux États-Unis et en Norvège.

En France, plusieurs services exercent cette fonction de contrôle : les douanes, les Affaires maritimes, la gendarmerie maritime et subsidiairement la marine nationale, les services maritimes de l'Équipement. La croissance du trafic maritime sur certaines routes (celles qui convergent vers le détroit du Pas-de-Calais par exemple), ainsi que les risques que font courir aux côtes certaines catastrophes comme les marées noires ont mis en évidence la nécessité d'une surveillance opérationnelle de la circulation maritime, notamment afin de prévenir les accidents. C'est le rôle des Centres régionaux opérationnels de surveillance et de sauvetage (CROSS) qui sont des services extérieurs spécialisés des Affaires maritimes ; ils surveillent en particulier le « rail d'Ouessant » qui est l'une des voies maritimes les plus chargées du monde.

Les préfets maritimes, au nombre de trois, sont dépositaires de l'autorité de l'État pour coordonner l'action des administrations chargées de la défense des eaux territoriales, du contrôle de la sécurité et de la lutte contre les pollutions accidentelles. Ils ont la responsabilité, en particulier, de déclencher les plans Polmar pour lutter contre les marées noires.

L'administration territoriale des hommes et des espaces est évidemment chapeautée au sommet de l'État par les directions d'administration centrale des ministères s'occupant des gens de mer, de la flotte de commerce, de la pêche, des ports, de la construction navale, de l'aménagement. C'est donc un système d'administration très complexe qui a été mis en place au gré de l'histoire.

On ne peut guère s'empêcher de penser que la mer est sur-administrée et que cet excès empêche l'État d'avoir une vision stratégique (en admettant qu'il ait l'intention d'en avoir une...). Il est amené à connaître tous les problèmes et à jouer un rôle d'arbitre à tous les niveaux et à toutes les échelles, comme si la mer était un vaste service public dont les professionnels seraient les usagers.

Cette conception a l'inconvénient de laisser dans l'ombre la finalité économique d'une part importante de l'activité maritime. Ce ne serait pas grave si les acteurs, tout particulièrement les entreprises, avaient la possibilité et la volonté de prendre leurs responsabilités, en particulier au plan financier, dans un environnement de plus en plus marqué par la concurrence internationale, sans demander à l'État qu'il assume de façon permanente tous les risques. La sur-administration a conduit dans une certaine mesure à une déresponsabilisation collective et à une prise de conscience insuffisante de la dimension internationale des enjeux.

Les corps intermédiaires ou l'identité maritime éclatée

Le monde de la mer est un milieu social structuré par des professions qui ont leur individualité. Des organisations professionnelles se chargent de créer et de gérer le réseau des relations sociales et, de ce point de vue, le monde de la mer ne se distingue pas fondamentalement des autres milieux.

Les navigants, officiers et marins, de la flotte de commerce forment un milieu fortement syndiqué. L'existence d'un statut de marin avec son mode de couverture sociale qui est resté dérogatoire du droit commun, le maintien d'un quasi-monopole des marins français à bord des navires français expliquent largement la force d'un syndicalisme où la CGT a joué pendant longtemps un rôle prépondérant.

Aujourd'hui, la crise a sans doute contribué à favoriser l'émergence d'un pluralisme syndical : la CFDT est devenue majoritaire dans le collège des officiers. La défense du statut spécifique des dockers a aussi favorisé un syndicalisme fort dans les ports, presque totalement dominé en l'occurrence par la CGT.

Du côté patronal, les compagnies de navigation (les armateurs, pour utiliser la terminologie traditionnelle) se sont regroupées au sein du Comité central des armateurs de France (CCAF) qui compte une centaine d'entreprises membres. C'est l'interlocuteur patronal des syndicats de navigants et de l'État ; il gère paritairement avec les syndicats le Bureau central de la main-d'œuvre maritime (BCOM), chargé de centraliser les demandes des marins à la recherche d'un embarquement.

Les armateurs, tout comme les organisations syndicales, ont soutenu pendant longtemps le statut administré de marin professionnel. Les navigants, grâce à ce statut, jouissent d'une certaine stabilité de leur emploi et d'une protection sociale dont ne bénéficient pas d'autres professions. Les employeurs grâce au système de l'*Inscription maritime* ont trouvé, jusqu'au lendemain de la Seconde Guerre mondiale, une main-d'œuvre abondante et protégée, tant pour le commerce que pour la pêche. Sous la pression de la concurrence internationale à partir des années cinquante, les armateurs ont combattu ce statut qui les empêchait de recruter des marins étrangers dont les coûts salariaux sont moindres.

Faute de faire bouger les choses, avec ou sans l'aide de l'État, les armateurs ont choisi progressivement de changer de pavillon tout en plaidant pour l'ouverture d'un second registre aux conditions plus souples que leur offre désormais le pavillon *bis* dit des « TAAF » ou des Kerguelen.

On peut dire que le statut de marin professionnel avec son histoire propre, partiellement indépendante de la sphère du commerce et de la production, a isolé les marins en maintenant un *statu quo* social défavorable, à long terme, à l'emploi. Le Conseil supérieur de la marine marchande – une instance de concertation entre toutes les parties prenantes au Transport maritime placée auprès du ministère des transports – a fait œuvre utile en explicitant les enjeux, mais n'a pu que constater, depuis quelques années, la dégradation de la flotte de commerce.

On trouve dans le secteur de la pêche un système d'organisation professionnelle dont le caractère administratif est encore plus marqué, tout en étant fortement teinté de corporatisme. Au niveau patronal, une organisation regroupe les entreprises de la grande pêche, l'UAPF (Union des armateurs à la pêche de France), et une autre celles de la pêche artisanale, la Coopération maritime. Chez les marins pêcheurs, on retrouve l'influence des organisations syndicales traditionnelles CGT et CFDT avec aussi un syndicalisme autonome.

Ce schéma ne se distingue donc pas tellement de celui qu'on rencontre dans la marine marchande. Mais il existe en outre une organisation interprofessionnelle rassemblant à la fois les marins pêcheurs, les artisans et les armateurs à la grande pêche (pêche hauturière ou industrielle), les mareyeurs et les industriels de la transformation des produits de la mer, le Comité national des pêches maritimes (CNPM). Cette structure de concertation, représentant l'ensemble de la profession de la pêche au sens large du terme, est saisie de toutes les questions financières, réglementaires et plus généralement politiques concernant la pêche ; elle joue en quelque sorte le rôle d'un parlement de la pêche et les représentants de l'Administration participent à ses travaux.

Le CNPM a été créé par une loi de 1991 relative à l'organisation des pêches et de l'aquaculture, mais il est en fait le fruit d'une longue évolution de la profession depuis plus de cinquante ans.

Le secteur de la pêche a toujours été structuré par des institutions professionnelles fortes à caractère corporatiste qui prenaient en charge tous les aspects du métier. Ainsi, des prud'homies avaient-elles été créées dès le XIIIe siècle pour organiser la profession, semble-t-il, dans les ports de la Méditerranée ; elles avaient des attributions juridictionnelles et disciplinaires contraignantes. Elles exercent toujours leur rôle original sur la côte méditerranéenne.

Les prud'hommes, pêcheurs élus par leurs pairs, les patrons-pêcheurs, ont le pouvoir d'arbitrer les différends, de faire appliquer la réglementation en matière de pêche côtière (limitation du tonnage et du nombre des navires, utilisation des engins de pêche), d'infliger des amendes aux contrevenants. Ce système, qui fonctionne aussi en Espagne et en Italie, a l'avantage de favoriser l'autodiscipline dans la pêche artisanale et la responsabilité par la profession sans intervention directe de l'État.

La pêche a connu des crises et des mutations profondes à plusieurs reprises au cours de son histoire, et en particulier au cours des années trente. À cette époque, en effet, les structures de production et de distribution de la pêche se sont profondément transformées, notamment pour des raisons techniques : motorisation croissante des navires, introduction des techniques frigorifiques, etc.

La pêche a commencé alors à s'industrialiser et de grands complexes portuaires ont été érigés, conduisant à la diminution de l'activité des petits ports et à un fort chômage des matelots et des artisans, et cela en l'absence d'une véritable organisation de la profession.

Cette crise, d'une ampleur analogue à celle que la pêche connaît aujourd'hui, devait susciter une réaction de défense de type corporatiste et faire émerger une organisation professionnelle représentant l'ensemble des métiers et des acteurs de la pêche, le Comité central des pêches maritimes, créé par une loi en 1938. Ce Comité subsiste toujours sous la forme, légèrement modifiée en 1991, du Comité national des pêches maritimes.

L'Église catholique a joué un rôle très important, quoique souvent méconnu, dans la genèse de cette organisation de la profession. On le comprend si l'on tient compte du rôle déterminant qu'ont joué les pêcheurs bretons dans les luttes militantes à l'époque et de l'influence de l'Église en Bretagne *. Au moment où le pape

---

* Cela a bien été mis en lumière par Louis MORDREL dans sa thèse, « Les Institutions de la pêche maritime, histoire et évolution.

Pie XI publie l'encyclique *Quadragesimo Anno*, réaffirmant la doctrine sociale de l'Église, la hiérarchie catholique organise les milieux catholiques en tentant de rassembler les autorités religieuses et laïques autour du thème de la justice sociale et aussi pour s'opposer à la pénétration de l'influence marxiste.

Sous l'influence déterminante d'un religieux, le père Lebret, ancien officier de marine, l'Église édifie ainsi un réseau dans le monde marin, celui des pêcheurs en particulier, censé promouvoir un « ordre social chrétien », fondé sur l'entente de l'ensemble des professions, de l'armateur au matelot.

La création de la Jeunesse maritime chrétienne, du Secrétariat social maritime puis d'un Syndicat professionnel des marins du nord-est de la Bretagne, va contribuer à structurer le milieu de la pêche et susciter un « syndicalisme d'organisation » qui s'opposera au « syndicalisme de revendication ». Par une sorte d'effet de résonance historique, l'Église épouse l'idéologie maritime en étendant le corporatisme des inscrits maritimes à l'ensemble des professionnels de la mer, spécialement dans le monde de la pêche.

Un journal, *La Voix du marin*, se fera le porte-parole de cette approche corporatiste en sensibilisant la profession à ses problèmes. Devenu l'hebdomadaire *Le Marin*, il est passé sous le contrôle du groupe *Ouest-France*. Avec le plus fort tirage de la presse du secteur maritime, il constitue toujours un remarquable et très pédagogique outil d'information sur les problèmes du monde maritime.

Le climat favorable aux idées corporatistes dans un contexte de crise, la persistance des schémas d'organisation du monde de la mer d'essence étatique, la poussée des syndicats et le travail effectué par les milieux catholiques ont incité l'État à mettre sur pied, en 1939, une organisation interprofessionnelle. Celle-ci rassemble les

---

Essai d'interprétation sociologique », Université de droit, d'économie et de sciences sociales, Paris, 1972.

différents comités de métiers dans le domaine de la pêche au sein d'un organisme unique, le Comité central des pêches maritimes, où siégeaient à la fois les représentants des professionnels et ceux de l'État.

Le régime de Vichy, favorable aux idées corporatistes, ne fera que transformer cette organisation, en 1941, en une Corporation des pêches maritimes, aux pouvoirs relativement étendus. Fait significatif, cette corporation se trouvera sous la tutelle directe du secrétaire d'État à la Marine.

À la Libération, l'échafaudage plaqué sur l'organisation professionnelle par Vichy sera retiré. On reviendra à la situation de 1939, avec une représentation paritaire des équipages et des chefs d'entreprise au sein du Comité central des pêches.

C'est, *grosso modo*, l'organisation du milieu de la pêche qui subsiste aujourd'hui avec le Comité national des pêches maritimes dont les membres sont élus, et les structures régionales. C'est une instance de dialogue et de concertation avec les pouvoirs publics, mais l'hétérogénéité de cet organisme professionnel est telle qu'il n'a pratiquement aucune capacité à promouvoir des idées et à faire bouger le milieu : il cogère le *statu quo* avec l'Administration.

Ce système d'organisation professionnelle très structuré, mais complexe, cache en fait la faiblesse des représentants des milieux professionnels, c'est-à-dire du syndicalisme patronal et salarié.

Cette situation contraste avec celle qu'on rencontre dans les milieux agricoles, où les organisations professionnelles ont fortement structuré le milieu et ont un pouvoir de négociation très fort, parce qu'elles s'appuient sur des exploitants agricoles très sensibilisés aux conditions modernes d'exercice de leur métier et qui intègrent en particulier les contraintes internationales et européennes. Ce n'est pas le cas dans le milieu de la pêche, qui n'est certes pas réticent au progrès technique, mais qui reste très individualiste – d'où son peu de préoccupations pour la protection de la ressource – et qui est handicapé par les conditions même d'exercice du métier : le pêcheur qui est en mer est souvent absent et ses relations sociales sont forcément distendues.

Les professions de la mer inscrivent leur activité dans un espace géographique qui s'est considérablement dilaté : la ville-port travaille avec un *hinterland* qui peut s'étendre jusqu'à mille kilomètres de la côte, les pêcheurs ne peuvent plus se contenter de commercialiser leurs marées dans leur port d'attache, les sociétés qui exploitent des gisements de pétrole *off-shore* opèrent souvent à l'autre bout du monde, etc.

Qui plus est, les métiers de la mer ont fortement évolué, ils sont devenus plus techniques et, en se diversifiant, ils se sont rapprochés des autres professions. Comme le remarque Alain Cabantous, « les gens de la mer au temps de la modernité inscrivent aussi leur existence, leurs originalités potentielles à l'intérieur d'un plus vaste ensemble aux structures préétablies qui tendent à minimiser, voire à ignorer leurs singularités * ».

Aujourd'hui, ni les professions, ni leur cadre géographique ne suffisent à déterminer une identité maritime commune à tous les gens de mer ; celle-ci a totalement éclaté sous les contraintes de l'environnement économique et social et du changement technique. Le monde de la pêche est celui qui a su le mieux préserver son identité. Il la doit sans doute à la spécificité du travail qui maintient sa relation étroite avec le milieu marin et qui est perceptible aux yeux de l'opinion.

Cette disparition de l'identité maritime ne rend que plus complexe la relation entre l'État et le monde de la mer, et donc plus difficile l'élaboration d'une politique maritime qui doit tenir compte de la diversité des intérêts et des enjeux.

---

* Alain CABANTOUS, p. 3.

TROISIÈME PARTIE

Prospective pour une politique de la mer

CHAPITRE SIXIÈME

Retrouver une ambition maritime : *Fluctuat nec mergitur*

Bien des événements ont marqué ces dernières années le monde de la mer contribuant à modifier profondément le paysage de la politique maritime : signature de la convention de l'ONU sur le droit de la mer, progression puis régression des pêches mondiales, avènement de l'Europe bleue, percée de la construction navale asiatique, débuts de l'exploitation du pétrole *off-shore* par grands fonds, découvertes scientifiques comme celle de l'hydrothermalisme sous-marin, etc.

La politique de la mer, comme toute œuvre humaine, est fille de son temps et doit donc être conduite en prenant en fonction des éléments permanents et des données nouvelles. La permanence réside d'abord dans le caractère international des océans, qui englobe tant les espaces que la plupart des activités qui s'y déploient. Cette donnée de base de la politique maritime est bien illustrée par la marinisation croissante des économies. C'est aussi la volonté des États de maintenir une activité sur leurs littoraux. Au nombre des données nouvelles, on trouve la limitation du caractère national d'une politique de la mer dont les enjeux sont aujourd'hui d'une ampleur et d'une complexité qu'aucune frontière ne saurait à l'avenir borner. L'exploitation et la préservation des ressources marines vivantes, les questions que soulèvent la protection de l'environnement marin en général et la délimitation des ZEE, les bouleversements techniques que connaît le transport maritime sont aussi quelques-unes de ces données nouvelles.

Après avoir explicité les grands enjeux de l'océan pour le futur, rappelé le contexte historique et culturel de toutes les évolutions du monde maritime, il nous faut maintenant expliciter les choix stratégiques et fixer le cadre d'une politique de la mer qui, on le comprend, ne saurait être limitée à sa seule dimension nationale. De multiples impératifs imposent désormais, en effet, que cette politique prenne une dimension européenne dans presque tous les domaines.

Des choix stratégiques : dépasser le Colbertisme

La politique maritime d'un État comme la France embrasse aujourd'hui de nombreux secteurs de l'action gouvernementale : la défense, la diplomatie, les transports, la recherche scientifique, l'économie, l'aménagement du territoire, etc. Son existence suppose que les pouvoirs publics soient capables de se fixer des objectifs clairs, en coordonnant l'action de tous les acteurs publics et privés afin que celle-ci soit cohérente et poursuivie avec continuité. Une politique de la mer n'a de sens que si elle répond à un dessein maritime très clair.

La France s'est dotée sous Colbert de moyens lui permettant d'affirmer sa souveraineté sur les mers et de faire jouer à sa flotte marchande un rôle commercial essentiel pour l'économie du pays. L'État a eu en France dans ce domaine, comme dans beaucoup d'autres, un rôle moteur pour promouvoir l'activité de tous les acteurs : armateurs, pêcheurs, industriels de la construction navale, responsables des activités portuaires, chercheurs, etc. Cette politique qui a connu des succès, souvent éphémères malheureusement, s'est débattue dès ses débuts, au XVIIe siècle, dans une contradiction apparente : elle confiait un rôle privilégié à l'État dans un domaine, le monde maritime, où les conceptions libre-échangistes finissaient par s'imposer. On peut affirmer que la politique maritime du Royaume-Uni s'est accommodée de cette contradiction jusqu'à la Seconde Guerre mondiale, et qu'elle en a même joué, dans la mesure où les Britanniques ont étroitement associé leur marine marchande et leur marine militaire pour asseoir leur influence et leur puissance : c'est sur cette association étroite que reposait l'exercice de la puissance maritime. Les États-Unis ont, depuis le début du siècle, des conceptions qui ne sont pas très éloignées.

Aujourd'hui, la contradiction entre l'approche nationale d'une politique maritime, pour un pays comme la France, et sa nécessaire dimension internationale n'est plus une simple apparence ; elle devient une réalité dans pratiquement tous les secteurs. Deux phénomènes, relativement récents, ont joué un rôle majeur dans les évolutions conduisant à l'éclatement de cette contradiction. Le premier est de nature économique : la mondialisation des économies, avec la très forte croissance du commerce mondial empruntant la voie maritime, expose la quasi-totalité des activités maritimes à la concurrence internationale (le transport maritime, la construction navale, l'activité portuaire, etc.). Le second est militaire : la dissuasion nucléaire fondée sur les forces océaniques est un élément clé des politiques de défense nationale des pays dotés de l'arme nucléaire, mais elle implique une délocalisation de cette défense. Les sous-marins des forces stratégiques doivent, en effet, opérer loin de leurs bases. Une défense sur les frontières du style « ligne Maginot » n'a plus grand sens. Autrement dit, le cadre strictement national d'une politique maritime pour un pays de la taille de la France a éclaté sous l'action conjuguée des contraintes de l'économie et de la géopolitique mondiale.

Une politique colbertiste pouvait garder une relative

cohérence jusqu'au début du XXe siècle, car les intérêts en jeu avaient conservé une composante nationale très forte, qu'il s'agisse de la marine militaire ou marchande, de la pêche ou de l'activité des ports tournée en grande partie vers le trafic colonial. Aujourd'hui, les enjeux ont changé de dimension : la construction d'une force de dissuasion océanique et sa maintenance exigent une certaine compétence scientifique et technologique, tout comme l'exploitation du pétrole *off-shore* ; les chantiers navals et les flottes de commerce des pays européens se heurtent à la concurrence des pays asiatiques, etc. La diversité des enjeux et leur ampleur rendent très difficiles une approche cohérente d'une politique de la mer, au niveau national comme au niveau européen d'ailleurs. Il est donc nécessaire d'expliciter très clairement les options qui ont un réel caractère stratégique et qui sont les mieux à même de donner corps à une ambition maritime. Dans cette perspective, il est utile de revenir brièvement sur un double constat.

En premier lieu, il faut rappeler que l'océan est, par essence, un espace qui permet une grande mobilité géographique. Un pays peut ainsi assurer la présence de ses forces militaires au voisinage d'une zone stratégique, même si celle-ci est éloignée de la côte (il peut l'atteindre avec les missiles de ses sous-marins et avec les avions embarqués sur ses porte-avions). Il peut aussi effectuer la majeure partie de son commerce international par l'intermédiaire d'une flotte marchande qui le met en communication avec tous les grands pôles économiques de la planète.

En second lieu, il faut souligner qu'un pays comme la France, qui est la quatrième puissance commerciale mondiale et qui recourt à la voie maritime pour plus de la moitié (55 %) de son commerce extérieur * et plus des

* Cette proportion est beaucoup plus forte pour le commerce extérieur extra-européen, elle est de l'ordre de 75 %, le commerce intracommunautaire empruntant beaucoup moins la voie maritime.

deux tiers (70 %) de ses importations de matières premières (pratiquement la totalité de son pétrole), ne possède plus une flotte suffisante pour assurer une part significative de ses échanges commerciaux : la flotte marchande nationale ne capte que le quart du trafic des ports français. Le transport maritime repose donc pour l'essentiel sur des flottes étrangères et non européennes. Les autres pays européens, à l'exception de la Grèce et de la Norvège, ne sont pas, de ce point de vue, dans une situation différente de la France. Le Royaume-Uni, pour sa part, utilise de nombreux navires battant pavillon de territoires britanniques ou anciennement britanniques (île de Man, Gibraltar, Hong Kong, Bahamas, etc.).

On peut donc penser que la faiblesse de sa flotte marchande, dont on a vu les multiples causes, est un facteur de vulnérabilité pour le commerce international de la France. En effet, celui-ci n'est pas à l'abri, sinon d'un boycott, du moins de mesures discriminatoires en matière de tarifs et de qualité du service, si d'aventure un petit nombre d'entreprises acquéraient une position de quasi-monopole sur le marché mondial du transport maritime. On imagine mal, par exemple, que des pays exportateurs comme les États-Unis et le Japon puissent accepter de courir le risque de laisser entièrement leur commerce dans les mains d'opérateurs sur lesquels ils n'auraient pas un minimum de contrôle. Le fait que les armements japonais aient acquis une position dominante dans le transport des automobiles n'est sans doute pas un hasard. De fait, ces pays ont pris des mesures pour contrôler directement ou indirectement des navires de commerce, battant leur pavillon ou naviguant sous pavillon de complaisance, et préserver ainsi une relative indépendance de leur commerce international par voie maritime. Il est vrai que le risque de dépendance existe, surtout pour le trafic maritime qui emprunte des lignes régulières, en particulier pour les conteneurs, un secteur qui est précisément celui où les armements français sont en situation d'infériorité.

Autrement dit, on peut considérer que la possession d'une flotte militaire avec une capacité de dissuasion nucléaire et d'intervention à grande distance, d'une part, et le contrôle d'une flotte de commerce compétitive, d'autre part, constituent un véritable objectif stratégique pour la France car ce sont des facteurs de l'indépendance nationale.

S'agissant de transport maritime, il est utile à ce stade de faire trois remarques. Ce qui est essentiel, tout d'abord, c'est la capacité des armements français à détenir la propriété de navires sous pavillon national ou étranger, car c'est elle qui permet de maintenir une autonomie nationale en matière de transport maritime : c'est là l'enjeu critique. En cas de crise internationale grave, il serait toujours possible de procéder à un « repavillonnement » de navires français sous pavillon étranger ou économique : c'est une disposition qu'ont prévue, par exemple, les Américains. Ensuite, il est opportun de favoriser des solutions européennes au problème des flottes marchandes car c'est, en effet, l'autonomie de l'Europe mais aussi, pour une large part, son identité maritime qui sont en cause. Enfin, il ne faut pas oublier non plus que le transport maritime est une activité qui a un pouvoir d'entraînement sur d'autres secteurs de la vie économique : la construction et la réparation navales, les équipements pour navires, l'*off-shore* pétrolier, les activités de service en aval et en amont (l'assurance et la certification des navires par exemple). Elle a un pouvoir multiplicateur qui induit un volume d'activité à l'étranger pour des entreprises françaises qui, pour n'être pas toujours visible, n'en est pas moins important.

La possibilité d'exploiter des ressources d'hydrocarbures *off-shore* est un second objectif stratégique pour la France comme pour l'Europe. Aujourd'hui, près du tiers des approvisionnements mondiaux en pétrole provient de gisements *off-shore*. Ce pétrole est difficile à exploiter, mais on peut considérer qu'il est moins vulnérable politiquement car il est localisé, pour l'heure tout au moins, dans des zones géographiques plus stables que le Moyen-Orient. Les zones d'exploitation potentielle ne sont cependant pas toutes à l'abri de contestations politiques, comme le montre le conflit entre la Chine et ses voisins à propos des îles Spratly. L'exploitation des hydrocarbures *off-shore* est un enjeu stratégique qui permet d'accéder à des ressources énergétiques vitales pour les économies, mais c'est aussi un stimulant du développement des technologies d'intervention sous-marine qui sont la clé de l'exploration et de l'exploitation des grands fonds marins. La pose des câbles de télécommunication sous-marins, qui sont aussi un enjeu important, dépend ainsi de façon critique de ces technologies sous-marines.

Le maintien d'une flotte militaire, avec en particulier une force de dissuasion nucléaire océanique, ainsi que le développement d'industries de pointe dans le domaine maritime (dans les secteurs de l'*off-shore* pétrolier et du transport maritime par exemple), reposent largement sur l'existence de compétences scientifiques et technologiques de haut niveau. La promotion d'une recherche en sciences et techniques marines est donc aussi, dans une large mesure, un objectif stratégique, car elle permet de préparer l'avenir. Là encore, dans des domaines où les investissements à réaliser sont de plus en plus importants et la compétition internationale très forte, il est essentiel de dépasser le cadre national pour s'engager dans une coopération internationale de dimension européenne.

Avec la défense, le transport maritime comme vecteur du commerce international, les moyens techniques et industriels pour l'accès aux ressources *off-shore*, la recherche et la technologie, on a explicité les quatre options stratégiques clés d'une politique maritime qui constituent des facteurs d'une indépendance nationale. Celle-ci ne peut plus être préservée exclusivement aujourd'hui, pour un pays comme la France, par l'action des seuls acteurs nationaux (État, entreprises). Il reste alors à savoir, bien entendu, dans quelle mesure la France est capable de trouver des partenaires européens susceptibles de mettre en œuvre avec elle une véritable politique européenne de la mer et d'assumer une ambition maritime commune.

L'État et la politique maritime : le choc des ambitions et du corporatisme

La difficulté que l'on rencontre pour définir et mettre en œuvre une politique maritime réside largement dans la diversité des actions à entreprendre. Elle a, en effet, une dimension stratégique, au sens large du terme ; elle doit aussi couvrir tout un spectre d'activités économiques dans des domaines qui vont de la pêche à la construction navale en passant par l'activité portuaire et le tourisme. Elle doit aussi intégrer une dimension territoriale dans le cadre de la politique d'aménagement du territoire. La cohabitation d'activités économiques dynamiques comme les industries de l'*off-shore*, de la construction nautique et du tourisme, avec des activités en récession, comme la pêche et la construction navale, constitue aussi une difficulté supplémentaire pour la politique maritime qui doit consacrer une grande part de ses efforts à préserver des secteurs qui ont peu de moyens pour résister à la concurrence internationale.

On doit constater également que, dans un monde aussi habitué à l'intervention et à la protection de l'État que celui de la mer, les pouvoirs publics sont amenés à répondre à la moindre crise et à la moindre sollicitation par des interventions de nature administrative (réglementations, subventions, etc.) et leur arbitrage afin d'apporter une solution rapide mais souvent provisoire. Ce recours systématique à l'État dans tous les conflits impliquant des activités maritimes a très certainement empêché qu'une véritable approche globale des grands enjeux d'une ambition maritime voit le jour.

Comme nous avons eu l'occasion de le noter, l'héritage colbertiste de la politique maritime se trouve aujourd'hui dispersé entre de nombreux services administratifs de l'État. Les Affaires maritimes sont le noyau dur de cet héritage avec leur implantation territoriale, mais à côté on trouve d'autres administrations comme la Direction des pêches, la Direction de la flotte de commerce, la Direction des ports, la Direction des gens de mer, le Service des constructions navales, etc. *.

La complexité croissante des tâches confiées aux différentes administrations ayant vocation à s'occuper des différents volets de la politique maritime appelait une coordination de l'action de l'État et rendait nécessaire une réflexion d'ensemble, seule capable de fixer des objectifs et une stratégie. C'est ainsi qu'un premier dispositif a été institué, en 1978, par décret du Premier ministre de l'époque, Raymond Barre. Un comité interministériel de la mer, présidé par le Premier ministre, a été créé comme instance de décision stratégique « chargée de délibérer sur la politique du gouvernement dans le domaine de la mer [...] et de fixer les orientations gouvernementales dans tous les domaines de l'activité maritime ** ». Pour préparer ses travaux et ses délibérations et pour veiller à la mise en œuvre de ses décisions, le gouvernement a créé par le même décret une Mission interministérielle de la mer (MISMER) avec un triple rôle : assurer le secrétariat technique du Comité interministériel, conseiller les administrations centrales pour toutes les questions maritimes, coordonner les actions de l'État en mer. Le président de

---

* Un rapport sur l'opportunité de créer un ministère de la Mer, commandé en 1995 à Bernard Dujardin par le Premier ministre Alain Juppé, avait dénombré dix-sept administrations s'occupant de près ou de loin de politique maritime !

** Décret du 2 août 1978 portant création du Comité interministériel de la mer et de la Mission interministérielle de la mer.

la MISMER était à ce titre chargé d'animer et de coordonner l'action civile des préfets maritimes.

Les pouvoirs de la Mission étaient, en principe, importants, mais faute de disposer de moyens propres, elle devait surtout utiliser sa force de persuasion : elle était en quelque sorte une DATAR * de la mer. Si son premier président fut un homme politique, Aymar-Achille Fould, tous les autres furent des amiraux qui, pour de multiples raisons, étaient enclins, ou contraints, à cantonner leur action au domaine de la coordination opérationnelle de l'action de l'État en mer (interventions des services en cas de pollution marine, de conflit international dans le secteur de la pêche, etc.). Cette structure, pour utile qu'elle fût, pouvait difficilement se substituer au pouvoir politique et définir une ambition maritime mobilisant tous les acteurs.

À la veille des élections présidentielles de 1981, les socialistes ont publié un manifeste, *La Mer retrouvée,* dans lequel ils proclamaient leur volonté de redonner à la France une ambition maritime, et le premier gouvernement de François Mitterrand innove avec la création d'un ministère de la Mer. Ce ministère, confié à Louis Le Pensec, se voyait doté d'attributions très larges puisqu'elles englobaient la Pêche, la Marine marchande et les Ports, la Construction navale, la Recherche marine. Il constituait donc la structure capable de définir et de mettre en œuvre une politique maritime globale s'appuyant sur un vaste réseau de services administratifs. Ce nouveau ministère, grâce à l'action et à l'influence de son titulaire, allait incontestablement impulser une dynamique avec un plan pluri-annuel de renouvellement de la flottille de pêche, la tentative de relance de la CGM, la restructuration de la construction navale française autour de deux grands chantiers navals, Les Chantiers de

* Délégation à l'aménagement du territoire et à l'action régionale.

l'Atlantique à Saint-Nazaire et la Normed à Dunkerque, et la décision de créer l'IFREMER.

Ce fut aussi sous l'égide de ce ministère que la France acheva les négociations européennes qui donnèrent naissance à l'Europe bleue (l'Europe de la pêche) en 1983. Lorsque Louis Le Pensec quitta le ministère de la Mer, en 1983, le premier bilan était donc positif. Après son départ, à la suite d'un remaniement ministériel, le ministère fut rétrogradé dans la hiérarchie gouvernementale et devint un simple secrétariat d'État rattaché au ministère des Transports. Il perdait aussi toute compétence en matière de construction navale. Jusqu'à sa suppression en 1993, à l'occasion de la formation du gouvernement d'Édouard Balladur, ce secrétariat d'État à la mer devait connaître une fortune diverse, retrouvant pendant un temps, entre 1988 et 1991, le statut de ministère délégué *.

Qui plus est, le secrétariat d'État à la mer cohabitait avec la Mission interministérielle de la mer dont la vocation à coordonner la politique maritime était maintenue dans son principe. Les risques et les occasions de conflits étaient donc sérieux ; ils ne furent évités que parce que la Mission limita son action à la coordination de l'action de l'État en Mer, un rôle qu'elle sut remplir avec efficacité en dépit de la difficulté de sa situation. Cependant, l'existence même d'un ministère de la Mer a diminué fortement le rôle du Comité interministériel de la mer qui ne s'est réuni, depuis 1981, qu'à de très rares occasions. Le budget dont a pu disposer le ministère était, de plus, modique : six milliards de francs en 1993. Pour les deux tiers, il était d'ailleurs consacré au soutien de l'ENIM, c'est-à-dire à une activité sociale au profit des gens de mer. Depuis, le budget que l'État consacre à la Mer n'a pratiquement pas augmenté.

---

* Jacques Mellick fut alors le titulaire de ce portefeuille ministériel dans le gouvernement de Michel Rocard. Son ministère était rattaché à celui de l'Équipement et des Transports.

En 1993, les missions du secrétariat d'État à la mer furent réparties entre le ministère de l'Agriculture, auquel était confié la responsabilité du secteur de la Pêche et de l'Aquaculture, et le ministère de l'Équipement et des Transports qui héritait de la Responsabilité des ports et de la Navigation maritime et de la Marine marchande. La construction navale restait sous la tutelle du ministère de l'Industrie. Quant à la Mission interministérielle de la mer, présidée par l'amiral Méchet, elle était directement rattachée au Premier ministre.

Cette dislocation de la structure ministérielle chargée de la politique maritime résultait certes de la volonté de réduire, en 1993, le nombre de portefeuilles ministériels, mais elle tirait aussi les conséquences de l'échec de la capacité intégratrice de cette structure qui, au fil des ans, ne s'était pas montrée capable de définir une politique à long terme cohérente. Certes, en douze ans d'existence, le ministère, ou le secrétariat d'État à la Mer, peut mettre à son actif plusieurs réalisations importantes : la création de l'Europe bleue, le vote de la loi sur le littoral, l'ouverture du registre TAAF ou Kerguelen pour l'immatriculation des navires marchands, la réforme du statut des dockers.

L'Europe bleue, nous l'avons vu, est une politique commune de gestion des pêcheries et de l'aquaculture de l'Union européenne. Elle a prévu des règles communautaires pour l'exploitation des stocks de poissons avec un dispositif de quotas nationaux pour chaque espèce ; elle a fixé aussi des standards communs pour la commercialisation des produits de la pêche *. Elle a enfin mis au point des mesures structurelles pour moderniser les navires

* Elle a prévu en particulier des garanties sur la qualité des poissons et des systèmes communs pour la fixation des prix et tenter de les stabiliser à un niveau acceptable pour les pêcheurs. Des produits peuvent ainsi être retirés des marchés si les prix sont trop bas avec des compensations pour les pêcheurs.

de pêche et supprimer les capacités excédentaires des flottes, tout en soutenant la filière de transformation des produits de la mer. L'Europe bleue est aujourd'hui contestée par bon nombre de professionnels, mécontents des contraintes qu'imposent les quotas, mais aussi des importations en provenance de pays extérieurs à l'Union européenne qu'ils accusent de ne pas appliquer le principe de la préférence communautaire. Cependant, le cadre de l'Europe de la pêche a le mérite d'exister, et les professionnels oublient souvent que la moitié des captures de poissons par les flottilles françaises proviennent des eaux communautaires.

De même, le pavillon *bis*, ou « Kerguelen », est jugé sulfureux par les marins français. Or, faisant adopter cette mesure en 1987, le secrétaire d'État de l'époque, Ambroise Guellec, a eu au moins le mérite d'accorder un répit à la marine marchande *. Quant à la réforme du statut de docker, un dossier brûlant ouvert avec courage par Jean-Yves Le Drian et mené à terme par son successeur Charles Josselin **, elle fut probablement la mesure la plus importante prise pendant les deux septennats de François Mitterrand pour transformer la chaîne du transport maritime et l'adapter aux impératifs de la concurrence internationale. Son application dans les ports ne va pas sans problème, comme nous l'avons vu, puisque certaines pratiques quotidiennes sont contraires à la loi, mais elle a donné une nouvelle chance aux ports français.

Cependant, on ne peut pas s'empêcher de constater que, confronté aux difficultés croissantes de la pêche et de la marine marchande, le ministère chargé de la Mer s'est cantonné dans un rôle de gestionnaire des crises à

---

* Les navires naviguant sous pavillon français dit « Kerguelen » échappent au monopole d'emploi des marins français sur ces navires. 35 % au minimum des marins du navire doivent être français, dont quatre officiers parmi lesquels le commandant.

** Qui furent respectivement secrétaires d'État dans les gouvernements d'Édith Cresson et de Pierre Bérégovoy.

répétition, servant d'intermédiaire entre les gens de mer et l'État tutélaire et retrouvant ainsi la vieille tradition de l'*Inscription maritime* et de l'Administration des affaires maritimes. Il est vrai que, dans un pays peu sensible aux enjeux de la mer, les ministres successifs n'ont pas toujours reçu l'appui politique qui aurait été nécessaire pour sensibiliser l'opinion publique à ces enjeux et obtenir des moyens à la hauteur. Cependant les crédits budgétaires dégagés par l'État dans le secteur maritime furent loin d'être négligeables : 18,5 milliards de francs de subventions furent versés à la construction navale au cours des années quatre-vingt, le coût de la réforme portuaire est chiffré à environ cinq milliards de francs, plusieurs milliards furent accordés en dotation de capital à la CGM. Le soutien à la pêche fut constant et les moyens consacrés à la recherche marine fortement augmentés au cours des années quatre-vingt.

Dans le secteur de la pêche, la politique suivie fut loin d'être cohérente. En effet, en dépit des mises en garde répétées des scientifiques contre les risques d'une surexploitation des ressources, les pouvoirs publics, mis en confiance par les bons résultats de la pêche française au début de la décennie quatre-vingt, ont soutenu activement des plans de renouvellement des flottes de pêche jusqu'à la fin de cette même décennie. Ces plans, qui bénéficiaient aussi du soutien de crédits régionaux, ont conduit à un suréquipement de la flotte française et à un endettement de nombreuses entreprises qui allaient être des facteurs déterminants de la crise économique profonde dans laquelle est plongée la pêche française depuis quelques années.

En 1991, le ministre de la Mer, Jacques Mellick, dut faire machine arrière et imposer un plan de sortie de flotte d'un millier de navires de pêche représentant 10 % de la puissance globale des bateaux de pêche français (en fait des navires anciens qui furent détruits), afin de mettre en conformité la flotte française avec les impératifs communautaires de limitation des capacités de pêche nationales *.

Le rattachement de la pêche au ministère de l'Agriculture, en 1993, participait d'une certaine logique, puisque l'agriculture et la pêche sont deux secteurs économiques qui dépendent très largement de décisions prises dans le cadre de l'Europe. Là encore, face à deux crises graves en 1993 et 1994, le ministre Jean Puech distribua des subventions (1,5 milliard de francs en trois ans) sous couvert de plans de restructuration, en faveur essentiellement de la pêche artisanale. Ils étaient, en fait, très largement un cautère sur une jambe de bois : le diagnostic de la profondeur du mal était bien fait, mais le ministère et son administration n'eurent pas la volonté politique de lancer un plan à long terme de réorganisation de la pêche qui aurait nécessité des engagements fermes de la profession. Une fois de plus on a temporisé.

Dans beaucoup de domaines de l'activité maritime, il a manqué une administration capable de sortir de la gestion quotidienne des affaires pour proposer une vision de la politique maritime à long terme intégrant toutes ses dimensions : l'économie avec toute la chaîne du transport maritime et la pêche, l'aménagement du territoire avec les ports, la technologie de pointe avec l'*off-shore* pétrolier et la recherche, la défense. Le secteur de la pêche est probablement l'exemple le plus criant de cette carence de la réflexion. Une Direction des pêches et une Administration des affaires maritimes (bien que celle-ci ait des hommes de qualité sur le terrain), sans imagination ni volonté réelle de changer le cours des choses, se sont contentées d'une navigation à vue, évitant au mieux les écueils mais pas toujours les tempêtes, prenant rarement des initiatives. Les professionnels les plus lucides, mais pas téméraires, attendaient, quant à eux, que l'État indique

* Un Permis de mise en exploitation (PME) avait été créé en 1988. Il instaure un *numerus clausus* pour les entrées dans la flotte.

fermement le cap pour que la pêche française puisse naviguer dans la passe étroite et périlleuse entre le libéralisme et l'archaïsme. Toutes proportions gardées, le secteur du transport maritime a connu une situation analogue où les corporatismes patronal et syndical conduisirent au lent naufrage de la flotte marchande française.

Plus profondément, si l'idée de créer un grand ministère de la Mer avait un pouvoir mobilisateur pour tenter de retrouver une ambition maritime, celle-ci s'est heurtée à la très grande hétérogénéité du secteur maritime et à l'absence d'une véritable identité collective de ses acteurs. Qui plus est, le ministère de la Mer instaurait une coupure de fait entre ce dont il avait la charge et l'industrie d'une part (la construction navale, mais aussi l'*off-shore* pétrolier soutenu par la Direction des hydrocarbures du ministère de l'Industrie) et la Défense d'autre part. Cette double coupure le privait d'une dimension stratégique essentielle et le coupait d'une logique industrielle. Confronté à une telle situation, et faute d'objectifs stratégiques clairement affichés, un ministère de la Mer ne pouvait être qu'un arbitre entre les multiples corporatismes.

Il n'est donc pas étonnant, dans ces conditions, que lorsque Jacques Chirac afficha sa volonté de recréer un grand ministère de la Mer lors de la campagne pour les élections présidentielles de 1995, sa proposition rencontra le scepticisme, voire l'opposition, de la plupart des professionnels de la mer. La coalition des corporatismes des professions et des administrations, opposées ou réservées à l'égard d'un tel projet, fut l'une des raisons qui explique que le gouvernement formé à l'époque par Alain Juppé, futur maire d'une grande ville maritime, ne comptait parmi ses membres aucun ministre chargé spécifiquement du portefeuille de la Mer. Toutefois, Bernard Dujardin, contrôleur d'État, fut chargé de rédiger un rapport sur l'opportunité de créer à nouveau un ministère de la Mer. Il recommanda de revigorer le comité interministériel de la Mer et de transformer la Mission interministérielle de la Mer en un secrétariat général de la Mer chargé de suivre la mise en œuvre de ses décisions. Ce secrétariat devait être effectivement créé en octobre 1995. Rattaché au Premier ministre, il remplaçait *de facto* la Mission interministérielle de la Mer *.

Une vigie pour l'avenir : la recherche marine

Aujourd'hui, même si l'époque des grandes découvertes maritimes est révolue, l'océan demeure encore un univers peu connu. Or, il n'y a pas de politique sans connaissance, pas de connaissance scientifique et technologique sans recherche, pas de recherche sans moyens appropriés. La politique maritime, si toutefois elle a l'ambition d'être véritablement prospective et tournée vers l'avenir, n'échappe pas à cette contrainte : la recherche et la technologie éclairent les enjeux, défrichent des champs inconnus, apportent une capacité d'expertise et des moyens opérationnels. À l'inverse, toute politique de recherche et de développement technologique est largement déterminée par des grands problèmes scientifiques, des défis technologiques, des enjeux économiques et politiques, des problèmes de société. Les sciences et les techniques de la mer ne font pas exception : elles devraient être la vigie de la politique maritime.

Nous avons identifié les grands enjeux de la recherche et de la technologie marines, il nous reste à expliciter comment les institutions de recherche s'intègrent au dispositif de la politique maritime. Paradoxalement, alors que ce dispositif est complexe et a fini par éclater, le champ institutionnel de la recherche marine publique est,

---

* Didier Quentin, directeur des Relations internationales de la Ville de Paris devait être nommé secrétaire général de la Mer, en novembre 1995.

lui, relativement simple. Il repose en effet sur un trépied constitué par le principal organisme civil, l'Institut français de recherche pour l'exploitation de la mer (IFREMER), les laboratoires d'océanographie des universités et du Centre national de la recherche scientifique (CNRS), le Service hydrographique et océanographique de la marine (SHOM). D'autres organismes publics contribuent à la recherche marine mais de façon plus limitée, comme certains laboratoires de l'Institut français de recherche scientifique pour le développement en coopération (ORSTOM) et de Météo-France.

Cette simplification du paysage scientifique est le résultat d'une volonté politique. En effet, les pouvoirs publics décidèrent, au début des années quatre-vingt, de fusionner les deux organismes de recherche civils à vocation maritime, l'Institut scientifique et technique des pêches maritimes (ISTPM) et le Centre national pour l'exploitation des océans (CNEXO). Le premier d'entre eux était aussi le plus ancien puisqu'il avait été créé en 1918 * ; il avait vocation à s'occuper de toutes les questions relevant du domaine des sciences de la mer intéressant directement les pêches maritimes et les industries qui s'y rattachent. Quant au CNEXO, il avait été créé en 1967, avec la mission de promouvoir toutes les recherches et les techniques nécessaires à l'exploitation des océans. Il faisait partie de la dernière vague des créations institutionnelles de la période gaullienne de développement de la recherche.

Le début des années quatre-vingt fut aussi une période de changements institutionnels, dans le sillage du colloque national sur la recherche que lança le ministre de la Recherche et de la Technologie de l'époque, Jean-Pierre Chevènement, et dont les principes furent inscrits dans une loi d'orientation et de programmation de la recherche et du développement technologique votée par le

* Sous la forme de l'Office scientifique et technique des pêches maritimes.

parlement en 1982. C'est dans ce contexte favorable que le ministère de la Recherche et celui de la Mer décidèrent de fusionner, en 1984, le CNEXO et l'ISTPM pour créer l'IFREMER.

L'objectif de la création de ce nouvel organisme était très clair : il s'agissait de doter la France d'un organisme de recherche public à vocation maritime, capable d'être le bras séculier scientifique et technique de la politique maritime nationale et internationale du pays. L'IFREMER a donc reçu la mission de promouvoir les recherches fondamentales et appliquées et de développer les technologies destinées à connaître, évaluer et valoriser les ressources des océans en vue de leur exploitation Il a aussi reçu le mandat d'améliorer la connaissance et les méthodes de protection et de mise en valeur de l'environnement marin et de favoriser le développement social et économique du monde maritime. Il est donc chargé de mettre la recherche au cœur du dispositif maritime auquel il apporte ses connaissances, son expertise et sa vision prospective des enjeux de l'avenir *.

Le SHOM, en liaison avec d'autres centres de recherche dépendant de la Délégation générale pour l'armement, joue un rôle analogue dans le domaine de la recherche militaire, mais son activité est limitée à la connaissance du milieu océanique nécessaire à la marine nationale pour ses bâtiments de surface et ses sous-marins. L'ensemble des laboratoires et des services de l'IFREMER, du SHOM et du CNRS forment donc un ensemble scientifique et technologique assez complet dont le potentiel humain et matériel est remarquable. En effet, l'IFREMER construit et gère une flotte océanographique

* L'IFREMER est placé sous la double tutelle des ministères chargés de la Recherche et de la Mer. Les ministères de l'Agriculture et de la Pêche d'une part, et de l'Équipement et des Transports d'autre part, ont exercé conjointement avec le ministère de la Recherche la tutelle de l'IFREMER à partir de 1993.

civile importante dotée de huit navires et de deux sous-marins, le *Nautile* et *Cyana*, auxquels s'ajoutent le navire océanographique de l'Institut français de recherche et de technologie polaires, ceux du SHOM et des stations marines des universités et du CNRS.

L'effort public global pour la recherche en sciences et techniques marines représente aujourd'hui une dépense budgétaire de l'ordre de 2,5 milliards de francs, avec des effectifs de chercheurs, techniciens, marins, et personnels administratifs d'environ trois mille personnes. Cela place probablement la recherche marine française au troisième rang mondial.

On retouve dans la recherche marine française, au CNRS et à l'IFREMER, les grands courants de la science internationale. La recherche française est ainsi en pointe dans la connaissance des grands fonds océaniques où elle a fortement contribué, on l'a vu, à la confirmation de la théorie de la tectonique des plaques et à la découverte de l'hydrothermalisme sous-marin. Les océanographes français ont, de même, fait avancer la compréhension des phénomènes de circulation océanique ainsi que la connaissance des milieux littoraux. Les biotechnologies marines ont pu prendre leur essor, en France, grâce notamment à la découverte des bactéries se développant à haute température au voisinage des sources hydrothermales. La recherche marine française a également conquis de solides positions internationales dans le domaine des techniques d'intervention sous-marine dont les applications sont autant scientifiques qu'industrielles et autant civiles que militaires.

Enfin, la recherche océanographique a su prendre, au début des années quatre-vingt-dix, le tournant que représente l'utisation de l'outil spatial, grâce à l'action du Centre national d'études spatiales (CNES) et de l'Agence spatiale européenne (ESA) qui ont su mener à bien trois projets de satellites océanographiques : le satellite franco-américain *Topex-Poséidon*, commun à la NASA et au CNES, les satellites européens *ERS 1* et *ERS 2* lancés par l'ESA. Ceux-ci apportent à la fois une vision globale de l'océan et des mesures précises à la surface de la mer.

La France est donc parvenue à simplifier considérablement son dispositif de recherche en sciences et techniques marines, grâce à la fusion réussie de l'ISTPM et du CNEXO qui fut l'œuvre du premier président de l'IFREMER, Yves Sillard. Cette situation contraste avec celle que l'on rencontre dans la plupart des pays étrangers partenaires de la France, où subsiste une pluralité institutionnelle qui a l'inconvénient de disperser les moyens sur un grand nombre d'objectifs. Seul le Royaume-Uni a une organisation qui se rapproche du système français *.

La création de l'IFREMER au centre du dispositif français, complétée en 1985 par celle de l'Institut national des sciences de l'univers (INSU) regroupant les laboratoires océanographiques du CNRS et des universités au sein du CNRS, constituait un double pari : d'une part dynamiser l'ensemble des sciences et des techniques marines en France, d'autre part donner à la politique maritime française les bases scientifiques et techniques dont elle avait besoin. On peut penser que le premier pari a été largement gagné, car la recherche marine française s'est hissée au troisième rang mondial derrière les États-Unis et l'ex-URSS et fait jeu égal avec les Britanniques **.

Au plan national, l'existence d'un organisme de recherche à vocation exclusivement maritime comme l'IFREMER permettait de donner des orientations claires à la politique de recherche, et de fixer un minimum de priorités nécessaires dans un domaine qui fait appel à des

---

* Avec un organisme de recherche, le Natural Environment Research Council, qui a des missions analogues à celles de l'IFREMER, hormis le domaine de la pêche.

** La recherche marine soviétique était très développée et occupait incontestablement la deuxième place mondiale. Depuis la dislocation de l'URSS, son niveau et ses moyens ont considérablement baissé.

équipements lourds, en particulier une flotte océanographique dont l'entretien est coûteux. L'IFREMER, grâce à l'appui du ministère de la Recherche, a pu lancer un plan de modernisation de cette flotte en faisant construire de nouveaux navires comme *L'Atalante*, *L'Europe* et la *Thalassa*, et organiser son utilisation rationnelle.

S'agissant du second pari, l'impact de la politique de recherche, il est plus difficile de juger s'il a été gagné, car on doit confronter, pour l'essentiel, les missions et les priorités fixées à l'IFREMER aux objectifs de la politique maritime, dont on a vu combien ses contours étaient flous et quelle difficulté elle avait à se fixer des objectifs cohérents. Ainsi, dans le domaine de la pêche, la création de l'IFREMER a permis de rassembler des moyens scientifiques et techniques de pointe et de réaliser un ensemble de travaux importants en halieutique et en technologie des pêches. Les travaux sur le recrutement des poissons, la mise au point de sondeurs acoustiques très performants, des sonars donnant la position précise des bancs de poissons et une idée de leur forme qui permet souvent de les identifier, ainsi que de chaluts très sélectifs, évitant par exemple de pêcher des juvéniles, illustrent bien les progrès accomplis.

Ces réalisations mettaient à la disposition des pouvoirs publics une expertise pour l'évaluation des ressources de pêche et des conditions de leur exploitation. Cependant, ceux-ci ne se sont que rarement appuyés sur elle pour prendre les décisions qui auraient permis, sinon de prévenir les crises, du moins de préparer une réorganisation profonde de la pêche française. La recherche, par ses questionnements et ses mises en garde, dérangeait un *statu quo* qu'il était difficile de modifier profondément faute d'une volonté du politique et de l'administration. Les résultats étaient utilisés et mis en exergue lorsqu'ils permettaient de conforter des thèses officielles, comme à l'occasion du conflit sur l'utilisation des filets maillants pour la pêche thonière dans le golfe de Gascogne qui oppose la France à l'Espagne. Mais le plus souvent ils n'étaient pas pris en compte dans le processus de décision sur les questions les plus fondamentales *.

Dans le domaine de l'environnement littoral, on retrouve une situation assez semblable. En effet, alors que, là aussi, l'effort de recherche a été considérablement amplifié, celui-ci n'a pas été totalement intégré au processus de décision des politiques d'aménagement du littoral même si, dans la gestion quotidienne (la réponse à une crise provoquée par des pollutions algales par exemple), les expertises de l'IFREMER ont toujours fait autorité et permis de prendre les mesures qui s'imposaient. Il est vrai que dans ce domaine, ces politiques ont encore aujourd'hui le plus grand mal à faire surface, compte tenu de la complexité de l'écheveau administratif et politique qu'il faut démêler et à laquelle se heurte toujours, d'ailleurs, l'application de la loi sur le littoral de 1986.

Dans d'autres secteurs, les succès de la politique de recherche sont, en revanche, plus patents. Par exemple le rapprochement entre la recherche civile et la recherche militaire en océanographie est incontestable, les relations scientifiques et techniques entre le secteur de l'*off-shore* pétrolier et l'IFREMER sont allées en croissant. L'offre et la demande de recherche ont trouvé un terrain d'entente dans des secteurs où les techniques de pointe jouent un rôle essentiel et auxquels, il faut le noter, la politique maritime ne s'est pratiquement pas intéressée.

On se trouve donc dans la situation paradoxale où la France, après avoir investi dans les sciences marines en créant le CNEXO en 1967, l'IFREMER en 1984 ainsi que

* La France s'est opposée à la Commission européenne et à l'Espagne qui voulaient interdire l'utilisation de filets maillants dans la pêche thonière car ils étaient soupçonnés de provoquer la capture de dauphins. Des études menées par l'IFREMER ont montré que si ces captures existaient bien, elles semblaient marginales. Une limitation de la taille des filets à 2,5 km a été imposée.

l'INSU au sein du CNRS en 1985, est parvenue à se doter d'un outil de recherche marine compétitif qui est souvent envié à l'étranger *, mais que la politique maritime a été incapable d'utiliser comme instrument de préparation de l'avenir. Le ministère de la Mer et ses successeurs ont rarement su poser à la recherche, *via* l'IFREMER, les questions susceptibles de conduire à une approche scientifique de leurs préoccupations à long terme dans des domaines comme la pêche, l'environnement marin, les industries maritimes, etc. Un comité de coordination des programmes de recherche et technologies marines dont le secrétariat était assuré par la MISMER, avait bien été créé pour coordonner l'ensemble des activités des acteurs de la recherche en sciences marines, mais il n'a joué pratiquement aucun rôle car les administrations représentées ont été incapables d'y expliciter leurs besoins à long terme.

Cette carence a contribué à donner une impression de flou à la politique de recherche, qu'a relevée, en 1991, le Comité national d'évaluation de la recherche dans son rapport d'évaluation de l'IFREMER et de l'INSU. Il est vrai que cette situation n'est pas propre à la recherche marine, on la retrouve dans d'autres domaines de l'action publique, comme la santé, l'éducation, l'environnement, etc., des carences de même nature. Qui plus est, l'IFREMER se retrouve confronté à un milieu professionnel qui, sauf exception, est habitué à l'action tutélaire de l'État, considérant que son domaine d'activité (la pêche, l'aquaculture, le transport maritime dans une certaine mesure, etc.) est un « service public » auquel il se doit de fournir toutes les prestations. Si l'on excepte l'industrie pétrolière et parapétrolière, la quasi-totalité du secteur privé ne finance d'ailleurs aucun travail de Recherche-Développement (la

---

* Cet effort est financé pour la partie civile en quasi-totalité par le budget civil de Recherche-Développement qui dépend du ministère chargé de la Recherche. Le budget de l'IFREMER est d'environ un milliard de francs.

dépense privée de R&D ne dépasse pas cinq cents millions de francs). Or, la recherche moderne suppose un dialogue soutenu entre partenaires responsables, les organismes publics et les entreprises ou les syndicats professionnels, capables de s'engager contractuellement dans des projets communs.

Les professions maritimes n'ont pas encore réalisé cette mutation culturelle (qu'ont faite l'agriculture et l'industrie de transformation des produits de la mer par exemple) gardant, pour nombre d'entre elles, une mentalité d'assistés. De ce fait, leur capacité de stimulation de la recherche marine s'en trouve considérablement amoindrie. Il est certain que les pénombres de la politique maritime et les carences de la plupart des milieux professionnels ne contribuent pas à soutenir le moral des scientifiques qui ne peuvent pas se désintéresser de la finalité et des débouchés de leurs travaux. Ils voient néanmoins dans leurs succès scientifiques et technologiques internationaux une reconnaissance de leurs efforts et de la vigueur de leur système institutionnel.

On peut penser toutefois que, dans l'avenir, politique maritime et politique de recherche en sciences et techniques marines seront intimement liées. La politique de recherche apporte à la politique maritime la vision à long terme des enjeux dont elle a besoin, si elle ne veut pas se cantonner dans la gestion à court terme, ainsi que des moyens opérationnels sans cesse perfectionnés. La recherche aborde aussi des questions fondamentales qui concernent toute la société : l'origine de la vie, le rôle de l'océan dans les évolutions climatiques, par exemple. Quant à la politique de la mer, elle est à la fois le cadre de référence et la justification politique et sociale d'une institution scientifique à vocation maritime et d'un effort budgétaire qui lui permet de se développer. C'est une donnée que les scientifiques ne peuvent pas oublier dans un contexte où la recherche scientifique devra de plus en plus justifier ses objectifs et ses priorités.

La communauté scientifique n'est pas elle-même à l'abri des tentations du corporatisme. L'alliance d'une recherche performante et de finalités sociales et économiques au sein d'une institution pivot telle que l'IFREMER est la meilleure garantie pour les éviter. C'est une logique que ne comprend d'ailleurs pas toujours le milieu universitaire. Mais c'est, en définitive, à la volonté politique qu'il appartient de créer la synergie entre recherche et politique maritime.

Une structure gouvernementale adaptée à une ambition maritime

L'histoire a montré que nombre d'obstacles culturels et matériels ainsi que de pesanteurs institutionnelles concourent, en France, à entraver les tentatives de définir et de mettre en œuvre une politique maritime. Celle-ci ne peut trouver consistance et dynamisme que dans la continuité et la volonté d'un pouvoir politique de donner au pays une ambition à la mesure des enjeux que représente la mer. Or, le pays et ses élites ont eu rarement conscience de l'importance de ces enjeux et, de plus, la notion même de politique maritime ne fait pas recette ; elle est contestée dans son principe et c'est l'une des raisons de l'échec du ministère de la Mer.

Peut-on dire cependant que la politique du transport maritime n'est que la simple prolongation à la surface des océans de la politique des transports terrestres ? La pêche n'est-elle qu'un secteur de l'économie agro-alimentaire qui n'aurait comme particularité que d'opérer dans un milieu salé ? Peut-on parler d'une politique de la mer au sens où l'on parle d'une politique de la montagne ? Nous ne pensons pas que cela soit totalement possible, même si certaines activités maritimes ne peuvent pas être isolées de leur environnement économique, social et politique continental.

Sans revenir sur tous les enjeux que nous avons identifiés, il nous faut souligner à nouveau que la capacité d'un pays à utiliser l'espace maritime qui, par définition, le met en communication avec toutes les régions de la planète, a une fonction stratégique au sens plein du terme (pour sa défense, ses activités économiques, son commerce). Cette fonction appelle une action de l'État qui mobilise de nombreux acteurs civils et militaires, publics et privés et qui a de plus en plus une dimension internationale : c'est précisément la mission d'une politique maritime et sa justification essentielle. D'autres domaines de l'action publique comme l'agriculture, la santé, l'environnement, n'ont pas cette fonction stratégique, alors que d'autres comme les transports et l'énergie l'ont. Néanmoins, ils sont tous considérés comme relevant de politiques publiques.

Quatre options stratégiques clés délimitent bien le champ d'une ambition maritime : la défense navale, la chaîne du transport maritime, l'exploitation du pétrole *off-shore*, la recherche et la technologie. Nous avons explicité dans la première partie de cet ouvrage les grands enjeux qui se trouvent derrière ces options. Elles sont mobilisatrices car elles préservent ou préparent l'avenir. Répondant toutes à des défis internationaux, nous les resituerons dans le contexte européen dans notre prochain chapitre. Il reste, bien sûr, à donner forme à cette ambition en l'inscrivant dans l'action politique, en tirant aussi les leçons de l'échec de la structure de coordination politique et administrative que fut le ministère de la Mer, une fois que l'élan du début des années quatre-vingt fût retombé dans la routine de la gestion des conflits et des crises.

Toute action gouvernementale dans le domaine de la mer doit éviter au moins deux écueils institutionnels : celui de se trouver isolée au sein d'une structure ministérielle qui la couperait des politiques publiques dans les autres secteurs de la vie de la nation, celui de se disperser dans une multitude d'interventions d'autant de pôles administratifs qu'il y a d'activités maritimes dans le pays, au risque de perdre toute cohérence d'ensemble. Elle doit tenir compte également de la dimension internationale de la plupart des questions maritimes qui exigent d'ailleurs de plus en plus une approche européenne. La politique maritime requiert donc une action interministérielle résolue mobilisant plusieurs secteurs de l'activité gouvernementale : la défense, les affaires étrangères, l'industrie, l'agriculture et la pêche, le transport, la recherche, l'environnement, les DOM-TOM, etc. Comme l'a souligné un rapport sur *L'État en France* que le Premier ministre, Édouard Balladur, avait commandé à un groupe de travail présidé par J. Picq, « les ministres constituent ensemble l'équipe de direction de l'État. Membres du gouvernement, ils sont responsables de l'accomplissement des missions qui leur ont été confiées, même si cela nécessite de faire appel aussi à d'autres ministères. Chaque ministre doit donc organiser lui-même la coordination interministérielle dès qu'elle s'impose. »

Le rapport Picq préconisait pour moderniser l'État une concentration de son action sur un nombre limité de grandes missions. Cette organisation de l'action politique éviterait sa dispersion ainsi que la déstabilisation des structures administratives, perturbées par les modifications d'organigrammes au gré des changements ou des remaniements ministériels.

Ce principe devrait être appliqué à la politique maritime, en redonnant vie au Comité interministériel de la mer, créé en 1978, qui rassemble sous la présidence du Premier ministre tous les ministres concernés. Il n'a eu qu'une existence très fantomatique et il ne s'est d'ailleurs réuni qu'à trois reprises depuis 1990, alors qu'il devait être le lieu des prises de décision, et si nécessaire des arbitrages, sur toutes les questions concernant la mer.

Le dispositif gouvernemental est mal adapté pour

impulser une politique de la mer et il manque de visibilité. Si la reconstitution d'un ministère de la Mer ne s'impose pas, le réalisme commande néanmoins qu'un ministre soit désigné comme chef de file et chargé explicitement, par délégation du Premier ministre, d'élaborer les grandes options de la politique maritime et de les mettre en œuvre avec le concours des principales administrations concernées. Ce ministre pourrait avoir d'autres secteurs d'activité dans son portefeuille ministériel (l'industrie, l'environnement, l'équipement, les départements et territoires d'outre-mer par exemple).

Le ministre des DOM-TOM aurait probablement le plus de légitimité pour jouer ce rôle car son administration est moins impliquée dans les arbitrages interministériels concernant les problèmes de la mer. Pour assurer l'efficacité de son action, il devrait pouvoir s'appuyer sur une Délégation interministérielle à la mer qui, substituée au secrétariat général de la Mer créé en 1995, devrait être rattachée au Premier ministre pour garantir sa pérennité. Elle devrait avoir pour fonction essentielle d'élaborer les grandes orientations de la politique maritime, de préparer les comités interministériels, de suivre l'application par les administrations des décisions qui ont été prises. Elle devrait être aussi chargée de la coordination de l'action de l'État en mer par les préfets maritimes.

Essentiellement administration de coordination de l'action de l'État, une Délégation à la mer ne peut s'imposer que si elle a une légitimité politique que peuvent seuls lui donner un rattachement à Matignon et la tutelle effective d'un ministre désigné comme chef de file de la politique maritime par le Premier ministre. C'est le dispositif qui a fonctionné avec une efficacité incontestable pour la politique de la recherche avec la Délégation générale à la recherche scientifique et technique, au cours des années soixante, et pendant une très longue période avec la Délégation à l'aménagement du territoire, la DATAR.

Une Délégation interministérielle à la mer jouerait un

rôle clé dans ce dispositif. C'est elle, en effet, qui devrait éclairer les choix à long terme, coordonner l'action administrative en évitant qu'elle ne tombe dans la routine : elle devrait être le véritable bras séculier de l'action gouvernementale. L'appui d'un organisme de recherche comme l'IFREMER serait un facteur déterminant pour fonder son activité sur des bases scientifiques et techniques solides, il permettrait de mieux intégrer la recherche à l'action gouvernementale. L'efficacité d'une Délégation à la mer dépendra beaucoup d'une modernisation en profondeur de la plupart des services administratifs chargés des diverses composantes de la mise en œuvre de la politique de la mer. Une réforme de l'Administration des affaires maritimes, pour lui donner une vision plus économique et plus technique de son action, se révèle indispensable.

Si l'organisation gouvernementale et administrative est une pièce importante de la politique maritime, elle n'est peut-être pas l'essentiel. En effet, cette politique ne peut réellement constituer un impératif que si elle est imposée par une volonté exprimée au sommet de l'État par le président de la République et le Premier ministre. Dans un pays comme la France, qui n'est pas *a priori* convaincu de l'importance des enjeux océaniques pour la vie nationale, il est indispensable qu'un effort continu de sensibilisation de l'opinion publique aux objectifs d'une politique de la mer soit entrepris. Cet effort devrait emprunter tous les canaux qui diffusent informations et débats dans la société française.

Ainsi, un effort s'impose-t-il d'abord à l'école dans les ouvrages scolaires qui devraient sensibiliser les jeunes aux enjeux de la mer ; la création de clubs de jeunes sur la mer animés par des enseignants et des chercheurs contribuerait certainement à cette sensibilisation. La presse et la télévision, à l'image de ce que fait le magazine télévisé *Thalassa*, devraient diffuser auprès d'un large public reportages et débats sur les grandes questions touchant le monde de la mer. Des expositions sur des thèmes maritimes, comme celles organisées par l'IFREMER et des centres comme *Océanopolis* à Brest et *Nausicaa* à Boulogne, devraient circuler largement dans le pays en s'amarrant dans les provinces terriennes : à Strasbourg, grand port fluvial, à Besançon sur le trajet du futur canal Rhin-Rhône, etc. L'intérêt que suscitent les grandes courses à la voile montre qu'il existe, en France, un public réceptif aux questions qui touchent à la mer.

Une institution comme l'Académie de marine devrait pouvoir jouer un rôle utile dans cette entreprise de sensibilisation *. Rassemblant tous les milieux intéressés et toutes les compétences (industriels, armateurs, officiers de la marine nationale, universitaires), son statut lui permet de se saisir de toutes les questions touchant à la vie maritime. Elle pourrait prendre ainsi les initiatives nécessaires pour lancer le débat qui, dans ce domaine de la vie nationale comme dans d'autres, est aujourd'hui indispensable. C'est en quelque sorte un plaidoyer pour l'avenir qu'il faut faire, afin d'emporter la conviction que celui-ci est aussi inscrit sur nos rivages et dans leurs prolongements outre-mer.

L'Europe : un espace incontournable

Si l'on excepte la recherche et l'*off-shore* pétrolier, dans la plupart des secteurs la politique maritime française a adopté une stratégie défensive car, face à la concurrence internationale, les pouvoirs publics étaient amenés à rechercher des solutions nationales aux problèmes

* L'Académie de marine a été créée à Brest en 1752 sur une initiative privée. Elle a élu domicile depuis lors à Paris. Elle n'est pas rattachée à l'Institut. Son président a toujours été une grande figure du monde maritime. Elle est aujourd'hui présidée par l'amiral Leenhardt, ancien chef d'État-Major de la marine.

auxquels étaient confrontés les grands secteurs de l'activité maritime. Il est clair qu'il eût été suicidaire d'exposer, sans moyens de défense, des pans entiers de l'économie maritime à une concurrence internationale sauvage, ce qui aurait conduit à leur disparition rapide sans appel. De même, la création de l'Europe bleue en 1983 était une tentative pour construire une véritable politique commune de la pêche, la seule dans le domaine maritime qui aurait pu avoir la force et l'efficacité de la politique agricole commune.

En fait, l'Europe bleue a souvent été critiquée dans les États membres tant par les professionnels que par les ministres en charge du dossier. La crise de la pêche, dont on a vu les multiples symptômes, est certes une réalité, mais les gouvernements ont souvent présenté la politique communautaire comme le père Fouettard de la profession imposant des réglementations difficiles à appliquer (c'est parfois vrai...), des quotas trop draconiens, etc. L'Europe bleue a été de fait vulnérabilisée par le manque de courage des gouvernements européens, de Paris à Londres en passant par Madrid. Ceux-ci ne se sont pas sentis assez courageux pour prendre ensemble les mesures nécessaires pour rationaliser les investissements, éviter une surexploitation de la ressource, et préserver l'avenir de la pêche européenne. Même si elle n'a pas tenu ses promesses, l'Europe bleue a le mérite d'exister.

Aujourd'hui, plus encore que par le passé, les enjeux et les défis de la politique maritime sont à l'échelle de la planète et tous les pays européens sont confrontés à une concurrence internationale qui les oppose aux États-Unis, au Japon et aux nouveaux pays industrialisés d'Asie. La réponse à ces défis doit donc se préparer au niveau européen dans des domaines comme le transport maritime, la construction navale, la pêche, la recherche et les techniques de pointe. L'Europe offre, en effet, un cadre à des coopérations et des alliances entre partenaires, à des politiques de soutien à l'industrie par des programmes de recherche communautaires, à l'harmonisation de règlements de sécurité maritime, de l'emploi, de la pêche, etc. Les problèmes que pose la protection de l'environnement marin ont aussi immanquablement une dimension européenne, qu'il s'agisse de la prévention des marées noires provoquées par des accidents en mer ou de la salubrité des eaux littorales, car bon nombre de pollutions marines ignorent les frontières terrestres des États.

En outre, l'Europe est un espace géographique qui doit être défendu sur mer et sur terre. Si l'Europe est en marche vers son unité économique, elle est encore très loin d'avoir une vision géopolitique de ses intérêts et des moyens appropriés de les défendre. Le traité de Maastricht énonce le principe d'une politique étrangère commune dont on voit, à travers la crise yougoslave, combien il est difficile de le mettre en pratique dans des actions collectives. Une défense commune indispensable pour que l'Europe puisse peser dans les affaires du monde ne peut être que le bras séculier d'une politique étrangère commune. La crise yougoslave a montré le rôle essentiel que devrait jouer une force navale européenne dans une défense commune, car c'est le seul moyen d'acheminer des troupes et du matériel sur le lieu d'une crise hors de l'espace européen et d'en assurer la protection, par exemple avec des porte-avions.

En fait, on retrouve en Europe, pour des raisons historiques, les mêmes clivages qu'en France sur les questions maritimes, avec une majorité de pays dont les intérêts sont prioritairement continentaux et dont la tradition maritime est aujourd'hui très fortement érodée. De plus, les six pays fondateurs de l'Union européenne, ceux qui avaient signé le traité de Rome en 1957, avaient une vision très continentale de la construction européenne, autour des industries du charbon et de l'acier dans un premier temps, et à travers un Marché commun à l'échelle de la partie occidentale du continent.

Cette période de fondation, animée par l'axe franco-allemand, coïncidait, pour la France, avec une nouvelle étape de son histoire ouverte par la perte de son empire colonial. Quant à l'Italie, qui participait activement à la construction européenne, c'était essentiellement son nord industriel, peu tourné vers la mer, le Piémont et la Lombardie, qui jouait un rôle moteur dans cette politique européenne. La Hollande était le seul État à tradition maritime qui aurait pu ouvrir l'Europe sur le grand large, mais elle ne l'a pas fait. Quant à l'adhésion du Royaume-Uni et du Danemark, en 1973, elle aurait pu provoquer une prise de conscience de l'intérêt de l'enjeu maritime, mais ce ne fut guère le cas.

On peut penser que la réunification de l'Allemagne, ainsi que l'élargissement de l'Union européenne à des pays comme l'Autriche et, dans le futur, à la Hongrie et à la République tchèque, ne peuvent que déplacer le centre de gravité politique et économique de l'Europe vers l'Est et retarder, par contrecoup, la prise en compte de ses intérêts maritimes. L'Europe qui se construit tend ainsi à oublier qu'elle a, avec la Méditerranée et l'Atlantique, deux ouvertures sur le monde qui sont autant de portes ouvertes pour son influence et son commerce. Pour l'heure, l'Europe de Bruxelles souffre, comme la France, d'une profonde amnésie à l'égard de la mer.

Cette amnésie est d'autant plus paradoxale que les équilibres géographiques au sein de l'Europe se construisent autour d'axes qui ont de forts ancrages maritimes, ce qui d'ailleurs ne va pas sans problèmes. Si l'on examine une carte de l'Europe de l'Ouest, on constate que l'activité économique se concentre autour de deux axes pratiquement orthogonaux : la diagonale Londres-Milan d'une part et la diagonale Barcelone-Venise d'autre part. Le Sud de l'Angleterre, toute la vallée du Rhin, une partie du Nord et de l'Est de la France, la Suisse et une grande partie de l'Italie du Nord gravitent autour du premier axe. Le Rhin est son épine dorsale, avec les concentrations industrielles du sud-est de l'Angleterre, du Benelux, de l'est de la France, de l'Allemagne rhénane et de la Bavière qui se prolongent en Suisse et en Lombardie. Cet ensemble régional est, en quelque sorte, l'ancienne Lotharingie dont Anvers, Rotterdam, Le Havre, Hambourg et Trieste sont les débouchés portuaires.

Les industries espagnoles de la Catalogne autour de Barcelone, les complexes industriels de Marseille-Fos et de la région lyonnaise, les industries italiennes du Piémont, de Gênes et de Venise, constituent la seconde diagonale. Barcelone, Marseille, Gênes et Venise sont les ouvertures maritimes de cet axe dont Gênes est, en quelque sorte, le pivot à la jonction de la diagonale rhénane.

La diagonale rhénane trouve son prolongement vers l'Est avec la liaison Rhin-Danube par le Main (voir ici carte 2, p. 18), tandis que la diagonale méditerranéenne se trouve plus isolée en l'absence de la liaison Rhin-Rhône qui constitue encore un point clé d'une politique d'aménagement du territoire à l'échelle de l'Europe.

On perçoit bien les risques que fait courir cette géographie économique et maritime à l'extrême ouest de l'Europe : des régions comme le pays de Galles, la Bretagne, l'Aquitaine, la Galice et l'ensemble du Portugal pourraient être marginalisées si une politique d'aménagement du territoire ne prenait pas en compte leurs intérêts. L'action de l'État doit donc être complétée, en France, par une sensibilisation des régions aux enjeux maritimes. C'est dire toute l'importance que revêt l'intégration de la dimension européenne dans les politiques d'aménagement du territoire qui doivent tenir compte de ces pesanteurs géographiques pour les corriger. C'est un plaidoyer que développe en particulier, avec constance et efficacité, la Conférence des régions périphériques maritimes de l'Europe qui regroupe la quasi-totalité des régions maritimes européennes.

Il apparaît aussi très clairement qu'en donnant une

dimension méditerranéenne à la politique européenne, on pourrait déplacer le centre de gravité politique de l'Europe vers le sud-ouest, car le poids spécifique très fort des activités économiques gravitant autour de l'axe Londres-Milan et l'intérêt croissant de l'Allemagne pour l'Europe de l'Est déséquilibrent fortement l'Europe en la concentrant sur ses intérêts continentaux.

Donner à l'Europe une ambition maritime ne saurait être une simple fuite en avant, transférant aux institutions de l'Union européenne (la Commission, le Conseil des ministres et le Parlement) le soin d'apporter des solutions aux problèmes que les États nationaux n'ont pas su régler eux-mêmes. Cela suppose que plusieurs États membres aient pris conscience de l'importance nationale et européenne de l'enjeu maritime. Une Europe de la mer avec toutes ses composantes stratégiques doit être une Europe de l'action. Cela suppose aussi que, tout en tenant compte de la mondialisation inéluctable des activités maritimes, les partenaires européens soient capables de s'entendre pour lancer ensemble des actions communes et donc refusent de passer sous les fourches caudines du libre-échangisme dominant. Nous en préciserons les grandes lignes dans le prochain chapitre.

Les États-Unis et le Japon sont deux puissances mondiales qui se déclarent – dans les principes – des adeptes de l'ouverture la plus large des échanges internationaux. Ce n'est pas pour autant qu'ils renoncent à toute action nationale vigoureuse pour maintenir leur statut de puissance maritime. La Norvège, pays à forte tradition maritime, a pris, elle aussi, des mesures pour conserver une flotte de commerce puissante en ouvrant en 1987 un deuxième registre pour ses navires qui lui a permis de tripler le tonnage sous son pavillon (neuf millions de tonnes en 1987, trente-trois millions de tonnes en 1994), pour développer un secteur pétrolier *off-shore* puissant et protéger sa pêche, en prenant des mesures draconiennes de contrôle de l'exploitation des ressources. L'Allemagne et le Danemark ont pris des mesures analogues pour le transport maritime et les chantiers navals.

Ce sont des exemples que la France et l'Europe doivent méditer : ils prouvent que l'avenir est encore ouvert.

CHAPITRE SEPTIÈME

Les choix de l'Europe

Au premier coup d'œil sur une carte de l'Europe (voir ici carte 2, p. 18), on perçoit bien une géographie maritime avec des zones où l'activité portuaire est dense et se trouve en relation étroite avec l'arrière pays, l'*hinterland,* qui est parfois très éloigné de la mer. Ainsi, l'industrie chimique de Bâle est directement reliée à Rotterdam par le Rhin. Hambourg, Rotterdam, Anvers, Bruges et Le Havre pour l'Europe du Nord, Barcelone, Marseille, Gênes, Livourne et Venise pour l'Europe du Sud, sont autant de ports où se concentre l'activité maritime. Ce ne sont pas des points isolés sur la carte, mais très souvent, bien au contraire, la charnière des grands espaces où l'activité économique de l'Europe tend à se concentrer. Il est difficile, aujourd'hui, de concevoir une politique d'aménagement du territoire qui ne tienne pas compte du rôle des ports et de la dimension européenne de leur activité.

La controverse sur le projet de construction du canal Rhin-Rhône est une bonne illustration de ces changements d'échelle, qui sont aussi la conséquence du bouleversement de la géographie politique de l'Europe intervenu depuis la fin de la guerre froide. Ce projet de liaison Rhin-Rhône, envisagé depuis plusieurs décennies *, a été inscrit

* Un premier projet avait déja été soumis à l'Assemblée nationale, en 1791, par un député du Jura, Regnauld d'Épercy.

dans la loi sur l'aménagement du territoire en 1995, mais il soulève bien des polémiques : opposition des écologistes appuyés par certaines municipalités redoutant les perturbations que le canal pourrait apporter à l'écosystème de la vallée du Doubs, et qui ont appelé en renfort le prince Philippe d'Angleterre, doutes exprimés par certains experts qui préconisent plutôt le renforcement des liaisons ferroviaires, etc. L'objectif et l'enjeu de cette liaison sont clairs : il s'agit de tenter de drainer un trafic supplémentaire vers le port de Marseille, en provenance notamment du sud-est de la France, de la Suisse et de l'Allemagne du Sud, et de désenclaver le midi de la France.

À l'autre extrémité de l'Europe sur la mer Noire, la Roumanie a des préoccupations voisines. En pleine restructuration économique, elle s'intéresse aux aménagements du Danube car le canal Rhin-Main-Danube, mis en service en 1992, la relie désormais aux ports de l'Europe du Nord. Il est vrai que le conflit yougoslave a pratiquement interrompu le trafic transeuropéen sur le Danube. Or c'est une artère importante pour les pays d'Europe centrale, notamment l'Autriche, qu'elle met en relation avec la mer du Nord et la mer Noire. Le trafic fluviomaritime empruntant le Danube est d'ailleurs fort ancien, car il permettait, dès le milieu du XIXe siècle, d'exporter les blés de Roumanie vers l'Europe occidentale. C'est ce trafic qui est à l'origine des activités maritimes du groupe français *Louis-Dreyfus* qui avait contribué à fonder la Compagnie française de navigation sur le Danube, qui existe toujours. L'histoire et la géographie se rejoignent ainsi à travers une activité maritime au cœur de la vieille Europe.

Bien des choix auxquels sont confrontés les responsables de la politique maritime à Paris, Londres, Madrid et Bruxelles sont, de fait, des choix de l'Europe. La géopolitique, l'histoire et la culture plaident pour que l'Europe ait une ambititon maritime. Face aux grands enjeux du futur que nous avons explicités, il nous faut montrer que la défense, la recherche et la technologie, le transport maritime et la pêche, appellent des politiques communes qui, seules, sont capables de donner à l'Europe les moyens de cette ambition.

Où l'on reparle de la défense

Le contexte géopolitique a profondément changé au cours des années quatre-vingt-dix. Le fait majeur, conséquence de la fin de la guerre froide et de l'éclatement de l'URSS, est la fin de l'antagonisme entre la Russie et les puissances occidentales, regroupées autour des États-Unis dans le traité de l'Atlantique Nord. Pour simplifier, on peut dire que si une méfiance réciproque subsiste entre ces deux pôles, on doit constater qu'ils ne se considèrent plus comme des adversaires directs. Les conséquences militaires de tels changements sont claires : les stratégies militaires des États-Unis et de leurs alliés occidentaux d'une part et de la Russie d'autre part, ne participent plus d'une logique d'affrontement direct. Les accords START, conclus entre les États-Unis et la Russie, qui portent sur le démantèlement de près de 50 % des armements nucléaires stratégiques, sont une illustration de cette situation. Le début de ce qu'il faut bien appeler un désarmement naval des États-Unis et de la Russie qui devrait se traduire, au début du XXIe siècle, par une division par deux du tonnage de leurs flottes par rapport à 1980, en est une autre *.

À partir de cette donnée géopolitique, les options stratégiques deviennent plus floues dans une ère

* La Russie a retiré du service une fraction importante de sa flotte de guerre pour des raisons techniques et financières. Deux porte-avions en construction n'ont pas été achevés et ont été démantelés sur cale. Les États-Unis retirent aussi une partie de leur flotte du service.

d'incertitude politique et diplomatique. C'est une situation que n'aiment pas les états-majors qui préfèrent avoir une connaissance claire de l'adversaire potentiel. Dans ce nouveau contexte, où les crises locales tendent à prendre de l'ampleur, on voit d'ailleurs se développer un discours politique où de nombreux responsables civils et militaires de pays occidentaux mettent en avant les dangers que représenteraient, selon eux, les « menaces » supposées venir du Sud, et principalement des pays du monde arabo-islamique. La prolifération des armes nucléaires, avec ses risques, est une autre menace bien réelle régulièrement évoquée. Cela dit, il nous faut maintenant répondre à la double question suivante : quelle doit être la place de la marine dans une politique de défense ? Quel rôle l'Europe de la mer peut-elle jouer dans le nouveau contexte géopolitique ?

Pour l'heure, plus encore que la monnaie, la défense reste très largement une prérogative nationale en Europe, faute d'une véritable identité politique européenne et d'une politique étrangère commune aux pays de l'Union européenne. Cependant, le traité de Maastricht, signé en 1992, stipule dans son titre V que « l'Union se donne pour objectif d'affirmer son identité sur la scène internationale, notamment par la mise en œuvre d'une politique étrangère et de sécurité commune intégrant à terme la définition d'une politique commune de défense ». C'est dans l'affirmation d'un principe, tout au moins, un élément nouveau. Ce traité précise également que l'Union de l'Europe occidentale (UEO) est appelée à jouer un rôle essentiel dans le processus de création d'une défense commune européenne *. Une direction est donc tracée. Mais l'on voit

* L'UEO a été créée en 1948 par la France, le Royaume-Uni, la Belgique, les Pays-Bas et le Luxembourg sur la base d'un traité militaire d'assistance mutuelle et de consultation politique. L'Allemagne et l'Italie l'ont rejoint en 1954. Neuf pays en sont membres aujourd'hui.

bien, à travers les nombreux soubresauts de la crise yougoslave, quel chemin l'Europe doit encore parcourir pour parvenir d'abord à formuler des positions communes en politique étrangère, puis à mettre sur pied une force de défense pour intervenir en cas de crise.

S'agissant de la France, puissance dotée de l'arme nucléaire, la dissuasion nucléaire demeure le pivot de sa politique de défense. C'est dire l'importance de la Force océanique stratégique qui est, avec les cinq sous-marins nucléaires lanceurs d'engins (SNLE), le cœur de la force de dissuasion. Cette force océanique est en voie de modernisation avec des sous-marins plus performants (en fait plus silencieux) dont *Le Triomphant* est le premier exemplaire, dotés, à partir de 1996, d'un nouveau missile, le M 45, avec six têtes nucléaires de cent cinquante kilotonnes chacune. Il est possible qu'à l'avenir, les contraintes budgétaires conduisent à réduire à quatre le nombre de SNLE. La présence simultanée de deux sous-marins à la mer est, toutefois, le seuil minimum pour assurer la crédibilité de la dissuasion océanique.

Le débat sur le concept de dissuasion nucléaire et sur son évolution éventuelle dépasse largement le cadre de la politique maritime. Il faut noter cependant que si, jusqu'à présent, la politique de défense et l'importance qu'il convient de donner à la dissuasion nucléaire ont fait l'objet, en France, d'un consensus assez large, il n'en demeure pas moins que des divergences d'appréciation sur l'avenir de la dissuasion commencent à apparaître. Ainsi existe-t-il, notamment, d'importantes nuances d'appréciation sur le rôle qu'il conviendrait de donner à des armes préstratégiques, ou encore dites de théâtre. Les polémiques autour de la décision d'arrêter les essais nucléaires dans le Pacifique, prise par le président François Mitterrand en 1992, puis autour de celle du président Jacques Chirac de les reprendre en 1995, l'ont bien montré. Pour le président Mitterrand, « l'arme nucléaire ce n'est pas une artillerie supplémentaire. Ce n'est pas une amélioration du canon de 75. C'est un avertissement terminal. Après c'est la guerre. Il n'y a pas d'échelon supplémentaire *. » Quant à Hubert Védrine, qui fut secrétaire général de l'Élysée pendant le second septennat du président Mitterrand, il soulignait, en 1995, qu'« il y a une géopolitique sous-marine, et l'on ne voit pas ce qui pourrait faire renoncer les grandes puissances nucléaires à la dissuasion fondée sur les sous-marins nucléaires ». Selon lui, « les essais nucléaires ne sont nécessaires que si l'on veut changer de stratégie... ».

Même si l'on s'accorde à donner la priorité à une dissuasion fondée sur l'arme sous-marine, les risques d'un « révisionnisme nucléaire » ne sont pas négligeables **. Parmi les dérives possibles y conduisant, figure la notion de dissuasion « du fort au faible ou au fou », c'est-à-dire la menace de l'emploi de l'arme nucléaire contre une puissance ne la possédant pas ou qui serait tentée de l'acquérir (le faible ou le fou). Autrement dit, on élargirait le principe de la dissuasion nucléaire qui assure l'intégrité du territoire national et la défense de nos intérêts vitaux, en diversifiant notre panoplie pour faire face à toutes les situations possibles de l'après-guerre froide.

Bien que la doctrine officielle ne soit pas modifiée, plusieurs responsables politiques français se sont déjà exprimés dans ce sens depuis quelques années, suivis ou précédés par des industriels de l'armement. Ce sont des États du Sud qui seraient la cible potentielle de ce changement de doctrine stratégique, dans un contexte où nombre de dirigeants des pays occidentaux redoutent une prolifération incontrôlée des armes nucléaires, mais aussi les menaces de déstabilisation que fait peser la montée de l'intégrisme islamiste. La crédibilité d'une menace

---

* François MITTERRAND, « Discours sur la politique française de dissuasion », Palais de l'Élysée, 5 mai 1994.

** Voir Pascal BONIFACE, *Contre le révisionnisme nucléaire*, Paris, Éd. Ellipse, 1994.

nucléaire contre un État qui n'est pas doté de l'arme nucléaire est, il faut bien le dire, relativement faible. Bien plus cette menace, si elle était effectivement brandie, pourrait stimuler la prolifération nucléaire.

La reprise des essais nucléaires souterrains était motivée, selon le président Chirac, par « la nécessité de garantir la sécurité, la fiabilité de notre dissuasion * ». La France a probablement un retard scientifique et technique dans le programme de simulation d'essais nucléaires, mais on ne voit pas clairement ce que ces essais souterrains ajoutent à la crédibilité de la force de dissuasion nucléaire océanique, dans la mesure où les nouveaux missiles M 45, avec leurs ogives nucléaires qui avaient déjà été testées, sont prêts à rentrer en service. Il est très probable, par ailleurs, que la signature par la France, en 1996, d'un traité d'interdiction des essais nucléaires, complément du traité de non-prolifération nucléaire prorogé en 1995, confortera sur le long terme le rôle essentiel de la Force océanique stratégique.

La dissuasion n'est pas la seule mission stratégique de la Marine nationale. En effet, la marinisation croissante de l'économie mondiale conduit, aujourd'hui sans doute encore plus que par le passé, à faire de la liberté des mers un principe international qui ne souffre pas d'exception. Toute atteinte à la liberté du trafic maritime peut déclencher une crise internationale sérieuse. La marine nationale doit donc conserver sa mission de contrôle des espaces maritimes, de transport et de protection des forces d'intervention sur le lieu d'une crise internationale. Elle a été présente dans l'Adriatique, avec les marines d'autres pays, pour protéger les forces de l'ONU engagées en Croatie et en Bosnie. Elle est de même intervenue à de multiples reprises au Liban, puis pendant le conflit entre l'Irak et l'Iran pour assurer la sécurité du trafic maritime en mer d'Oman.

---

* Jacques CHIRAC, Conférence de presse, 13 juin 1995.

Les forces navales constituent donc pour l'avenir un élément majeur de la manœuvre combinée avec les autres armées pour contrôler, ou interdire, certaines zones maritimes et projeter des forces à partir de la mer. Dans cette perspective, la possibilité de mobiliser une force aéronavale avec des porte-avions est tout à fait essentielle, comme l'ont montré la guerre du Golfe et la crise yougoslave. La construction du porte-avions à propulsion nucléaire, le *Charles de Gaulle,* et l'éventualité d'en construire un second du même type, pour remplacer le *Clemenceau* et le *Foch,* sont des éléments importants de cette stratégie navale tout comme la mise en chantier de deux grands bâtiments amphibies inscrite dans la loi de programmation 1995-2000.

La possibilité de transporter des forces et des équipements par mer, en cas de crise grave, repose sur la disponibilité de navires marchands qui pourraient être mobilisés ou affrétés. En effet, il est exclu que la marine puisse disposer en permanence de navires de transport comme les porte-conteneurs et les *Ro-Ro* nécessaires à toute expédition militaire. Ainsi, l'opération *Daguet,* pendant la guerre du Golfe, n'a pu être réalisée que grâce à l'affrètement de trente-six navires marchands civils. La flotte marchande doit donc être considérée à la fois comme un moyen à défendre et un moyen de défense. La loi de 1969 sur les Transports maritimes d'intérêt national (TRAMIN) permet, certes, la réquisition de navires civils en cas de crise, encore faudrait-il que les forces françaises puissent réellement disposer des navires de transport dont elles auraient besoin pour constituer une véritable force auxiliaire opérationnelle *.

La France doit donc préserver un noyau dur de navires

* En application de cette loi, deux flottes sont prévues : une flotte maritime de complément qui serait constituée, en cas de crise, de navires civils passant sous contrôle militaire, une flotte auxiliaire occasionnelle chargée de transporter des troupes et du matériel.

marchands battant pavillon national et mobilisables en cas de crise. Cela suppose que les armements français aient la volonté, mais aussi la possibilité, de maintenir une partie de leur flotte sous pavillon français. Pour le reste, le contrôle de navires marchands par des armements français est une garantie supplémentaire de pouvoir disposer, en cas de crise internationale grave, d'une flotte de commerce pour assurer les approvisionnements en matières premières stratégiques. En effet, il serait toujours possible, si les circonstances l'exigeaient, de faire repasser sous pavillon français des navires possédés par des armements français mais inscrits sur des registres étrangers (une opération dite de « repavillonement »). Ainsi, les États-Unis ont pris des dispositions législatives leur permettant de réquisitionner l'ensemble de la flotte contrôlée par des intérêts américains. Ils ont par ailleurs conclu des accords avec des pays comme le Liberia et Panama où est enregistrée une partie de leur flotte de commerce, pour réaliser en douceur une telle opération en cas de nécessité.

On peut penser également qu'une flotte marchande battant pavillon d'États de l'Union européenne constituerait une garantie supplémentaire pour assurer la capacité opérationnelle des forces navales françaises et européennes. Cela nous conduit directement à aborder le problème des options de la défense européenne qui restent encore totalement ouvertes.

La première question, sans doute la plus délicate, est celle que pose la dissuasion nucléaire dans la mesure où seuls la France et le Royaume-Uni disposent de l'arme nucléaire au sein de l'Union européenne. Plusieurs scénarios sont proposés périodiquement pour tenter de mettre sur pied une force de dissuasion nucléaire européenne. Il n'est pas inutile de rappeler qu'au début des années soixante, le président J. F. Kennedy avait proposé de créer au sein de l'OTAN une force navale multilatérale avec des sous-marins nucléaires. Son utilisation aurait été soumise à une double autorisation : celle des pays de l'Alliance atlantique d'une part et celle des États-Unis d'autre part, ceux-ci gardant un ultime droit de *veto*. Ce schéma, complexe et peu réaliste, a fait long feu ; de toute façon, il ne permettait pas de constituer une défense européenne réellement autonome.

Le schéma le plus fréquemment envisagé est celui d'une coopération navale franco-britannique pour constituer le dispositif central d'une force de dissuasion nucléaire européenne au sein de l'UEO. Cette coopération navale est déja importante dans la mesure où la *Royal Navy* et la Marine nationale participent à des manœuvres communes, notamment dans le cadre de l'OTAN (bien que la France ait quitté cette organisation), et où la Marine française suit largement les règles tactiques de l'OTAN et qui ont été fortement inspirées par les Britanniques. Le principe d'une extension de cette coopération est simple et séduisant sur le papier : il consisterait à combiner les forces stratégiques de la *Royal Navy* et de la Marine nationale, en constituant un *pool* avec, par exemple, trois sous-marins nucléaires lanceurs d'engins français de la classe du *Triomphant* et trois britanniques de la classe du *Vanguard*. Ces sous-marins seraient coordonnés dans leurs patrouilles et le choix de leurs cibles. Cette force aurait certainement une crédibilité technique, mais un problème de fond subsiste : celui de la décision de son engagement éventuel.

Il est certain que les gouvernements britanniques et français d'une part, leurs partenaires de l'UEO d'autre part, n'accepteront de faire jouer à une force nucléaire franco-britannique le rôle d'une arme de dissuasion sanctuarisant l'espace européen, que dans la mesure où il existera une véritable entité politique européenne avec ses contraintes et ses solidarités, et une vision claire de ses intérêts vitaux. À l'horizon d'une ou deux décennies, il est possible qu'il en soit ainsi. Cela suppose que le Royaume-Uni ait véritablement fait le choix de l'Europe et accepte le principe d'une défense européenne qui ne soit pas une simple composante de la défense atlantique.

Les modalités de création d'une force navale européenne classique sont, en revanche, probablement plus simples, car elles posent des problèmes politiques d'une moindre ampleur. Des précédents existent déja, puisqu'une force navale de l'UEO a été rassemblée pendant la guerre du Golfe et qu'une autre a été constituée en Adriatique à l'occasion de la crise yougoslave. Par ailleurs, les chefs d'État-Major des marines européennes ont pris l'habitude de se concerter. Les crises récentes ont mis en évidence la nécessité pour l'Europe de posséder une capacité d'intervention extérieure, sous la forme d'une Force d'action rapide combinant les forces qui existent déja en France, au Royaume-Uni, en Allemagne, en Italie et en Espagne. Elle devrait s'appuyer sur une force navale d'intervention, pouvant en particulier déployer des porte-avions et recourir à des navires marchands civils pour assurer le transport d'une force d'intervention et de sa logistique. Cette force navale, composée de détachements nationaux, serait placée sous un commandement commun dans le cadre de l'UEO.

La mise sur pied d'une composante méditerranéenne de cette force navale d'intervention, associant marines espagnole, française et italienne, a sans aucun doute un caractère d'urgence compte tenu de l'importance des enjeux en Méditerranée pour l'Europe. Cette coopération entre marines latines a déja commencé au niveau des états-majors. La France, l'Espagne et l'Italie ont d'ailleurs décidé de créer en Méditerranée une force d'intervention maritime commune à géométrie variable : Euromarfor. Elle pourrait être constituée de porte-aéronefs, de navires amphibies et de transport, etc. C'est une décision qu'il est maintenant indispensable de rendre opérationnelle. Euromarfor serait ainsi la composante méditerranéenne de la future force navale d'intervention européenne.

La coopération navale gagnerait aussi à s'appuyer sur

une coopération industrielle pour que les matériels maritimes soient standardisés et que les marines puissent travailler ensemble (c'est la notion d'« interopérabilité »). Le projet de construction de la frégate anti-aérienne *Horizon*, en commun par la France, le Royaume-Uni et l'Italie va dans ce sens. Cette coopération industrielle dans le secteur des armements pourrait être stimulée par la création d'une Agence européenne des armements. La coopération industrielle est toujours délicate car elle suppose, en effet, un accord sur des objectifs, des programmes et des moyens. Les succès d'Airbus, d'Ariane et de certains programmes militaires montrent que lorsque l'Europe sait organiser sa coopération industrielle, elle obtient des succès commerciaux *.

La défense de l'Europe, c'est aussi celle de ses côtes. Il ne s'agit pas tant de défendre le littoral contre un hypothétique envahisseur, mais bien davantage d'assurer des missions de service public au sens large du terme : surveillance du trafic maritime, protection de l'environnement, intervention pour prévenir les accidents, répression du trafic de drogues, etc. Dans chaque pays, plusieurs services ont, en général, cette responsabilité : marine, douanes, gendarmerie maritime ou son équivalent, etc. Les États-Unis ont confié le soin d'assurer la surveillance globale de leurs côtes aux *Coast Guards*, un corps militaire placé sous la tutelle du département des transports. En temps de guerre, ils sont placés sous le contrôle opérationnel de l'US Navy. Dotés de moyens importants, ils sont investis d'une mission de surveillance et de contrôle maritimes.

Il n'est probablement pas nécessaire de créer une organisation européenne centralisée de garde-côtes qui aurait à intervenir sur des théâtres aussi éloignés et aussi différents que les côtes de la Baltique et les parages de

---

* Le programme EUCLID de coopération militaire pour le développement technologique, l'équivalent du programme civil Eurêka, est aussi un premier pas dans cette direction.

la Sicile. En revanche, l'expérience des accidents survenus ces dix dernières années à des navires, et qui ont provoqué des marées noires, montre qu'il est certainement utile de créer, là encore, des forces de surveillance maritime et d'intervention communes par grandes zones géographiques (Baltique, Manche-mer du Nord, Méditerranée occidentale), auxquelles seraient affectés des moyens nationaux et des équipements communs. Placées sous l'autorité de commandements communs par zone géographique, et donc décentralisées, ces forces devraient disposer de vedettes rapides, de remorqueurs lourds, d'avions et d'hélicoptères d'observation, de moyens de lutte contre la pollution, de stations automatiques pour la surveillance du trafic, de moyens satellitaires (images radar et infrarouge).

C'est en quelque sorte la fédération de ces forces d'intervention décentralisées en centres régionaux qui constituerait le service européen de garde-côtes. Il pourrait être placé sous le commandement de la force navale européenne dans le cadre de l'UEO, tout en gardant sa mission civile spécifique. Son intervention serait requise, soit dans la ZEE européenne (c'est-à-dire en dehors des eaux territoriales) soit pour prêter assistance à des autorités nationales confrontées, par exemple, à une pollution marine de grande ampleur.

La création de forces navales européennes pour l'intervention et la surveillance est probablement une décision politique lourde. C'est la seule qui, à terme, permettrait de constituer une défense navale propre à l'Europe, garantissant son indépendance d'intervention en cas de crise. Ces forces navales ne demeureront certainement pas statiques. Elles intégreront, en effet, des innovations technologiques dans leurs logistiques, leurs systèmes d'armes embarqués, voire dans l'architecture des navires. Elles dépendront probablement, plus qu'aujourd'hui, de systèmes de télécommunications et d'observation par satellite, ainsi que des techniques d'intervention et d'observation sous-marines. C'est pourquoi la mise en œuvre d'une océanographie opérationnelle, avec un système d'observation des océans, constitue aussi un défi technique tant militaire que civile.

Aménager l'espace

Si la filière du transport maritime constitue l'une des options stratégiques de la politique maritime, celle-ci a besoin des points d'ancrage territoriaux que sont les ports. L'augmentation pratiquement continue du trafic maritime, ainsi que le progrès technique que représente l'introduction de nouveaux navires, tels que les porte-conteneurs, ont conduit à concentrer l'activité portuaire dans une douzaine de grands ports européens à vocation internationale. Ceux-ci sont autant de points d'entrée et de sortie de flux commerciaux irrigués par les grandes voies de communication terrestre. L'avènement des superporte-conteneurs de cinq mille EVP peut aussi amplifier ce phénomène de concentration. Ces gros navires, en effet, ne feront escale que dans un nombre restreint de ports européens, équipés pour les recevoir et bien reliés aux centres économiques du continent.

Plus généralement, un rapport de la commission des transports du Parlement européen, rédigé à la fin des années quatre-vingt, prévoyait qu'à l'horizon de l'an 2000 quarante ports dans le monde auraient une réelle vocation internationale et assureraient 60 % du trafic. Une question vient naturellement à l'esprit : y aura-t-il un port français parmi eux ? La France possède indubitablement deux grands ports de dimension européenne : Marseille et Le Havre.

Comme tous les ports français, ils ont connu de sérieuses difficultés, depuis de nombreuses années, comme le montre l'indicateur de la progression du trafic maritime qui est globalement faible pour les ports français. Ainsi, en 1994, les ports autonomes ont vu leur trafic régresser de 1,8 %

alors que tous les grands ports européens augmentaient leur activité, profitant de la reprise économique. Si l'on veut éviter qu'une part importante du trafic maritime destiné à la France ne continue à échapper aux ports français et ne soit dérouté, en particulier, vers Anvers et Rotterdam, il faut donner en priorité aux ports du Havre et de Marseille les moyens de rétablir leur compétitivité. Ils doivent être les deux grands pôles portuaires français *.

La capacité d'accueillir et de traiter le trafic conteneurisé est certainement un enjeu critique dans le contexte actuel. Le port de Rotterdam s'équipe de moyens techniques qui lui permettront de traiter sur de nouveaux terminaux cinq millions de conteneurs EVP par an. Les porte-conteneurs géants seront déchargés simultanément par une dizaine de portiques. L'automatisation du chargement et du déchargement des navires et du routage des conteneurs sur le port permet une économie de main-d'œuvre et de comprimer les coûts. Les exemples de Rotterdam, de Hambourg et d'Anvers montrent qu'à l'évidence le grand port du futur sera un vaste complexe associant des services portuaires très diversifiés, et en partie automatisés, à des industries connexes pouvant transformer des matières premières livrées au port : pétrole, minerais, produits agricoles, bois, etc.

Le premier problème à résoudre pour les ports français est celui des investissements destinés à financer à la fois les infrastuctures portuaires et les réseaux de communication avec l'*hinterland* (routes, voies ferrées rapides, canaux). La priorité absolue est le financement des plans d'équipement nécessaires pour assurer la compétitivité des ports de Marseille et du Havre : ils doivent être en mesure, en particulier, d'accueillir les

---

* Le trafic global du port de Marseille a encore régressé de 5,8 % en 1995. Toutefois, le trafic des marchandises diverses a progressé et celui des conteneurs a, pour la première fois, atteint les cinq cent mille unités.

futurs porte-conteneurs géants (cinq mille EVP et au-delà) et, éventuellement, les nouveaux navires très rapides. Il s'agit aussi de faire jouer les complémentarités entre ports, tout particulièrement entre Le Havre et Rouen, en évitant la redondance des installations portuaires. Ils ne pourront être compétitifs que s'ils travaillent ensemble. De la même façon, Dunkerque, Calais et Boulogne ne pourront rester à flot que s'ils évitent de se faire une concurrence désastreuse. Ils devraient probablement constituer, à l'avenir, une seule et unique entité portuaire.

Dans cette perspective, il est clair que l'État a toujours un rôle essentiel à jouer car c'est à lui qu'il appartient de planifier et de financer les grandes infrastructures d'intérêt national. Par ailleurs, les collectivités territoriales (régions et municipalités) ainsi que les acteurs économiques, en particulier les chambres de commerce, doivent exercer une influence accrue dans la gestion des ports (donc dans leurs conseils d'administration) qui devraient fonctionner comme de véritables entreprises publiques. L'application stricte du nouveau statut des dockers dans tous les ports français, péniblement négociée en 1993 et en 1994, ainsi que le retour à un bon climat social, sont les préalables du rétablissement de leur compétitivité.

Le raccordement des grands ports comme Le Havre et Marseille à l'arrière-pays par des réseaux terrestres est évidemment une opération fondamentale, mais elle n'a de sens que si elle est conçue à l'échelle européenne. À cet égard, un premier constat s'impose. Le territoire de nombreux pays européens, dont la France, supporte un volume considérable de transport de marchandises national, mais aussi transeuropéen. Le transit de marchandises à travers un pays croît à un rythme annuel de 5 à 7 % depuis dix ans. Il n'est que d'emprunter les grandes voies autoroutières de l'Europe pour constater que c'est le trafic routier qui a absorbé la plus grande part de la croissance des échanges de marchandises. Certaines voies comme la vallée du Rhône sont d'ailleurs saturées alors que le transport par le rail a fortement régressé.

En second lieu, il faut constater que sa réunification et la restructuration des économies de ses voisins de l'Est, conduisent à renforcer l'Allemagne dans son rôle de plaque tournante des échanges en Europe et donc celui de la voie rhénane. Avant la mise en service du canal Rhin-Main-Danube en 1992, la moitié du trafic fluvial européen était déjà germanique *. On peut dire que, par pesanteur en quelque sorte, le choix d'une politique des transports intégrant les voies maritimes et terrestres est certainement européen. Lorsque la Suisse, non sans raison, décide de limiter de façon draconienne le transit des poids lourds à travers son territoire, elle déclenche certes des protestations, mais elle oblige aussi à un effort de réflexion sur la politique des transports en Europe.

On doit donc se poser une double question : est-il possible de transférer vers les voies maritimes et fluvio-maritimes une partie du trafic terrestre ? Les ports français, par voie de conséquence, peuvent-ils être mieux intégrés dans ce dispositif européen ?

La réponse à la première question n'est pas simple. Le transport routier a l'avantage d'un service dit « porte à porte », donc de la souplesse, et son coût est relativement bas. Le transport par voie d'eau, le cabotage le long des côtes ou la navigation fluviale, exige au minimum deux transferts portuaires qui sont un handicap. Économiquement, le bateau a cependant des atouts pour tous les chargements lourds, notamment les vracs. Certains transferts de trafic de la route vers la voie d'eau ne sont évidemment pas possibles, certaines régions continentales enclavées ne pouvant pas être atteintes par le trafic fluvio-maritime.

Quoi qu'il en soit, le transport par navire ne pourra se développer que si les ports peuvent s'adapter pour

---

* Voir Institut de la mer, « Pour une Europe vivable » *La Revue maritime*, n° 435, 1994, p. 2.

améliorer la qualité et la rapidité des transbordements de cargaison en en diminuant les coûts. Une standardisation des dimensions des conteneurs se révèle aussi nécessaire. Une évolution des habitudes est aussi indispensable dans un pays de terriens comme la France. Ainsi, il faut constater que la navigation côtière, le cabotage, est relativement peu développé en France : il ne représente, en effet, que 7 % du trafic portuaire national total. En Italie et au Royaume-Uni, il est au contraire relativement important. La France pourrait transférer une partie de son commerce extérieur européen de la route à la voie d'eau, en particulier au cabotage, et soulager d'autant ses axes routiers. Le transport fluvio-maritime est un secteur où la politique communautaire devrait être plus active en aidant, par les fonds structurels destinés aux régions, la modernisation des infrastructures portuaires et des voies navigables. La mise en service de navires rapides sur certaines lignes (Barcelone-Marseille-Gênes par exemple) permettrait aussi de soulager le trafic routier.

Quant à la géostratégie des transports européens, elle permet de répondre positivement à la seconde question, dans la mesure où elle prend en compte, pour la France, le renforcement prioritaire du raccordement des ports du Havre et de Marseille à leur *hinterland* et à la grande diagonale Londres-Milan-Gênes *. C'est la voie de passage obligée si l'on veut donner un véritable statut européen à ces deux ports. Le Havre et Rouen ont un *hinterland* naturel avec la vallée de la Seine qui les met en communication avec la région parisienne, mais leurs relations vers l'est et la grande artère du Rhin sont insuffisantes pour capter des flux de marchandises dont les débouchés naturels sont les grands ports de la mer du Nord. Le renforcement des liaisons ferroviaires rapides et fluviales du complexe Le Havre-Rouen vers l'est et le nord-est, par l'Oise, est donc prioritaire.

---

* Qu'on appelle aussi la « banane bleue ».

Pour Marseille, c'est la liaison fluviale Rhin-Rhône qui est la donnée stratégique. Il s'agit, en fait, de mettre au grand gabarit le couloir de circulation entre le Rhin et la Saône, soit un canal de deux cent trente kilomètres de Dôle à Mulhouse à travers la trouée de Belfort. Cette voie pourrait ainsi être empruntée par certains navires de mer qui ont besoin d'un tirant d'eau d'au moins 3,5 mètres. La liaison Rhin-Rhône à grand gabarit relierait Marseille à l'Europe centrale. Il est clair que si le complexe portuaire marseillais ne parvenait pas à surmonter ses difficultés sociales et structurelles, alors la liaison Rhin-Rhône aspirerait une nouvelle fraction de trafic vers les ports de la mer du Nord. L'aménagement de cette voie de circulation est donc un pari sur le dynamisme marseillais. Avec le canal à grand gabarit du Rhône à Sète, elle permettrait à ce port de jouer le rôle d'un avant-poste de Marseille et de lui assurer un débouché vers le nord.

Il reste qu'un dernier objectif s'impose : celui d'éviter la marginalisation de la France du Grand-Ouest, qui s'étend de l'estuaire de la Seine à Bayonne, et avec elle de ports comme Nantes-Saint-Nazaire, La Rochelle et Bordeaux. Là encore, c'est le développement des relations avec leur *hinterland* par voie terrestre qui est crucial. Il suppose la construction de réseaux multimodaux associant transport maritime et transport terrestre. Tout cela requiert une véritable politique européenne des transports ainsi qu'une volonté politique de faire plier les corporatismes et les particularismes qui, en France souvent plus qu'ailleurs, ont tendance à borner l'horizon à la frontière de régions qui ont rarement une dimension européenne. C'est le prix à payer pour que la chaîne du transport maritime trouve encore des points d'ancrage sur le territoire français.

Protéger le littoral

Marées noires de l'*Amoco Cadix* et du *Haven*, proliférations algales chroniques de la Baltique à l'Adriatique, rejets en mer des pétroliers à l'occasion d'opérations de déballastage interdites, etc. Les atteintes, visibles et invisibles, à l'environnement littoral n'épargnent aucune côte d'Europe. La protection de l'environnement marin peut être considérée comme une dimension de l'aménagement des côtes européennes. Dans le même ordre d'idées, on peut penser également que l'absence de politique d'urbanisation du littoral dans certains pays, dont la France, a conduit à une véritable pollution visuelle par le béton qui a détérioré les paysages côtiers. Les traces en sont visibles sur la Costa Brava en Espagne, sur les côtes du Languedoc et sur la Côte d'azur. Cette pollution a l'inconvénient d'être plus durable que les marées noires et de ne pas être biodégradable... Il est vrai que l'action du Conservatoire du littoral a permis heureusement de préserver une partie des sites côtiers des ravages du béton *.

L'aménagement du territoire à l'échelle de l'Europe, c'est donc aussi la protection des côtes contre une urbanisation irrespectueuse des sites naturels et du passé maritime inscrit dans les paysages urbains. Il est certes difficile d'attendre cette protection de lois européennes inapplicables dans un contexte où les réglementations nationales continueront à s'imposer. À tout le moins, l'Europe pourrait-elle aider les pays à protéger leur patrimoine maritime et susciter une prise de conscience.

La protection de l'environnement marin, au sens large du terme incluant la haute mer et les côtes, pose des problèmes très complexes qui, pour la plupart, peuvent trouver une solution à l'échelle européenne. Le traité de Rome ne soufflait mot du littoral, mais l'environnement est devenu une compétence communautaire avec l'Acte unique européen de 1987 et le traité de Maastricht. D'ores et déjà, l'environnement marin et sa protection ont fait

* Le Conservatoire du littoral est parvenu à acquérir cinq cents kilomètres de côtes françaises (pour un linéaire côtier de cinq mille cinq cents kilomètres) en vingt ans d'existence.

l'objet de multiples conventions européennes ouvrant la voie à des actions communautaires. Celles-ci visent d'une part à protéger le milieu marin contre la pollution par des substances diverses (produits chimiques, pétrole, déchets radioactifs), en général par voie réglementaire, et d'autre part à mettre en place des moyens d'intervention en cas d'accident. Le programme d'action communautaire en cas de pollutions marines massives consiste essentiellement en un inventaire des substances dangereuses et des moyens de lutte comme ceux dont dispose, en France, le centre d'intervention de Brest, le CEDRE.

Les conventions qui ont été signées balisent le terrain juridique en matière d'environnement marin européen et forment un faisceau complexe de règles et d'interdits. La convention d'Oslo sur la pollution de la mer par l'immersion des déchets, signée en 1972, est la première de son espèce ; elle a été complétée par la convention de Londres de 1982 qui établit un moratoire sur l'immersion des déchets radioactifs. Celle de Paris, datant de 1974, prévoit la lutte contre la pollution marine d'origine tellurique, tandis que la lutte contre la pollution en Méditerranée, zone particulièrement sensible, fait l'objet de la convention de Barcelone de 1976 et du PAM, le Plan d'action pour la Méditerranée. Le PAM a permis de lancer un certain nombre d'actions coordonnées entre les pays des deux rives *. Un centre régional de lutte contre les pollutions par les hydrocarbures a été établi à Malte pour fournir une assistance technique aux riverains en cas d'accident.

La mer du Nord fait également l'objet d'une préoccupation spécifique du fait des risques de pollution inhérents à l'intensité du trafic maritime et aux activités pétrolières *off-shore*. La *North Sea Task Force*, créée par les

* Le PAM a été lancé, en 1975, sous l'égide du Programme des Nations unies pour l'environnement (PNUE) qui en a fait un test de son action sur les océans.

pays riverains, a permis, elle aussi, de lancer des actions de recherche coordonnées pour repérer et mesurer l'impact des pollutions de toutes origines.

La protection de l'environnement marin, tout comme d'ailleurs la sécurité du trafic maritime appellent une coopération transfrontalière et donc européenne. Elle est l'un des domaines où l'Europe doit appliquer le principe de subsidiarité, cher à Jacques Delors, et qui figure en bonne place dans le traité de Maastricht. Il s'agit d'abord de disposer d'un état des lieux permanent avec des indicateurs de qualité des eaux du littoral et de présence de polluants en haute mer. C'est, en particulier, la mission de l'Agence européenne de l'environnement de Copenhague. Il est nécessaire, ensuite, d'engager des programmes de recherche concertés sur les questions les plus critiques, telles que la compréhension de l'origine de pollutions chroniques par certaines algues, la biodégradation de certains polluants, mais aussi sur les moyens les plus appropriés pour protéger l'environnement marin. Le démantèlement des plates-formes pétrolières *off-shore* à la fin de leur vie active posera des problèmes complexes : il s'agit d'en prévoir les règles et les modalités *. Enfin, la lutte contre les pollutions en cas d'accidents pourrait être confiée aux *task forces* organisées sous l'autorité de garde-côtes européens coordonnant les moyens des pays de la région concernée.

L'Europe doit aider ses membres à concilier les exigences du développement économique des régions littorales avec les impératifs de la protection de l'environnement et du patrimoine maritimes. Un rapport sur la politique du littoral, rédigé par un parlementaire, Yvon Bonnot, et remis en juillet 1995 au premier ministre Alain

---

* Il existe environ quatre cents plates-formes qu'il faudra démanteler en mer du Nord. À la suite de l'affaire Brent Spar qui a mis en cause la société Shell en 1995, la solution de leur démantèlement en mer est sans doute exclue, même si elle est probablement sans risques.

Juppé, soulignait d'ailleurs la nécessité d'envisager un développement économique global des façades maritimes respectueux de leur environnement.

Si l'organisation et la gestion de l'espace littoral doivent rester une responsabilité nationale, l'échange d'expériences et les actions communes pour protéger et aménager le littoral sont, en revanche, des tâches qui incombent à l'Union européenne. Ainsi, par exemple, le soutien à des activités aquacoles, notamment en Méditerranée, où il existe encore des espaces pour les promouvoir, relève certainement d'une action européenne qui aurait à la fois un impact sur l'économie et sur les paysages littoraux.

Conserver des navires européens : le syndrome du vaisseau fantôme

L'exercice de la puissance maritime reposait, jadis, sur la capacité de contrôler une flotte marchande battant son pavillon. Cette flotte assurait le transport de marchandises et de matières premières essentielles à l'activité économique, mais elle constituait aussi, en quelque sorte, un vivier dans lequel les forces navales pouvaient puiser en cas de conflit. C'est le principe sur lequel a fonctionné, en France, l'*Inscription maritime*. Aujourd'hui, si une partie des problèmes a changé de nature, les questions de fond et certains enjeux demeurent : comment peut-on assurer que des pays comme la France, et plus généralement l'Europe, conserveront une autonomie minimale en matière de transport maritime ? Poser cette question paraît à beaucoup de responsables du monde politique et économique une incongruité, car pour eux la cause est entendue.

Les difficultés que connaît la filière du transport maritime, la nécessité de mettre fin à une politique de subventions publiques aux entreprises du secteur maritime (en particulier la construction navale) dont le résultat n'est pas probant, enfin l'impossibilité de s'opposer aux forces du marché, sont autant de raisons de renoncer à une action volontariste, tant au niveau national qu'européen. Il est vrai que toute politique du transport maritime est prise entre le marteau tenu par ceux qui souhaitent obtenir les frets les plus bas possibles, les chargeurs notamment, et l'enclume des transporteurs qui veulent une activité rémunératrice. Rien n'est donc simple !

Pour la France, comme pour l'Europe, l'objectif est triple. Il s'agit d'abord, en contrôlant une flotte marchande, de s'assurer une autonomie minimale dans le transport maritime nécessaire au commerce international. On peut penser, en effet, que la neutralité d'un agent économique est douteuse dès qu'il est à la fois prestataire d'un service intermédiaire, comme le transport maritime, et concurrent sur le produit final. Tel est le cas de pays en voie d'industrialisation, et bien sûr du Japon qui a assigné à ses entreprises l'objectif d'être les leaders de la production automobile et du transport maritime. Il est difficile de fixer un objectif quantitatif à l'Europe, mais on peut penser qu'il serait dangereux qu'elle ne possède pas au moins la moitié du tonnage nécessaire à son commerce par voie maritime et, sans doute, une proportion plus importante (les deux tiers ?) pour la flotte assurant le transport des matières premières stratégiques, notamment le pétrole *.

Le deuxième objectif qui, lui, a un caractère stratégique, est de préserver la compétence maritime en gardant en service des marins et surtout des officiers. L'expérience du passé montre que renoncer à toute possibilité de contrôler des navires marchands, c'est, pour la France comme pour ses partenaires européens, courir le risque

* L'Europe (sans la Grèce) contrôle aujourd'hui environ 15 % de la flotte mondiale (28 % il y a dix ans), mais elle participe à environ 30 % du trafic maritime en tonnage.

d'abandonner à terme toute compétence et tout savoir-faire en matière de transport maritime. Les navires marchands sont des moyens de transport qui valent par leur qualité technique et les services qu'ils peuvent rendre, mais aussi par le savoir-faire de leurs équipages. La priorité est sans doute de préserver des emplois d'officiers formés en France et naviguant à bord de navires français ou étrangers. Le pavillon importe peu, car dans l'éventualité d'une crise internationale de longue durée, il serait toujours possible de rapatrier ces officiers pour les employer sur des navires français.

Enfin, le troisième objectif est de maintenir en Europe un métier d'armateur avec tout ce qu'il implique comme responsabilités et comme capacités à faire vivre des ports européens, à créer de nouvelles activités de service en Europe et outre-mer, à stimuler une offre de techniques innovantes utiles à la profession. On peut résumer ce problème clé de toute politique maritime par une formule lapidaire : pas d'armateurs, pas de flottes !

Il n'y a pas de voie unique pour atteindre chacun de ces objectifs, d'ailleurs complémentaires. Il reste cependant que la question du pavillon des navires, ou de leur registre d'inscription, tend, surtout en France, à obscurcir une partie du débat, tant il a un côté symbolique. Le pavillon symbolise, en effet, la souveraineté d'un pays sur un navire. Ainsi, en France, le commandant d'un navire a une fonction publique officielle : il est officier d'État civil et chargé du maintien de l'ordre à bord de son navire. Au-delà du symbolique, le pavillon national impose des obligations aux armateurs, parmi lesquelles figure le monopole d'emploi des Français à bord des navires qui souffre des exceptions de principe pour les navigants européens *.

---

* Un arrêt de la Cour de justice européenne avait cassé, en 1974, ce monopole d'emploi des Français à bord des navires sous pavillon français.

L'ouverture de registres nationaux *bis* en Norvège, au Danemark, au Royaume-Uni et en Allemagne, mais aussi en France (le registre des TAAF), a permis de résoudre, partiellement, le problème des pavillons, car elle a relâché une partie des contraintes qui pèsent sur les navires armés sous registre national pur et dur. La voie moyenne, pour l'avenir, consiste probablement à garder un minimum de navires battant pavillon national avec des équipages nationaux, ce qui préserverait un potentiel et un savoir-faire indispensables à des besoins stratégiques, tout en laissant la possibilité aux armements européens d'opérer avec des pavillons *bis* offrant des garanties techniques de sécurité. C'est le seul moyen réaliste de conserver des flottes européennes. Le combat que mènent les syndicats de marins pour préserver toutes les règles d'embauche actuelles risquerait de se terminer, s'il était mené jusqu'au bout, par un sabordage définitif des flottes européennes.

C'est dans ce contexte délicat que s'inscrit le projet de création du pavillon européen *Euros* qui, pour l'instant, est resté dans les tiroirs de la Commission de Bruxelles, faute d'un accord politique. L'ouverture d'un registre communautaire permettrait de faire naviguer sous pavillon européen à certaines conditions. Les navires devraient être immatriculés également dans un registre national et satisfaire à des normes de sécurité strictes. Tout le débat porte, en réalité, sur la nationalité de l'équipage du navire et sur les aides étatiques dont celui-ci pourrait bénéficier pour que le pavillon européen soit réellement attractif. La Commission et la plupart des États de l'Union européenne semblent s'accorder sur le principe de ne conserver qu'un quota minimal d'officiers européens : le commandant ainsi que deux ou trois officiers.

De fait, on s'aperçoit, à travers les débats sur le pavillon européen comme sur les aides à la construction navale et à l'achat de navires, que l'Europe n'a pas de réelle politique du transport maritime. Elle a essayé de naviguer au plus juste entre les contraintes d'un marché unique européen et les périls d'une perte complète de son identité maritime. Certains pays, comme le Royaume-Uni et le Danemark, hostiles par principe à toute intervention étatique ou communautaire, et qui avaient d'ailleurs en partie résolu le problème de leur flotte marchande, se sont évertués à bloquer toute tentative de remédier aux causes du déclin. La mise en service d'un registre européen *Euros* ne sera qu'un palliatif sans grand effet, si l'on ne tire pas les leçons de l'expérience des pays asiatiques, au plan national et européen. En effet, les pays asiatiques ont su engranger les bénéfices d'une politique de filière maritime allant des industries situées en amont de la construction navale, la sidérurgie et la mécanique par exemple, aux activités de service comme le transport maritime.

Régler le problème épineux des pavillons n'est pas suffisant, il faut aussi que l'Europe ait la volonté politique de soutenir par des actions complémentaires l'acquisition de navires par des armements européens. L'âge moyen des flottes marchandes européennes est relativement élevé – dix-huit ans – et leur renouvellement est donc inéluctable. L'aide financière à l'achat d'équipements lourds embarqués, outre qu'elle permet de compenser partiellement les surcoûts d'équipages européens, stimule aussi l'offre de matériels construits en Europe. Les subventions étatiques, voire communautaires, ne devraient être accordées qu'avec des conditions sur l'emploi d'équipages européens et sur les pavillons (nationaux ou *Euros*) et sur la sécurité des navires. Elles devraient être accordées, dans toute la mesure du possible, pour l'achat d'équipements que les entreprises européennes peuvent construire à des prix compétitifs, tout en étant compatibles avec les règles internationales d'aide à la construction navale. Le Japon a pratiqué une telle politique par des biais divers. Quant aux États-Unis, ils jouent dans le domaine maritime la carte du protectionnisme, estimant que la liberté des autres s'arrête là où leur avenir est en jeu (comme le montre le maintien du *Jones act*). C'est pourquoi l'accord OCDE qui prévoit la suppression des aides à la construction navale n'est qu'un leurre.

En France, la mise en place de mesures fiscales favorisant le système des quirats (l'achat de parts de navire par des particuliers) devrait compléter ce dispositif. Le principe en a été retenu lors d'un comité interministériel de la mer en 1995. L'aide à la recherche technologique est également indispensable pour préparer l'avenir de la construction navale et des industries d'équipement : construire les navires rapides du futur, améliorer la sécurité, automatiser certaines tâches à bord et dans les ports, etc. C'est un domaine où la politique communautaire devrait être plus active.

Il reste qu'un problème particulier se pose à la France dans la construction navale : celui de la coexistence d'un secteur militaire et d'un secteur civil dont les synergies sont insuffisantes. À terme, seules les activités liées aux forces navales stratégiques devraient garder un statut d'arsenal. Pour le reste, les activités civiles et militaires devraient fusionner au sein d'un ou deux chantiers polyvalents. Cette solution devrait assurer la compétitivité globale de l'appareil industriel français dans ce secteur. C'est une condition de sa survie.

Les accidents catastrophiques survenus à des ferry-boats, les marées noires dont pâtissent certaines côtes à la suite de collisions ou d'incendies de pétroliers ainsi que l'échouage de cargaisons dangereuses (pesticides, détonateurs), rendent indispensable le renforcement de la sécurité des navires et de la navigation. Selon les statistiques de l'Institut des assureurs de Londres, cent trois navires auraient été perdus en 1994 et les naufrages auraient fait mille quatre cents victimes *. Au plan inter-

* Six pavillons « comptabilisent » les trois quarts des pertes : Malte, Chypre, Panama, Liberia, Iran, Turquie. Seuls les navires de plus de cinq cents tonnes sont pris en compte.

national, l'Organisation maritime internationale (OMI), une agence de l'ONU, a la charge d'établir les règles de sécurité et de veiller à leur application. Mais c'est à l'État du port dans lequel un navire fait escale qu'il appartient de vérifier sa conformité aux réglementations internationales de sécurité. L'Europe a un rôle à jouer dans ce domaine, elle s'y est d'ailleurs engagée, en promouvant la construction de navires plus sûrs et en vérifiant, par un contrôle plus draconien, que les navires relâchant dans ses ports et empruntant les grandes voies maritimes européennes présentent toutes les conditions requises de sécurité.

Les flottes européennes sont à un point de bifurcation. Il dépend d'une volonté collective que la politique du transport maritime ne soit pas un « sauve-qui-peut » individuel, chaque pays adoptant les quelques mesures qui lui permettent de sauver un potentiel souvent déjà au dessous du seuil critique, mais au service d'une ambition européenne.

Dans le secteur stratégique des hydrocarbures *offshore,* dont nous avons vu l'importance des enjeux techniques et économiques, l'Europe a des atouts technologiques incontestables qu'elle doit préserver. Qui plus est, l'exploitation du pétrole par grands fonds est un défi technique qui, pour être relevé, exige un effort important de recherche et de développement technologique. Des marchés s'ouvriront aux entreprises européennes capables d'offrir de la technologie et des services. C'est une des composantes de la politique maritime que l'Europe devrait prendre en compte, notamment dans ses programmes de recherche.

En organisant, depuis 1992, un forum des industries maritimes à l'initiative du commissaire chargé de l'industrie, Martin Bangemann, la Commission européenne a pris de bonnes résolutions. Ce forum, rassemblant des industriels, des fonctionnaires et des chercheurs, a pour mission d'identifier des objectifs pour les industries de la mer ; les problèmes du transport maritime y ont tenu une large place. Il joue un rôle utile de sensibilisation mais, jusqu'à présent, les conclusions pratiques n'ont pas été à la hauteur des espoirs. Toutefois, lorsque à l'initiative du commissaire européen chargé de la recherche, Édith Cresson, la Commission a créé en 1995 des *task forces* chargées d'identifier les thèmes de recherche prioritaires pour l'Europe de demain, il est apparu que le transport maritime pourrait être l'un d'eux. La Commission de Bruxelles est lente à se convaincre que l'Europe de la mer a un avenir ! Il faut aussi avouer que la France a bien rarement plaidé en sa faveur dans les instances européennes. Elle est pratiquement restée silencieuse sur ce sujet depuis de nombreuses années, jugeant, sans doute, que des dossiers comme ceux de l'agriculture méritaient une plus grande vigilance de sa part.

Préserver une pêche responsable

Depuis le début des années quatre-vingt-dix, la politique de la pêche française et communautaire donne l'impression de se comporter comme un moteur de chalutier qui ronronne avec de fréquents ratés qui impriment un mouvement chaotique au navire, à tel point que l'équipage ne sait pas très bien où il va. Les écueils sont cependant signalés par des feux, mais le pilote affecte de les ignorer. Le diagnostic des maux dont souffre la pêche a été fait. Ils sont multiples et les dysfonctionnements n'affectent pas tous les pays de la même manière.

La France est immergée depuis plusieurs années dans une crise sérieuse de la pêche, mais il est probable que l'Italie, et surtout l'Espagne dont une partie importante de la flotte a une productivité faible seront entraînées, à plus ou moins brève échéance, dans une crise de même nature. Les conséquences pour l'Espagne risquent d'en être plus sérieuses que pour la France, dans la mesure où la pêche y représente près de cent mille emplois de marins et où l'économie de certaines régions, comme la Galice et l'Andalousie, en dépend fortement.

L'objectif pour les pays qui, comme la France, ont encore une pêche compétitive, est de préserver cette activité indispensable à l'économie locale dans des petites villes côtières, en garantissant aux pêcheurs une rémunération décente de leur travail. C'est pourquoi la priorité absolue est de laisser toutes ses chances à la pêche artisanale.

Cela dit, compte tenu de l'intrication des zones de pêche fréquentées par les navires français et celles de leurs collègues européens (60 % des ressources exploitées par les flottilles françaises se trouvent dans les eaux de juridiction d'autres États européens), il est indispensable de trouver une solution européenne au problème posé par l'exploitation des ressources *. C'est un préalable au maintien d'une pêche compétitive en Europe. La politique européenne de la pêche fonctionne sur le principe du contingentement des captures : des TAC (Total admissible des captures) sont définis pour chaque espèce, et des quotas de pêche sont attribués sur cette base chaque année aux pays de l'Union européenne qui les distribuent à leurs pêcheurs. Ce système de contingentement des captures est supposé contrôler indirectement l'effort de pêche. Il s'est révélé inefficace, car il n'a pas permis d'éviter la surexploitation d'une partie de la ressource, faute d'un contrôle strict des tonnages pêchés dans chaque pays.

Il n'y a pas de solution idéale et simple pour contrôler l'accès à la ressource, d'autant moins que les flottilles sont fréquemment multispécifiques (elles pêchent plusieurs espèces). La mesure la plus simple, c'est la limitation stricte des jours d'accès à une zone de pêche et du

---

* La pêche française dépend de la bonne santé d'une vingtaine de stocks européens.

nombre de navires. Elle présente l'inconvénient majeur de ne pas laisser aux pêcheurs la maîtrise de leur temps de travail ; elle suppose aussi que l'on détermine des navires standards avec des engins de pêche normalisés. C'est une opération qui peut être sujette à contestation.

L'Europe s'est néanmoins engagée dans cette voie, en instaurant pour chaque État, en 1996, des plafonds de pêche par zone et pour certaines espèces. Ce régime constitue, en quelque sorte, un aménagement du système des quotas qui est loin d'être satisfaisant car il est trop global *.

La solution la plus draconienne, et sans doute la plus efficace à long terme, consisterait à mettre en place un système de « quotas individuels » (en fait des licences individuelles). Chaque pêcheur, ou chaque entreprise, se verrait attribuer un quota de pêche pour une espèce de poisson ou pour plusieurs espèces. L'expérience de la Norvège et de l'Islande, qui ont déja mis en place un dispositif de quotas individuels, est positive ; elle montre que la mesure peut être efficace. Ainsi en Islande, des contingents par navire pour la pêche au hareng ont été instaurés, les transferts de contingents entre navires étant autorisés. Ce dispositif a été étendu à la pêche au capelan, puis à d'autres espèces. En Norvège, les quotas sont fixés par pêcherie puis pour chaque navire en fonction de sa taille et de ses engins de pêche par le ministère de la Pêche.

Il est hors de question de gérer un tel système centralement depuis Bruxelles, voire depuis Paris. Il suppose néanmoins une concertation entre les pouvoirs publics nationaux et les professionnels de la pêche. Le cadre régional est probablement le plus approprié pour gérer les quotas nationaux, c'est-à-dire pour attribuer sur cette

---

* Ces plafonds sont établis sur la base du nombre de kilowatts (la puissance des navires) multipliés par le nombre de jours de pêche.

base les quotas individuels. Les Organisations de producteurs (OP) qui ont été créées dans tous les pays européens constituent probablement les organismes les plus aptes à le faire.

Il faut sortir, en effet, d'un système d'irresponsabilité généralisée, où la ressource est supposée être un bien collectif et personne ne se sent responsable de sa préservation. Il est souhaitable que les pêcheurs assurent eux-mêmes cette responsabilité collective. Bien entendu, un système de quotas individuels ne peut être efficace que si des mesures de contrôle sont mises en place. Au niveau régional, les pêcheurs disposant d'un quota devraient ainsi déclarer les tonnages capturés à chacune de leurs marées, là où ils les débarquent ; des contrôles nationaux seraient organisés périodiquement sous la responsabilité des Affaires maritimes. Quant à Bruxelles, en application du principe de subsidiarité, sa tâche devrait être de contrôler les contrôleurs.

L'instauration des quotas individuels n'est probablement pas une opération simple du fait du caractère multispécifique de certaines pêcheries, et les contrôles nécessiteront des moyens administratifs, mais elle constitue probablement la seule solution efficace pour protéger la ressource. C'est aussi un moyen de mettre en œuvre une véritable gestion des pêcheries et de mettre fin, en France, à la pratique des subventions à la profession sans contreparties sérieuses.

La mise en place d'un système d'accès à la ressource, pierre d'achoppement de toute politique de la pêche européenne, devrait sans doute être accompagnée de mesures de soutien aux professionnels dans une période transitoire afin de restructurer la filière en réduisant l'effort de pêche tout en modernisant la flotte si c'est nécessaire, d'aider les pêcheurs à commercialiser leur production et enfin de réduire leur endettement.

La solution du problème de la commercialisation des produits de la pêche passe, en France, par un développement de l'action du Fonds d'intervention et d'organisation des marchés (FIOM), mais aussi par une rationalisation du mareyage. La politique actuelle, encouragée par les collectivités territoriales, vise à maintenir des criées dans un grand nombre de ports de pêche en les modernisant. Elle est probablement inadaptée et globalement peu efficace ; de plus, elle est coûteuse. En effet, la grande distribution a pris une place prépondérante dans le secteur des produits de la mer, et c'est donc l'accès des pêcheurs à ce circuit qu'il faut faciliter. Le mareyage ne doit être maintenu et modernisé que dans un nombre limité de ports du littoral.

Œuvrer avec les pêcheurs pour qu'ils pratiquent une pêche responsable est un objectif qui ne concerne pas uniquement les eaux européennes. En effet, les incidents sérieux qui ont opposé l'Union européenne au Canada, en 1995, à propos de la pêche au turbot au large de Terre-Neuve, les incidents de même nature survenus entre l'Espagne et le Maroc, montrent à l'évidence que la responsabilité à l'égard des ressources est un principe d'application universelle. Or, la Commission de Bruxelles a la responsabilité de conclure des accords de pêche avec des pays tiers, en particulier avec les pays en développement d'Afrique.

Les licences de pêche concédées par ces pays à l'Europe sont accompagnées de contreparties financières et d'une aide économique. Les intérêts sont donc équilibrés, en principe, car l'Europe a besoin d'importer du poisson pêché en dehors des eaux communautaires pour satisfaire une demande qui est allée en croissant *. Ces accords sont donc utiles et ils participent, dans une certaine mesure, d'une politique d'aide au tiers-monde, notamment aux pays africains pour lesquels la pêche et

* Au début des années quatre-vingt dix, les importations représentaient 54 % des captures communautaires contre 30 % en 1984.

l'aquaculture constituent une ressource non négligeable *. Néanmoins, ils n'ont de sens que si les pêcheurs européens respectent, là encore, les quotas fixés par ces accords. Les pays concernés voudront certainement à l'avenir surveiller l'accès à la ressource dans leur ZEE, l'utilisation de satellites est l'un des moyens envisagés.

Le métier de pêcheur demeure difficile et dangereux ; d'ailleurs des progrès pour assurer la sécurité du travail à bord des navires doivent encore être accomplis. Si le pêcheur conserve dans l'opinion publique un important capital de sympathie, la pêche n'est pas à l'abri de mouvements d'opinion suscités par les mouvements écologistes, avec de bons et de mauvais arguments, pour attirer l'attention sur les menaces qui pèseraient sur les ressources marines. Ces campagnes pourraient conduire au boycott de certains produits de la pêche : les pêcheurs utilisant des filets dérivants pour la pêche au thon dans le Pacifique en ont fait l'expérience à leurs dépens.

Avoir une attitude responsable à l'égard d'une ressource qui est un patrimoine commun est donc une nécessité pour les pêcheurs de tous les pays, c'est une question de survie de leur métier. Jusqu'à présent la plupart des pêcheurs européens n'en ont pas encore pris conscience et les gouvernements, par timidité ou par manque de courage, ne les ont pas aidés à faire cette véritable révolution culturelle. Il est vrai que la nouvelle convention internationale sur les « stocks chevauchants », parachevée en 1995, incitera à plus de responsabilités les pays « pêcheurs ». C'est un pas dans la bonne direction.

La recherche halieutique joue un rôle essentiel dans le dispositif d'exploitation et de protection des ressources de pêche. Elle permet, en effet, d'évaluer systématiquement les stocks, de tenter de prévoir l'impact de l'effort

---

* Des *joint-ventures* entre entreprises européennes et africaines sont aussi une forme intéressante de cette politique. Le groupe français Adrien l'a pratiqué avec intelligence.

de pêche sur leur évolution et leur reproduction. L'Europe est dotée d'un réseau de centres de recherche halieutique performants : les laboratoires de l'IFREMER, en France, ceux du ministère de l'Agriculture et des Pêches au Royaume-Uni, de l'IEO en Espagne et de l'ICRAM en Italie et bien sûr ceux des pays scandinaves *. Les Britanniques et les Scandinaves ont été, en particulier, les initiateurs de travaux sur les modèles rendant compte de l'évolution des populations de poissons et sur la sélectivité des engins de pêche.

Une recherche halieutique de haut niveau est donc la base sur laquelle s'appuie l'expertise scientifique qui permet de fixer les TAC. Certes, la recherche ne produit pas toujours des certitudes dans un domaine aussi délicat à appréhender que les systèmes vivants. Néanmoins l'expérience montre que la plupart des analyses des halieutes ont été confortées par les faits. Le Conseil international pour l'exploration de la mer (CIEM) de Copenhague réunit périodiquement des commissions d'experts qui examinent les données relatives à cent vingt stocks de poissons d'intérêt commercial. Sur ces bases, ils donnent des avis sur l'évolution de ces stocks, avis pris en compte, en principe, dans les politiques de gestion des pêcheries **. Le Comité scientifique et technique des pêches, créé auprès de la Commission européenne, fait un travail analogue, en grande partie fondé d'ailleurs sur les travaux du CIEM. Tous ces travaux d'expertise contribuent à forger un consensus scientifique sur l'état des ressources et sur les menaces qui les guettent. Mais on remarquera que les niveaux fixés par la Commission européenne pour les TAC et les quotas de pêche, en accord avec le Conseil des ministres des pêches,

* IEO : Institut espagnol d'océanographie. ICRAM : Istituto centrale per la ricerca scientifica e tecnologica applicata al mare.

** Le CIEM est une organisation internationale dont font partie une vingtaine de pays d'Amérique du Nord et d'Europe ; son président est actuellement un Français, Alain Maucorps.

ont été supérieurs, en général, aux estimations que les comités scientifiques considéraient comme raisonnables *.

Des travaux de recherche sont indispensables pour mieux comprendre le phénomène du recrutement des espèces et trouver des modèles qui rendent mieux compte de la réalité en intégrant davantage les données biologiques et physiques. Dans la mesure où les ressources de pêche sont un patrimoine commun aux États de l'Union européenne, il serait utile et légitime de communautariser une partie importante de la recherche halieutique. En effet, il n'y a plus beaucoup de raisons à ce que la recherche sur la pêche soit une compétence exclusivement nationale, même si les gouvernements souhaitent légitimement conserver une expertise pour défendre les intérêts de leurs professionnels et traiter les problèmes spécifiques que pose la pêche côtière. L'évaluation des stocks, la modélisation de leur comportement, les études sur l'impact des efforts de pêche, ont tout à gagner à être entreprises dans le cadre de programmes européens.

La recherche européenne sur la pêche pourrait s'appuyer sur des laboratoires nationaux, mais dans le cadre de programmes élaborés et financés sur un plan communautaire. La plupart d'entre eux devraient être décidés et gérés sur une base régionale car la spécificité des ressources et des techniques de pêche est relativement importante : ainsi la pêche en Méditerranée et en mer du Nord forment, par exemple, deux mondes très distincts.

Il serait souhaitable qu'une partie importante des équipements lourds, notamment les navires de recherche halieutique, soit européanisée, c'est-à-dire financée et gérée en commun par plusieurs pays européens avec l'aide de la Commission. Deux expériences ont ouvert la voie très récemment. La première est la construction d'un navire franco-italien, l'*Europe*, un catamaran pour la recherche

* Pour certaines espèces, les pêcheurs ne parvenaient pas à atteindre leurs quotas qui étaient qualifiés de « quotas de papier »...

sur la pêche et l'environnement littoral en Méditerranée. La seconde est celle d'un navire de recherche halieutique franco-espagnol, le *Thalassa*, destiné à opérer dans l'Atlantique. Elles montrent que des initiatives européennes pour financer et utiliser en commun des navires océanographiques sont viables *.

L'Europe de la mer et l'avenir

On retrouve à l'échelle européenne les mêmes difficultés pour élaborer une politique de la mer qu'au niveau national : divergence des intérêts, dispersion des centres de décision, difficultés à formuler des objectifs stratégiques à long terme. De plus, toute crise nationale (les difficultés du secteur de la pêche par exemple) a nécessairement des répercussions communautaires, chaque État membre de l'Union se préoccupant d'obtenir des soutiens de Bruxelles, voire des clauses de sauvegarde. On conçoit, dans ces conditions, combien il est difficile pour l'Europe, conduite par la troïka constituée du Conseil des ministres, de la Commission et du Parlement européen, de formuler des objectifs ambitieux et mobilisateurs à long terme. Pour s'en tenir à la seule Commission, cinq commissaires ont une responsabilité directe sur des questions touchant la politique de la mer : ceux chargés de la pêche, de l'environnement, de la recherche, de l'industrie et des transports. L'Europe de la mer est donc à Bruxelles, comme à Paris, une responsabilité partagée, et il est difficile qu'il en aille autrement.

Il nous faut cependant faire un double constat. Le

---

* Le navire *Europe*, un catamaran de trente mètres, a été construit par l'IFREMER en coopération avec un institut italien, l'ICRAM. Le *Thalassa*, un navire de soixante-quinze mètres, a été construit par l'IFREMER en collaboration avec l'Institut espagnol océanographique (IEO) par le chantier naval Leroux et Lotz ; il doit être mis en service en 1996.

premier, c'est que les initiatives européennes n'ont pas manqué ces dernières années. La création de l'Europe bleue en 1983 en fut une. Dans le domaine industriel, le forum des industries maritimes en fut une autre plus récente. Le pavillon européen *Euros* reste, en revanche, à l'état de projet. Dans le secteur de la recherche, la Commission a eu le mérite de catalyser avec succès les coopérations scientifiques et technologiques européennes avec le programme de recherche marine MAST (Marine Science and Technology) lancé en 1989. Doté de deux cent quarante millions d'Écus dans le quatrième programme cadre pour la recherche (1994-1998), le programme MAST, ainsi que les programmes de recherche sur la pêche et l'aquaculture, sur l'environnement, les transports et les matériaux, représentent une centaine de millions d'Écus par an environ pour la recherche marine européenne *. Ces moyens ne sont pas négligeables, loin de là. Ils ont eu un indéniable effet catalytique en permettant de constituer une communauté scientifique européenne, mais il n'est pas certain, en revanche, qu'ils aient contribué à faire émerger une véritable stratégie de la recherche marine européenne. Des choix de priorité restent à faire.

Le second constat qui s'impose, c'est que le potentiel européen en sciences et techniques marines est très important. Globalement, on peut estimer que l'ensemble des dépenses publiques de Recherche-Développement des quinze pays de l'Union européenne est aujourd'hui d'environ dix milliards de francs **. Ils mettent en œuvre une flotte océanographique importante (cinquante navires de plus de cinquante mètres et les deux sous-marins scientifiques de l'IFREMER), d'ailleurs, sous-utilisée. Les instituts

* Le programme technologique Eurêka a aussi un volet maritime. Des projets sur des navires de pêche et sur l'environnement marin ont ainsi été financés dans ce cadre.

** Cette évaluation ne tient pas compte des investissements réalisés par l'ESA et des agences nationales comme le CNES pour construire des satellites océanographiques.

de recherche comme l'IFREMER, le NERC britannique *, les instituts fédéraux allemands de Bremerhaven et de Kiel et les laboratoires du CNRS, les stations marines qui ont été créées au XIXe siècle comme celles de Roscoff, Banyuls, Plymouth, Naples et Barcelone, constituent un réseau d'institutions de recherche marine très dense. Le potentiel de l'Europe se situe à un niveau équivalent à celui des États-Unis et il est, pour l'heure, très supérieur à celui du Japon.

Les travaux européens dans le domaine de la circulation océanique et de sa modélisation, de la connaissance des grands fonds et dans celui de la technologie sous-marine, par exemple, se comparent à ceux des équipes américaines. Toutefois, ce potentiel scientifique et technologique est très dispersé et les différentes institutions n'ont pas réellement de stratégie commune ; certaines d'ailleurs n'ont pas la taille critique.

L'Europe a acquis, de même, dans certains secteurs industriels, comme l'*off-shore* pétrolier, des positions de *leader*, mais elle doit les défendre dans un contexte marqué par une forte concurrence internationale. En effet, l'Europe, dans le domaine des sciences et des techniques marines, est engagée dans une compétition qui l'oppose aux deux grandes puissances maritimes que sont les États-Unis et le Japon **. Ce dernier accomplit d'ailleurs un effort d'investissement très important dans la recherche marine.

Les entreprises et les instituts de recherche de l'Europe ne pourront soutenir cette concurrence que dans la mesure où ils seront capables de définir des stratégies communes et donc de fédérer leurs moyens. Dans cette perspective, on doit noter comme un signe encourageant que la

---

* NERC : Natural Environment Research Council.

** Une analyse de quarante revues scientifiques dans le domaine de l'océanographie *stricto sensu*, réalisée par l'Observatoire des sciences et des techniques, montrait que les pays de l'Union européenne avaient contribué, en 1990, à 21 % des articles publiés dans le monde, les États-Unis à 45 %, le Canada à 8 %, la CEI à 5, le Japon seulement à 3 %.

Fondation européenne de la science (ESF), qui regroupe les principaux organismes de recherche européens, ait pris l'initiative, en 1995, de fédérer les instituts océanographiques européens au sein d'un « European Board for Marine Science », pour qu'ils définissent des stratégies communes. Là encore, il est indispensable de faire appel au principe de subsidiarité : il faut clairement distinguer ce qui, pour la recherche marine, relève d'une part d'une stratégie européenne, d'autre part d'une stratégie nationale. La mission essentielle des programmes de recherche de la Commission est de mettre en œuvre cette stratégie européenne pour laquelle des choix s'imposent. Nous les avons déja esquissés en décrivant les grands enjeux scientifique et technologique de l'avenir. Il s'agirait, en l'occurrence, de concentrer les efforts sur les enjeux qui ont une véritable dimension européenne : l'océanographie nécessaire à la compréhension de l'évolution du climat et à la prévision océanique ; la connaissance des milieux littoraux et les conditions de leur gestion ; la connaissance des phénomènes qui président à l'évolution des ressources de pêche ; les technologies navales et sous-marines pour préparer l'avènement de nouvelles générations de navires et l'exploitation des ressources *offshore* profondes.

Si l'initiative politique appartient incontestablement au Conseil des ministres, dans le secteur maritime comme dans tous les autres, il est sans doute indispensable de créer, au sein de l'Union européenne et sous l'autorité de la Commission de Bruxelles, une *institution vigie* capable d'apporter une vision prospective indispensable à l'Europe de la mer. Elle aurait aussi pour tâche de promouvoir des recherches scientifiques ayant une dimension européenne et les technologies qui peuvent contribuer à améliorer la compétitivité des industries maritimes, ainsi que de fournir les bases scientifiques nécessaires à l'élaboration de normes et de réglementations. Ce pourrait être la mission confiée à une agence maritime européenne.

Il n'est nullement besoin de créer *ex nihilo* les

compétences nécessaires à une telle agence, car elles existent déjà dans les États membres ; il lui suffirait d'être solidement amarrée au réseau des instituts et organismes de recherche nationaux. Une agence maritime européenne aurait donc vocation à faire réaliser des études de prospective sur les grandes questions touchant à l'Europe de la mer, et des programmes de recherche par des laboratoires et des bureaux d'étude des États membres. Elle pourrait réunir une force d'expertise indispensable pour fixer des objectifs réalistes et mobilisateurs à la politique maritime européenne ainsi qu'à l'élaboration de réglementations dans des domaines aussi différents que la pêche, le transport maritime et l'environnement littoral.

Une future agence maritime devrait faciliter le choix de véritables options scientifiques et technologiques pour l'Europe de la mer. Enfin, jouant en quelque sorte le rôle qui a été celui de l'Agence spatiale européenne, elle permettrait à l'Europe de se doter de navires océanographiques construits et gérés en commun. Construire et mettre en œuvre des navires de recherche océanographique, pour l'halieutique, les forages profonds, les études d'environnement côtier, etc., sont aussi un moyen de créer l'Europe de la mer.

L'appel du grand large ou les « nouveaux parapets » de l'Europe

L'Europe de la fin du XXe siècle vit dans un paradoxe. En effet, alors que nombre de conférences et de réunions au niveau politique le plus élevé (réunions du G7, des ministres de l'OCDE, etc.) mettent en évidence la tendance dominante à la globalisation ou à la mondialisation des échanges économiques, elle est davantage préoccupée par ses mécanismes internes de fonctionnement et par son élargissement. Cet élargissement se conçoit comme une intégration à l'Union européenne des pays d'Europe orientale qui ont recouvré une vie démocratique et ont adopté l'économie de marché.

On comprend parfaitement que la politique et la culture plaident pour cette marche vers l'Est de l'Europe, bien plus que l'économie d'ailleurs, puisque le poids économique des pays d'Europe orientale ne représente aujourd'hui qu'à peine la moitié de celui d'un Land allemand comme la Rhénanie-du-Nord-Westphalie. On peut craindre que cet élargissement soit aussi, dans une large mesure, un repli de l'Europe sur elle-même car son centre de gravité sera situé quelque part entre Hambourg, Vienne et Varsovie, c'est-à-dire loin des rivages de l'Atlantique et de la Méditerranée.

Si cet élargissement, aujourd'hui inévitable, ne s'accompagnait pas d'un rééquilibrage de la politique de l'Europe vers les zones maritimes du sud et de l'ouest, il reconstituerait en quelque sorte l'Europe d'après 1914. Une Europe, il est vrai, sans les tensions héritées des traités de Versailles et de Saint-Germain-en-Laye (si l'on excepte l'ex-Yougoslavie), mais sans ses colonies et alors que deux puissances mondiales, les États-Unis et le Japon, occupent le devant de la scène. En se laissant trop fortement déporter vers l'est, l'Europe court le risque de s'interdire tout rôle dans une histoire qui se déroule aussi sur les rives du sud de la Méditerranée et du Pacifique. Situation paradoxale donc, puisque l'Europe qui se dessinerait ainsi tournerait le dos à son passé, car des pays comme le Royaume-Uni, la France, l'Espagne et le Portugal ont su se projeter outre-mer et donner à l'Europe des prolongements et une vision planétaires.

L'océan Atlantique et la mer Méditerranée sont, en quelque sorte, les deux grandes frontières liquides à travers lesquelles l'Europe est en communication avec le reste de la planète. Ces zones sont essentielles pour son trafic maritime, sa défense, ses activités de pêche. Elles ont aussi une influence très importante sur son climat. Elle doit donc y renforcer les moyens de contrôle de la navigation maritime pour y assurer sa sécurité dans tous les sens du terme, ainsi que sa recherche océanographique pour mieux connaître ces étendues maritimes.

Le bassin méditerranéen est, pour la France et l'Europe, l'une de ces zones du grand large qui est essentielle si elles veulent continuer à exercer leur influence traditionnelle. La Méditerranée, qui met en relation l'Europe avec le monde arabo-musulman, est une mer convoitée où les grandes puissances ont été longtemps en compétition : la France et l'Angleterre, plus récemment les États-Unis et l'ex-URSS. L'amiral Mahan, le théoricien de la puissance maritime, écrivait déjà à la fin du XIXe siècle : « Les circonstances ont fait que la Méditerranée a joué un plus grand rôle dans l'histoire du monde, plus que toute étendue maritime de la même superficie. Chaque nation s'est efforcée de la contrôler et cette bataille continue *. » Propos prémonitoires...

Aujourd'hui, une vingtaine d'États sont riverains de la Méditerranée avec une population d'environ trois cent quatre-vingts millions d'habitants et avec de très grands écarts de niveau de vie (un facteur dix dans les PNB par habitant entre les pays riches et les pays pauvres) **. De plus, les États du Sud connaissent une forte croissance démographique avec un développement important de l'urbanisation ; les rives de la Méditerranée comptent près de cent villes de plus de cent mille habitants sur un littoral de quarante-six mille kilomètres (dont quatre mille seulement de côtes plates). Enfin, la Méditerranée, qui est une zone où le trafic maritime est important (près du quart du trafic mondial de pétrole y transite), est une mer fragile,

* A. T. MAHAN, *The Influence of Sea Power upon History*, New York, Hill and Wang, 1957, p. 29.

** Cent trente millions de personnes résident sur les rivages de la Méditerranée où chaque année cent millions de touristes passent leurs vacances. Selon certaines prévisions, la population pourrait dépasser les deux cents millions en 2025.

car elle est presque fermée : la pollution y provient des rejets d'hydrocarbures en mer mais surtout de la terre (rejets d'eaux usées, de métaux lourds, etc.).

Si la pollution est une réelle menace pour la santé de la Méditerranée, elle n'est pas, cependant, d'un niveau tel qu'on puisse la qualifier de « mer morte ». Les grands fonds (cinq mille mètres au large de la Grèce) permettent en effet d'absorber une grande partie de cette pollution. La Méditerranée est un véritable laboratoire pour la recherche marine. Mer presque fermée, elle demeure paradoxalement mal connue. Il reste à évaluer sa productivité biologique, à mieux comprendre la circulation des masses d'eau ainsi que la nature des apports fluviaux et atmosphériques qui ont une incidence, par exemple, sur le climat du bassin méditerranéen et sur ses pêcheries. De même, les causes de l'apparition et de la brutale explosion démographique de certaines espèces marines étrangères ainsi que l'origine des phénomènes d'érosion côtière doivent être élucidées.

Si, traditionnellement, la Méditerranée a été un espace à risques, au sens militaire du terme, elle le demeure aujourd'hui pour d'autres raisons qui ont contribué à élargir, de fait, le concept de menace : menace sur les ressources en eau, sur la qualité des eaux littorales, sur les équilibres des populations biologiques, pression démographique dans les grandes métropoles riveraines, inégalité du développement entre le Nord et le Sud, etc. Une réflexion est nécessaire sur les nombreux usages naturels de cette mer : nature et implantation des industries côtières, transport maritime, exploitation équilibrée des ressources, etc. Mieux connaître la Méditerranée requiert de véritables études intégrées du bassin, utilisant des observations globales par satellites et des mesures locales, dont les résultats seront importants pour les responsables de la gestion et de la protection de cet espace.

Le risque est grand pour l'Europe de ne percevoir les menaces qui pèsent sur le monde méditerranéen qu'en termes sécuritaires. Le fondamentalisme islamique en particulier est présenté comme une menace qu'il faut contenir avec des moyens militaires. La véritable menace est en fait celle que l'inégalité croissante du développement des deux rives de la Méditerranée fait courir à l'équilibre de la région. En écho, dans une certaine mesure, à l'amiral Mahan, Dalil Boubakeur, recteur de l'Institut musulman de la mosquée de Paris, fait remarquer que le fondamentalisme « est avant tout le langage d'une révolte sociale que le Nord méditerranéen devrait entendre. Devrait aussi tenter d'apporter remède. Les leçons de l'Histoire ne montrent-elles pas que le bassin méditerranéen constitue une même région, vivifiée par les mêmes échanges et multiples héritages d'une Histoire commune * ? » C'est là un vaste débat, mais c'est cette situation qui appelle un véritable dessein méditerranéen pour l'Europe de la mer.

Un certain nombre d'initiatives ont balisé le champ des actions possibles. La plus ancienne est la création, par le prince Albert Ier de Monaco, au début du siècle, du Conseil international pour l'étude scientifique de la Méditerranée (CIESM) qui a constitué une première prise de conscience des problèmes scientifiques. Plus récemment, les recherches sur la Méditerranée associant des instituts de l'Europe du Sud dans le cadre des programmes de la Commission européenne, préfigurent ce que pourrait être une dimension régionale d'une Europe de l'océanographie. Le Plan d'action de la Méditerranée (PAM) organise, depuis 1975, la coopération intergouvernementale pour la protection écologique de la Méditerranée. Le PAM insiste sur les stratégies de gestion des zones côtières ainsi que sur la lutte contre la pollution et la protection de la biodiversité. Il a ainsi mis en place des centres d'activité régionaux : un centre de coordination à Athènes, le Medpol,

---

* Dr Dalil BOUBAKEUR, « Dissidences religieuses et crises sociales » dans Jean-François DAGUZAN et Raoul GIRARDET, *La Méditerranée : Nouveaux défis, nouveaux risques*, Paris, Publisud, 1995, p. 101.

pour la surveillance et la recherche sur la pollution, le centre de Malte sur la pollution par les hydrocarbures. Enfin, le Plan bleu, un autre centre du PAM localisé à Sophia Antipolis, entreprend une réflexion prospective sur le thème de l'environnement et du développement en Méditerranée.

Si elle veut donner une réelle ampleur à son action méditerranéenne, l'Europe doit y consacrer des moyens financiers substantiels. C'était l'objectif du premier plan d'aide aux pays méditerranéens, le plan Matutes, lancé à la fin des années quatre-vingt, ainsi que l'un des enjeux des sommets européens et de la conférence de Barcelone sur la coopération méditerranéenne en 1995, au cours desquels il fut décidé d'apporter une aide de 4,7 milliards d'écus aux pays du bassin méditerranéen. Elle doit aussi mobiliser sa communauté scientifique et l'impliquer dans des coopérations avec les pays du Sud (le Maghreb, l'Égypte, le Liban, etc.) sur des problématiques méditerranéennes : exploitation des ressources, protection de l'environnement, transport maritime, etc. La France pour des raisons historiques, politiques, économiques, culturelles et scientifiques, a incontestablement un rôle moteur à jouer pour faire de la Méditerranée l'un des axes d'une politique maritime à dimension européenne.

La zone Pacifique est un autre horizon de l'Europe. La volonté de pays comme le Japon et la Chine d'être des puissances maritimes, la croissance économique très forte que connaissent la plupart des pays asiatiques, ne font que mettre en évidence son importance. Les pays asiatiques seront sans doute les principaux vecteurs de la marinisation croissante de l'économie mondiale : des ports comme Singapour, Shanghai, Hong Kong, Pusan, Kobe, Yokohama et quelques autres, ainsi que leurs chantiers navals, sont d'ores et déja les foyers de cette activité maritime en pleine expansion. La France, comme d'autres pays européens, a été longtemps une puissance coloniale en Asie ; elle est aujourd'hui présente dans le Pacifique

Sud avec ses territoires de Polynésie, de Nouvelle-Calédonie et des îles Wallis-et-Futuna. Cependant, ce n'est pas tant dans l'immensité océanique du Pacifique Sud que se fait l'histoire, mais bien davantage là où se trouvent les fortes concentrations humaines en Corée, en Chine, au Japon, dans la péninsule indochinoise et en Indonésie. C'est dans cette zone et à sa périphérie en Australie, que l'Europe doit être présente avec ses industriels, ses armateurs et sa recherche océanographique.

Enfin, à la frontière nord de l'Europe, l'océan Arctique est la dernière zone maritime qui demeure quasiment inexplorée, car elle est recouverte de glace. L'influence de cet océan sur le climat de l'Europe, les ressources (des hydrocarbures notamment) ainsi que les routes de navigation qu'il pourrait offrir si le réchauffement de la planète le libérait des glaces (il est la voie maritime la plus courte entre l'Europe et le Japon) ne doivent pas être négligées. Là encore, l'Europe se doit de définir une politique concernant cette grande zone océanique dont le caractère stratégique pourrait se révéler important à l'avenir.

Pour l'Europe, se tourner vers le large que représentent les zones de l'Atlantique, de la Méditerranée et du Pacifique, c'est se redonner la capacité de projeter son influence politique, culturelle et économique outre-mer, là où va s'écrire aussi l'histoire du monde. À la différence des États-Unis et du Japon, et peut-être demain de la Chine si elle évolue dans la stabilité, l'Europe d'aujourd'hui ne parvient pas à s'ouvrir au-delà de ses frontières, ce qui limite singulièrement son influence potentielle. L'Union européenne, la première puissance commerciale du monde dotée d'un potentiel technologique et scientifique à bien des égards à l'avant-garde, a les moyens humains et matériels de mener une telle politique si elle est capable d'en définir les priorités stratégiques. C'est pourquoi, par-delà le quantitatif (le poids du secteur maritime dans les PIB), la nécessité pour l'Europe de se forger un nouveau dessein maritime revêt tant d'importance : une politique maritime est la porte qui ouvre à l'Europe les horizons du grand large. Pour reprendre une image empruntée au *Bateau ivre* d'Arthur Rimbaud qui « regrette l'Europe aux anciens parapets * », les rivages de l'avenir sont aussi sur les côtes des autres continents qui constituent, en quelque sorte, les nouveaux parapets de l'Europe.

La France a certainement un rôle à jouer dans cette prise de conscience. Cela suppose d'une part qu'elle ait elle-même la volonté de se doter d'une politique de la mer, d'autre part qu'elle défende activement à Bruxelles l'idée d'une Europe de la mer. Une action solitaire de sa part dans cette direction serait vouée à l'échec, d'autant plus qu'elle a, elle-même, un fort tropisme continental. Le Royaume-Uni qui, malgré ses difficultés, demeure une nation à forte tradition maritime, l'Espagne, le Portugal et sans doute l'Italie, sont très probablement les mieux à même de peser avec elle pour que l'Europe retrouve un dessein maritime. C'est avec ces pays, d'ailleurs, que la France est parvenue à developper une coopération dans les domaines de la défense navale et de la recherche océanographique. Ce sont ceux dont les marins ont sillonné jadis toutes les mers du monde et ont contribué ainsi à prolonger l'Europe outre-mer.

La globalisation des économies est un phénomène qui doit inciter l'Europe à éviter deux grands écueils. Celui de l'ouverture à tous les courants du large, qui risquent d'emporter tous les efforts entrepris pour bâtir des politiques communes dans les grands domaines de la vie économique, sociale et culturelle du continent, celui du repli sur une forteresse à la Vauban pour se protéger

---

* Voir Bernard CASSEN, « Les Nouveaux Parapets », Les mers avenirs de l'Europe, *Le Monde diplomatique-IFREMER*, 1992, p. 108-109.

de ses faiblesses et cultiver ses égoïsmes. Construire une politique maritime européenne, c'est donc engager une version contemporaine de la lutte de la « pierre et du vent ».

Conclusion

Arrivés au terme de cette traversée océanique, qui nous a conduits à redécouvrir la tradition maritime de la France et de l'Europe et à voir se dessiner les grands enjeux de l'avenir, il nous faut encore souligner combien la relation avec la mer représente pour la plupart des pays européens, dont la France, un élément essentiel de leur identité. Il est inscrit dans leur histoire et leur culture.

La mer nous apporte sa part de rêve et d'aventure, elle reste un monde à découvrir : l'exploration des grands fonds nous met sur la trace de certaines formes de la vie primitive, mais aussi sur celle de nouvelles ressources comme les hydrocarbures ; l'océanographie nous fait comprendre le rôle de l'océan dans l'évolution du climat, etc. Nous avons conscience que nous pouvons y puiser d'importantes ressources, mais aussi que la mer constitue un milieu fragile qu'il nous faut protéger, car nous pressentons qu'elle est à l'origine de la vie.

La mer est un monde complexe qu'il faut connaître, exploiter, protéger, parcourir pour communiquer. Il appelle donc la mise en œuvre d'une politique aux multiples composantes. Cette politique de la mer constitue pour la France et l'Europe l'affirmation d'une volonté d'ouverture sur le grand large : les relations avec l'outre-mer, le monde de la découverte scientifique et des innovations technologiques pour exploiter les ressources, les échanges commerciaux à l'échelle de la planète, etc.

Faute d'une prise de conscience suffisante de l'importance de l'enjeu maritime, mais aussi cédant aux pesanteurs que représente son tropisme continental, la France, tout comme l'Union européenne d'ailleurs, n'a pas de politique maritime. Réagissant aux crises multiples qui assaillent le secteur maritime, les pouvoirs publics se contentent, depuis quelques décennies, de retarder ce qu'ils considèrent, à tort, comme un inéluctable déclin. De fait, il est urgent de redonner à la France un véritable dessein maritime en pariant sur les secteurs d'avenir, en mobilisant les forces là où elles existent, en fixant des objectifs réalistes aux secteurs en crise comme la pêche et la construction navale, en s'appuyant sur la recherche et la technologie. Cet effort de mobilisation de tous les acteurs suppose que l'État, les collectivités territoriales et les entreprises, aient une vision cohérente des réalités et des perspectives d'avenir, qu'ils puissent distinguer ce qui est stratégique et ce qui ne l'est pas. En effet, c'est à ce prix que l'on pourra convaincre l'opinion de la nécessité de mobiliser des moyens et des compétences pour atteindre des objectifs ambitieux. Ceci requiert une volonté politique, bien sûr, mais aussi des innovations institutionnelles et un dialogue franc et ouvert entre tous les acteurs de la politique maritime.

L'avenir d'une politique maritime ne saurait être limité aux frontières nationales, car les options ont une dimension internationale, en particulier européenne : qu'il s'agisse de défense, de transport maritime et de construction navale, de pêche, de recherche océanographique, etc. Une politique de la mer n'a de sens que si la France parvient à mobiliser ses partenaires européens sur des objectifs communs et autour d'une véritable ambition européenne. Là encore, il est impératif de définir des objectifs prioritaires et de mettre en œuvre les moyens appropriés pour les atteindre. L'Europe aura besoin, elle aussi, d'une vision prospective des enjeux que représente la mer pour son avenir, de mobiliser les forces de sa recherche et de son industrie : c'est le rôle que pourrait jouer, notamment, une future Agence maritime européenne.

Il reste à convaincre l'opinion que, dans un monde où les pays du Pacifique sont très probablement appelés à connaître une phase de développement considérable, mais aussi où l'Europe inscrit encore son histoire dans l'espace de la Méditerranée, les enjeux maritimes représentent, en quelque sorte, les rivages de son avenir.

Bibliographie

Livres

René Abbes, *Atlas des pêches françaises dans les mers européennes*, Rennes, Éd. Ouest-France, 1991.

Pierre Bauchet, *Le Transport maritime*, Paris, Économica, 1992.

Thierry Baudoin et Michèle Collin, *Villes portuaires et nouveaux enjeux internationaux*, Caen, Paradigme, 1991.

François Bellec, *Le Livre de l'aventure maritime*, Paris, Éd. du Félin, 1995.

Bernard Biju-Duval, *Océanologie*, Paris, Dunod, 1994.

Pascal Boniface, *Contre le révisionnisme nucléaire*, Paris, Ellipse, 1994.

Fernand Braudel, *Civilisation matérielle, économie et capitalisme*, Paris, Armand Colin, 1979.

–, *L'Identité de la France*, Paris, Arthaud-Flammarion, tome 1, 1986.

Alain Cabantous, *Les Citoyens du large*, Paris, Aubier, 1995.

Raoul Castex, *Fragments stratégiques*, Paris, Économica, 1985.

Claudine Chalin, *Ces ports qui créèrent des villes*, Paris, L'Harmattan, 1994.

Michèle Collin, *Ville et port XVIIIe-XXe siècle*, Paris, L'Harmattan, 1994.

Isabelle Cordonnier, *La France dans le Pacifique Sud*, Paris, Publisud, 1995.

Jacques-Yves Cousteau, *Le Monde du silence*, Paris, Éd. de Paris, 1956.

Hervé Coutau-Bégarie, *Le Désarmement naval*, Paris, Économica, 1995.
–, *La Pensée géopolitique navale*, Paris, Économica, 1995.
Jean-Marie Crouzatier, *Géopolitique de la Méditerranée*, Paris, Publisud, 1988.
Jean-François Daguzan et Raoult Girardet, *La Méditerranée, nouveaux défis, nouveaux risques*, Paris, Publisud, 1995.
Régis Debray, *Tous azimuts*, Paris, Éd. Odile Jacob, 1989.
Jean-Claude Duplessy et Pierre Morel, *Gros temps sur la planète*, Paris, Éd. Odile Jacob, 1990.
Jean-François Deniau, *La Mer est ronde*, Paris, Éd. du Seuil, 1975.
N. F. Exon, « What is the Resource Potential of the Deep Sea ? » dans K. J. Hsü et J. Thiede, p. 7 s.
Philippe Ferlin, *L'Aquaculture*, Paris, PUF, 1994.
Alain Guillerm, *Fortifications et Marine en Occident, la pierre et le vent*, Paris, L'Harmattan, 2e éd., 1994.
K. J. Hsü et J. Thiede (éd.), *Use and Misuse of the Sea Floor*, New York, John Wiley, 1994.
Lucien Laubier, *Vingt mille vies sous les mers*, Paris, Éd. Odile Jacob, 1992.
Joël Lebullenger et Didier Le Morvan, *La Communauté européenne et la Mer*, Paris, Économica, 1990.
Xavier Le Pichon, *Kaiko, voyage aux extrémités de la mer*, Paris, Éd. Odile Jacob, 1986.
Emmanuel Leroy Ladurie, *Histoire du climat depuis l'an Mil*, Paris, Flammarion, 1967.
Edward N. Luttwark, *The Political Uses of Sea Power*, Baltimore-Londres, John Hopkins University Press, 1974.
A. T. Mahan, *The Influence of Seapower Upon History*, New York, Hill et Wang, 1957.
Patrick Martinez, *La Politique de dissuasion nucléaire de la France*, Paris, Fondation pour les études de Défense nationale, 1985.
Philippe Masson, *De la mer et de sa stratégie*, Paris, Tallandier, 1986.
–, *Grandeur et misère des gens de mer*, Paris, Lavauzelle, 1991.
Zaher Massoud, *Terre vivante*, Paris, Éd. Odile Jacob, 1992.

Zaher Massoud et Raoul Piboubés *L'Atlas du littoral de France*, (éd.), Paris, Jean-Pierre de Monza, 1994.
Predrag Matvevitch, *Bréviaire méditerranéen*, Paris, Fayard, 1992.
Hélène Mazeran, *Géopolitique de l'océan Indien*, Paris, CHEAM, 1994.
Jean-François Minster, *Les Océans*, Paris, Flammarion, 1994.
Michel Molat du Jourdin, *L'Europe et la mer*, Paris, Éd. du Seuil, 1993.
Bernard Ravenel, *Méditerranée. L'impossible mur*, Paris, L'Harmattan, 1995.
Daniel Reyss, *La Découverte des abysses*, Paris, Cité des sciences et de l'industrie, 1991.
Claude Riffaud, *La Grande Aventure des hommes sous la mer*, Paris, Albin Michel, 1988.
Olivier Sevaistre, *Stratégies navales et défense de l'Europe*, Paris, Publisud, 1988.
S. Fred Singer, *The Ocean in Human Affairs*, New York, Paragon House, 1990.
Jean-Paul Troadec, *L'Homme et les Ressources halieutiques*, Paris, IFREMER, 1989.
J. R. Vadus, R. Bregman et P. K. Takahashi : « The Potential of Energy Conversion Systems and their Impact on the Environment », dans K. J. Hsü et J. Thiede, p. 373 s.
Jean-René Vanney, *La Géographie de l'océan*, Paris, Institut océanographique, Paris, 1991.
–, *Le Mystère des abysses*, Paris, Fayard, 1993.
André Vigarié, *Géostratégie des océans*, Caen, Paradigme, 1990.
–, *La Mer et la Géostratégie des nations*, Paris, Economica, 1995.
Bruno Voituriez, *Les Climats de la Terre*, Paris, Cité des sciences et de l'industrie, 1992.
La Convention des Nations unies sur le droit de la mer, Paris, La Documentation française, 1983.
La Mer en poésie, Paris, Gallimard, 1993.
Les Flottes de combat 1993, Paris, Éditions maritimes et d'outre-mer, 1994.

Rapports

Louis Mordrel, *Les Institutions de la pêche maritime, Histoire et évolution, Essai d'interprétation sociologique*, Paris, Université de droit, d'économie et de sciences sociales, 1972.

La Mer. Hommes, richesses, enjeux, Paris, ENA-IFREMER-NAVFCO, publ. IFREMER, 1989.

L'Effet de serre et ses conséquences climatiques. Évaluation scientifique, Paris, Rapport de l'Académie des sciences, n° 25, 1990.

Navires et avions, le financement des investissements 1990-1999, Brest, Conseil supérieur de la Marine marchande, IFREMER, 1991.

Le Phytoplancton nuisible des côtes de France, Brest, Rapport CNRS-IFREMER, publ. IFREMER, 1991.

Rapport d'évaluation de l'IFREMER, CNER, Paris, La Documentation française, 1992.

L'Aménagement du littoral, DATAR, Paris, La Documentation française, 1993.

Études statistiques du secteur de la transformation des produits de la pêche et de l'aquaculture dans la Communauté européenne, Bruxelles, Commission européenne, 1993.

L'Utilisation des contingents individuels dans la gestion des pêches, OCDE, Paris, 1993.

Fishery Statistics 1992, FAO, Rome, 1994.

La Conjoncture des activités liées à la mer, BIPE-IFREMER, Paris, 1994.

Marine et gestion des crises, Paris, Bulletin d'études de la Marine, 2, 1994.

Prospective de recherche sur l'océanographie physique, chimique et biologique, Issy-les-Moulineaux, IFREMER, 1994.

Réflexion prospective sur la recherche halieutique, Issy-lès-Moulineaux, IFREMER, 1994.

Prospective de recherche sur l'environnement littoral, l'aquaculture et les biotechnologies, Issy-lès-Moulineaux, IFREMER, 1994.

Prospective de recherche en géosciences marines, Issy-lès-Moulineaux, IFREMER, 1994.

L'Effet de serre, Paris, Rapport de l'Académie des sciences n° 31, 1994.

L'Environnement littoral, Nantes, Équinoxe n° 47-48, 1994.

Rapport sur la biodiversité, Paris, Académie des sciences, 1994.

Une analyse de mécanismes générateurs de crise dans la pêche, Issy-lès-Moulineaux, IFREMER, 1994.

La Nouvelle Politique des pêches, Bruxelles, Commission européenne, 1994.

Le Transport maritime français-1993, Paris, CCAF, 1994.

La Construction navale française, Paris, Chambre syndicale des constructeurs de navires, 1994.

Livre blanc sur la défense, Paris, La Documentation française, 1994.

Océanographie-Forum Mégascience, Paris, OCDE, 1994.

L'État en France. Rapport de la mission sur les responsabilités de l'État, Paris, La Documentation française, 1994.

Rapport annuel sur les transports maritimes 1993, Paris, OCDE, 1995.

The European Common Fisheries Policy and its Evolution, A. Laurec et D. Armstrong (éd.), Bruxelles, Commission européenne, 1995.

Articles

Jacques J. Bally, « Koweït-Malouines : réflexions sur deux conflits régionaux, guerres du passé ou guerres de l'avenir », *La Revue maritime*, n° 435, 1994, p. 59-75.

Laurent Barthélemy, « L'Évolution des stratégies navales », *Revue de la Défense nationale*, n° 4, 1994, p. 65-72.

William T. Burke, « UNCED and the Oceans », *Marine Policy*, 17, 1993, p. 519-533.

Amiral A. Coatanéa, « Marine de la France, marine pour l'Europe », *Revue de la Défense nationale*, n° 6, 1994, p. 7-21.

Hervé Coutau-Bégarie, « Quelques caractéristiques de l'élément marin », *La Revue maritime*, n° 433, 1994, p. 7-47.

Bernard Dujardin, « Les Flottes marchandes dans les enjeux stratégiques », *La Revue maritime*, n° 427, 1992, p. 4-14.

J.-L. Duval, « La France puissance maritime ? » *Revue de la Défense nationale*, n° 5, 1994, p. 37-46.

Philippe Esnault, « L'Océan des images », *La Revue maritime*, n° 431, 36-55, 1991, p. 36-55 et n° 432, 1993, p. 129-137.

Sophie Gerbaud, « Les Grandes Courses à la voile », *La Revue maritime*, n° 426, 1994, p. 71-83.

François Grosrichard, « La Voix chevrotante de la Communauté » ; Les Mers, avenir de l'Europe, *Le Monde diplomatique-IFREMER*, 1992, p. 22-23.

Lennox Hinds, « World Marine Fisheries » *Marine Policy*, 16, 1992, p. 394-403.

Élie Jarmache, « La Zone économique exclusive » ; Les Mers, avenir de l'Europe, *Le Monde diplomatique-IFREMER*, 1992, p. 90.

–, « Réflexions sur une politique maritime européenne : à propos de quelques initiatives récentes », *Espaces et ressources maritimes*, n° 6, 1992, p. 1-8.

Jean Jouzel, Claude Lorius et Michel Stievenard, « Les Archives glaciaires du Groenland », *La Recherche*, 261, 1994, p. 38-45.

J.-C. Lefebvre, « Une marine moderne pour une stratégie renouvelée », *La Revue maritime*, n° 437, 1995, p. 5-13.

Pierre Léonard, « Une politique intercontinentale avant qu'il ne soit trop tard » ; Les Mers avenir de l'Europe, *Le Monde diplomatique-IFREMER*, 1992, p. 85-88.

M. Massac et M. Cristau, « Un monde maritime en expansion : l'Extrême-Orient », *Journal de la Marine marchande*, n° 3941, 1632-1639, 1995.

Martin Motte, « Le Rôle des marines dans l'après-guerre froide », *La Revue maritime*, n° 437, 1995, p. 23-34.

André Vigarié, « La Chine moderne et la mer », *La Revue maritime*, n° 432, 1993, p. 111-127.

–, « Rhin-Main-Danube, un problème de géostratégie maritime », *Communications et mémoires de l'Académie de marine*, n° 3, 1992, p. 85-92.

James A. Wilson, James M. Acheso, Mark Metcalfe et Peter Kleban, « Chaos, Complexity and Community Management of Fisheries », *Marine Policy*, 18, 1994, p. 291-305.

John Woods, « The Global Ocean Observing System », *Marine Policy*, 18, 1994, p. 445-452.

Index

TABLE

TROISIÈME PARTIE
Prospective pour une politique de la mer

CET OUVRAGE A ÉTÉ TRANSCODÉ
ET ACHEVÉ D'IMPRIMER SUR ROTO-PAGE
PAR L'IMPRIMERIE FLOCH À MAYENNE
EN FÉVRIER 1996

N° d'impression : 38898.
N° d'édition : 7381-0377-1.
Dépôt légal : février 1996.
Imprimé en France